연구보고서 2024-51

사회보장사업 적정성 분석
: 근로장려금을 중심으로

박소은
이아영·안　영·천미경

KOREA INSTITUTE FOR HEALTH AND SOCIAL AFFAIRS

연구진

연구책임자	박소은	한국보건사회연구원 부연구위원
공동연구진	이아영	한국보건사회연구원 연구위원
	안 영	한국보건사회연구원 전문연구원
	천미경	한국보건사회연구원 전문연구원

연구보고서 2024-51

사회보장사업 적정성 분석
: 근로장려금을 중심으로

발 행 일	2024년 12월
발 행 인	강 혜 규
발 행 처	한국보건사회연구원
주 소	[30147]세종특별자치시 시청대로 370 세종국책연구단지 사회정책동(1~5층)
전 화	대표전화: 044)287-8000
홈페이지	http://www.kihasa.re.kr
등 록	1999년 4월 27일(제2015-000007호)
인 쇄 처	(사)아름다운사람들

12,000원

ⓒ 한국보건사회연구원 2024
ISBN 979-11-7252-068-7 [93330]
https://doi.org/10.23060/kihasa.a.2024.51

발|간|사

　사회보장사업의 성과를 객관적으로 분석하는 것은 사회보장제도의 지속가능성 측면에서 필수적인 요소이나, 정책평가 측면에서 사회보장사업에 대한 성과 분석은 그 목적에 따라 포괄성, 효율성, 효과성 등 다양한 개념이 다소 분절적으로 적용되어 연구가 이루어졌다. 본 연구에서는 '적정성' 개념을 기존 선행연구에서 활용한 것보다 확장함으로써, 그동안 사회보장사업 평가에서 활용되었던 다양한 기준을 포괄하는 다차원적 개념으로 정의하고, 정책 목표와 연계한 정량적 지표 중심의 적정성 모형을 구성하고자 하였다.

　본 연구는 하나 이상의 정책 목표를 갖고 있으며, 최초 도입 이후 최근까지 계속하여 크게 확대·개편되어 온 근로장려세제를 대상으로 적정성 모형, 즉 적정성 판단을 위한 차원과 지표를 발굴하는 데 초점을 두고 진행되었다. 근로장려세제는 조세제도에 기반하여 운영되고 있으나, 환급형 세액공제라는 제도 특성상 재정지출에 의한 소득 이전과 동일한 기능을 하고 있기 때문이다. 다차원적 적정성 개념에 기반하여 제시된 다양한 차원 및 지표들이 근로장려세제의 정책평가 및 성과관리에 있어 활용될 수 있길 기대한다.

　이번 연구는 박소은 부연구위원이 책임을 맡고 이아영 연구위원과 안영 전문연구원, 천미경 전문연구원이 공동으로 참여하였다. 연구 진행 과정에서 다양한 의견과 유익한 조언을 준 정책평가, 근로장려세제 제도 전문가 여러분께 감사의 말씀을 드린다.

2024년 12월
한국보건사회연구원장 직무대행
강 혜 규

목 차

KOREA INSTITUTE FOR HEALTH AND SOCIAL AFFAIRS

요 약 ·· 1

제1장 서론 ··· 5
　제1절 연구의 배경 및 목적 ·· 7
　제2절 연구의 내용 및 방법 ·· 11

제2장 적정성 분석에 관한 문헌 연구 ································· 15
　제1절 적정성 개념 ·· 17
　제2절 적정성 모형 사례 ··· 30
　제3절 소결: 적정성 모형을 위한 기본틀 ································· 53

제3장 근로장려금에 관한 문헌 연구 ································· 57
　제1절 근로장려금 제도 개관 ··· 59
　제2절 선행연구 기반 제도의 주요 논의 사항 고찰 ················· 70
　제3절 소결: 적정성 판단 차원에 대한 시사점 ························ 89

제4장 근로장려금 제도 적정성 분석 차원 및 지표 ········ 93
　제1절 차원 및 지표 초안 ··· 95
　제2절 차원 및 지표 발굴을 위한 델파이 조사 결과 ············ 100
　제3절 차원·지표 수정안 및 AHP 조사 결과 ························ 143
　제4절 소결 ·· 162

제5장 결론 ········ 165
제1절 주요 연구 결과 ········ 167
제2절 정책적 시사점 및 한계점 ········ 171

참고문헌 ········ 175

부록 ········ 181
[부록 1] 근로장려금 사업의 적정성 분석 차원 및 지표 발굴을 위한 델파이 조사표(안) ········ 181
[부록 2] 근로장려금 사업 적정성 분석 차원 및 지표를 위한 AHP 전문가 조사 ········ 208

Abstract ········ 231

표 목차

KOREA INSTITUTE FOR HEALTH AND SOCIAL AFFAIRS

〈요약표 1〉 근로장려금 적정성 모형의 차원 및 지표 요약 ·· 2
〈표 2-1〉 적정성 측정 관련 지표 예 ·· 21
〈표 2-2〉 노인요양시설 수요와 공급 정의 ·· 26
〈표 2-3〉 접근성 측정 관련 지표 예 ·· 27
〈표 2-4〉 지역사랑상품권의 효율적 운영을 위한 분석기준 ·· 29
〈표 2-5〉 지역산업 육성정책의 적정성 평가 지표 ·· 30
〈표 2-6〉 ISSA에서 제시한 실업급여(Unemployment benefit) 적정성평가 차원 설정 ··· 32
〈표 2-7〉 ISSA에서 제시한 실업급여(unemployment benefit) 측정 지표 ···················· 33
〈표 2-8〉 ISSA 실업급여 적정성 평가 항목 선정 이유 및 목적 ·································· 36
〈표 2-9〉 포괄성 평가 항목의 측정 지표 ·· 38
〈표 2-10〉 급여유형 평가 항목의 측정 지표 ·· 39
〈표 2-11〉 급여수급 자격 기간 평가 항목의 측정 지표 ·· 40
〈표 2-12〉 급여 수준 평가 항목의 측정 지표 ·· 41
〈표 2-13〉 자격조건 평가 항목의 측정 지표 ·· 43
〈표 2-14〉 고용서비스 평가 항목의 측정 지표 ·· 44
〈표 2-15〉 실업률 평가 항목의 측정 지표 ·· 46
〈표 2-16〉 행정관리 평가 항목의 측정 지표 ·· 47
〈표 2-17〉 ISSA에서 제시한 퇴직소득제도(retirement benefit) 적정성평가 차원 및 지표 ··· 50
〈표 3-1〉 근로장려금 신청자격요건 ·· 60
〈표 3-2〉 근로장려금 제도 변화(소득귀속연도 기준) ·· 64
〈표 3-3〉 자녀장려금 제도 변화(소득귀속연도 기준) ·· 67
〈표 3-4〉 가구유형별 근로장려금 지급 현황 ·· 74
〈표 3-5〉 가구유형별·연령별 근로장려금 지급 현황 ·· 75
〈표 3-6〉 중위소득과 근로장려금 소득기준 비교(2017년, 2023년) ···························· 78
〈표 3-7〉 2019년 지급기준 근로·자녀장려금 가구유형별 최대지급액 수준 ············ 79
〈표 4-1〉 근로장려세제가 달성하고자 하는 궁극적인 사회적 성과에 대한 의견 ········· 97
〈표 4-2〉 근로장려금 적정성 판단 차원 ·· 98

〈표 4-3〉 근로장려금 적정성 판단 차원별 지표 및 측정방안 초안 ·············· 99
〈표 4-4〉 설정된 소득기준의 적절성 지표 측정방안 관련 의견 ·············· 102
〈표 4-5〉 설정된 재산기준의 적절성 지표 측정방안 관련 의견 ·············· 104
〈표 4-6〉 저소득층 포괄 수준 지표 측정방안 관련 의견 ··················· 106
〈표 4-7〉 취약계층 포괄 여부 지표 및 측정방안 관련 의견 ··············· 108
〈표 4-8〉 제도 설계의 소득지원 중점 여부 지표 관련 의견 ··············· 111
〈표 4-9〉 연도별 근로장려금 수급가구의 장려금 산정구간별 비율 ········ 112
〈표 4-10〉 소득지원 중점 구간의 수급자 분포 지표 관련 의견 ············ 113
〈표 4-11〉 최대 지급액 수준 측정방식 관련 의견 ···························· 115
〈표 4-12〉 평균 지급액 수준 지표 및 측정방안 관련 의견 ·················· 117
〈표 4-13〉 부양자녀수에 따른 지급액 형평성 지표 및 측정방안 관련 의견 ······· 118
〈표 4-14〉 빈곤가구 지급 수준 지표 및 측정방안 관련 의견 ··············· 120
〈표 4-15〉 실질적 근로유인 제공 지표 및 측정방안 관련 의견 ············ 123
〈표 4-16〉 제도 설계의 근로 장려 중점 여부 지표 및 측정방안 관련 의견 ······ 125
〈표 4-17〉 근로장려 중점구간의 수급자 분포 지표 및 측정방안 관련 의견 ······ 127
〈표 4-18〉 이차 소득자 근로가구 비중 지표 및 측정방안 관련 의견 ······ 129
〈표 4-19〉 생계급여와의 연계 정도 지표 및 측정방안 관련 의견 ········· 132
〈표 4-20〉 최저임금 기반 맞벌이 유인 제공 여부 지표 및 측정방안 관련 의견 ······ 134
〈표 4-21〉 공공부문일자리 지표 및 측정방안 관련 의견 ···················· 136
〈표 4-22〉 단시간일자리 비중 지표 및 측정방안 관련 의견 ··············· 137
〈표 4-23〉 간헐적 일자리 비중 지표 및 측정방안 관련 의견 ·············· 139
〈표 4-24〉 소득 파악력 지표 및 측정방안 관련 의견 ························ 140
〈표 4-25〉 정책 체감도 지표의 측정방안 관련 의견 ························ 142
〈표 4-26〉 근로장려금 적정성 모형의 차원 및 지표 수정안 ··············· 146
〈표 4-27〉 대상자 자격요건 적절성 차원 및 지표 ···························· 148
〈표 4-28〉 대상자 포괄성 차원 및 지표 ·· 149
〈표 4-29〉 급여 적절성 차원 및 지표 ··· 152

〈표 4-30〉 급여 충분성 차원 및 지표 ·· 153
〈표 4-31〉 근로유인 제공 차원 및 지표 ·· 155
〈표 4-32〉 노동 공급 확대 차원 및 지표 ·· 157
〈표 4-33〉 행정관리 차원 및 지표 ·· 160
〈표 4-34〉 근로장려금 적정성 모형의 차원 및 지표별 가중치 ············ 163
〈표 5-1〉 적정성 판단 차원, 지표 및 측정 방안 수정안 요약표 ········· 169

그림 목차

[그림 1-1] 퇴직소득 적정성 평가를 위한 틀 ·································· 12
[그림 2-1] 실업급여(unemployment benefit) 적정성 평가 차원별 도식화 ················ 35
[그림 2-2] 퇴직소득제도 적정성 평가 차원별 도식화 ·································· 52
[그림 2-3] 성과평가 관점에서 적정성 분석의 주요 대상 ································ 54
[그림 2-4] 다차원적 적정성 분석 기본 수행틀 ·································· 56
[그림 3-1] 근로장려금 지급 가능액(2023년 소득귀속연도 기준) ················ 61
[그림 3-2] 근로장려금 신청 및 지급 가구 추이 ·································· 68
[그림 3-3] 근로장려금 지급액 추이 ·································· 69
[그림 3-4] 가구유형별 가구 규모에 따른 기준중위소득과 근로장려금 소득기준 ············ 77
[그림 4-1] 2018년 근로장려금 개정에 따른 산정구조 변화 ······················· 156

요약

1. 연구의 배경 및 목적

사회보장사업 성과 분석에서, 관련 사업이 적정하게 공급되고 있는지를 판단하는 것은 중요한 요소 중 하나지만, 적정성 개념이나 측정 방안 등에 대한 명료하고 일원화된 정의는 없는 실정이다. 사회보장사업과 관련한 선행연구에서 활용된 적정성 개념은 주로 단일 차원인 급여 수준 적정성에 중점을 두고 있기에, 본 연구에서는 '적정성' 개념을 '개별 사업이 정책 목표를 달성할 수 있도록 구성되어 운영되고 있는가?'를 검토하는 것으로 확장하여 정의하고, 국제사회보장협회의 적정성 프로젝트 모형을 참조하여 정책 목표와 연계한 다차원적 적정성 모형을 구성하고자 하였다.

2. 주요 연구 내용

국제사회보장협회의 적정성 모형은 포괄성, 효과성, 정합성, 효율성 등 여러 평가 기준을 아우르는 광의적, 다차원적으로 정의된 개념이며, 대상 사업의 정책 목표와 연계하여 적정성 판단 차원과 지표를 제시하고 있다. 본 연구에서는 2008년 도입되어 최근까지 크게 확대·개편되어 온 근로장려세제를 대상으로 적정성 판단 차원과 지표를 제시하고자 하였는데, 이는 근로장려세제가 다소 상충할 수 있는 두 가지의 정책 목표(근로 장려와 소득 지원)를 모두 추구하고 있으며, 시행 이후 최근까지 예산 규모가 크게 확대되었으나, 정책 방향에 대한 종합적인 논의는 부족한 측면이 있다고 판단하였기 때문이다.

근로장려세제의 정책 목표, 궁극적으로 달성하고자 하는 사회적 성과, 선행연구에 기반한 쟁점 논의 사항을 바탕으로, 보장 범위, 보장 수준, 유인제공, 근로유형, 행정 측면 등 5가지 차원과 각 차원별 지표 초안을 구성하였고, 이후 전문가 대상 의견 수렴 과정을 거쳐 수정안을 도출하여 이에 대한 AHP 조사를 실시하였다. 초기 5개의 차원과 26개의 지표는 7개의 차원과 31개의 지표로 수정되었는데, 전반적으로 지표의 역할이 더 분명해질 수 있는 방향으로 전환이 이루어졌다. 수정안은 대상자 자격요건의 적절성, 대상자 포괄성, 급여 적시성, 급여 수준 충분성, 근로유인 제공, 노동 공급 확대, 행정관리 등 7개의 차원으로 구성되었으며, AHP 조사 결과 근로유인 제공, 노동 공급 확대 차원에 대한 가중치가 다른 차원보다 높게 나타나, 근로장려금의 정책 목표 중 대체로 '근로 장려'를 더 중요하게 인식하고 있음을 확인할 수 있었다.

〈요약표 1〉 근로장려금 적정성 모형의 차원 및 지표 요약

평가 차원	차원별 가중치	지표
대상자 자격요건 적절성	0.139	가구유형별 소득상한기준의 적절성
		재산상한기준의 적절성
대상자 포괄성	0.129	수급가구 비율
		소득분위별 수급가구 비율
		가구유형별 수급가구 비율
		가구주 연령별 수급가구 비율
		가구주 종사상지위별 수급가구 비율
급여 적시성	0.131	급여지급주기 다양성 여부
		급여지급주기 적용 대상 제한 여부
		반기 지급 이용률
급여 수준 충분성	0.146	가구소득 대비 최대지급액 비율
		가구소득 대비 평균 근로장려금 비율
		근로장려금 평균 및 중위수 지급액
		근로장려금 수급 전후 상대빈곤율 변화
		근로장려금 수급 전후 소득분위 이동 비율

평가 차원	차원별 가중치	지표
근로유인 제공	0.178	점증률
		점감률
		'점증+평탄' 구간 대비 점감 구간 비율
		근로장려금 산정구조 인지 여부
노동 공급 확대	0.163	소득분위별 총가구원수 대비 취업가구원 비율
		소득분위별 취업가구 분포
		수급가구 내 취업가구원의 평균 연간 근로개월수
		수급가구 내 취업가구원의 재정지원일자리사업 참여자 비율
		생계급여 수급가구 비율
		가구유형별 '점증+평탄' 구간 수급가구 비율
행정관리	0.113	신청 접근성
		신청 가구 대비 지급 가구 비율
		부정수급 모니터링
		부정수급액 회수율
		신청 후 지급까지의 소요 기간
		정책만족도

3. 결론 및 시사점

본 연구에서는 다차원적 적정성 개념을 정의하고, 개별 정책인 근로장려세제를 대상으로 적정성 판단을 위해 필요한 차원과 각 차원별 지표를 정책 설계, 운영, 산출물 단계에 중점을 두고 도출하였다. 실제 산출하는 과정까지 연구에 담지 못한 한계가 있으나, 여기서 제시된 다양한 지표들은 정책평가의 산출물 단위 성과지표로 활용도가 있을 것으로 생각된다. 다만, 적정성 평가 차원과 하위 지표를 산출하여 최종적인 적정성 판단을 위해서는 각 차원 및 지표가 달성해야 하는 기준(reference point)을 설정하는 과정이 필요하다. 이는 관련 법령 등에 명시되어 있지 않는 한, 사회적 합의가 필요한 부분으로, 추가적인 연구가 필요한 부분으로 판단된다. 다만, 본 연구에서 제안한 지표를 계속 산출하여 시계열적으로 축적함으로써, 적정성 판단 기준 설정을 위한 근거자료로 활용할 수 있다고 생각된다.

　한편, 본 연구에서 차원 및 지표를 통해 적정성 모형을 구성하는 과정은 자료원의 구축 및 관리가 매우 중요함을 다시 한번 시사한다. 정책평가 측면에서의 적정성 판단은 정책의 여러 세부 요소를 반영할 수 있는 자료가 가용하여야 더욱 객관적으로 파악할 수 있으며, 여러 차원별 측정지표의 발굴 또한 결과적으로 가용한 자료에 의해 영향을 받을 수밖에 없기 때문이다.

　주요 용어: 다차원적 적정성 모형, 적정성 차원 및 지표, 근로장려세제

제1장

서론

제1절 연구의 배경 및 목적
제2절 연구의 내용 및 방법

제1장 서론

제1절 연구의 배경 및 목적

지속 가능한 사회보장제도의 확립을 위해 사회보장사업의 성과를 객관적으로 분석하는 것은 필수적 요소이다. 그리고 정책 성과를 분석하는 데 있어, 관련 사업 또는 제도가 적정하게 공급되고 있는가는 함께 고려되어야 할 중요한 요소이다. 그러나 '적정성(Adequacy)'의 개념과 측정 방안, '적정성' 측면의 사업 평가 등에 대해 명료하고 일원화된 정의는 없는 실정이다. 다만, 단어 자체의 기본적 개념을 고려할 때, '적정성'은 정책에 대한 수요 대비 공급으로 이해할 수 있으며, '정책에 대한 수요'의 정도 혹은 수준은 두 가지 측면에서 고려할 수 있다.

　① 사회적 위험에 대비하여 필요한 수준: 이는 여러 가지 사회적 위험에 대해 국가가 보호해야 하는 수준으로 사회적 합의가 필요함
　② 정책 목표를 달성하기 위해 필요한 수준: 사회보장사업 평가 측면에서는 더 적합한 개념이나, 정책 목표가 정량적 수치로 표현되지 않는다면 이 또한 사회적 합의가 필요함

후자의 개념으로 적정성을 고려할 때, 사회보장사업의 평가에 있어 적정성은 중요한 평가 차원 중 하나이지만, '적정성'의 개념이 실체화되기 어려운 측면과 사회보장사업의 다양성으로 인해 충분한 논의가 이루어지지 못하고 있다. 평가 측면에서 '적정성'과 관련한 기존 논의는 유사·중복 사업의 효율화와 관련해서 이루어졌으나, 실질적으로 이를 측정하는 시도는 미진한 측면이 있다. 강혜규 외(2015)에서는 사업 대상, 사업목적

및 기능 등에 따라 유사 사업을 판단하고, 이러한 유사 사업이 조정될 필요가 있는지에 대해, 첫째 필요도 이상으로 지원이 이루어지고 있는지, 둘째, 이로 인해 발생하는 비효율 등이 있는지를 정성적 측면에서 접근하여 논의하였다. 이외에, 대표적인 사회보장사업(예: 연금 또는 사회서비스 사업)에 대해서는 각각의 사업 단위에서 '적정성'을 분석하는 연구가 국내에서 일부 이루어졌으나, 다차원적으로 적정성을 개념화하고 분석한 연구는 미흡한 실정이다. 노후연금 등 정책 대상이 상대적으로 포괄적인 현금 급여 사업의 '적정성'은 평균 소득대체율(replacement rate) 등 주로 단일 차원에 한정하여 논의되어 오고 있다. 하지만, 소득대체율 지표 그 자체로도 평가의 관점에 따라 형평성 등을 반영하는 다양한 방식으로 정의할 수 있다. 또한, 강성호와 홍성우(2009)에서는 장애연금의 급여 적정성을 소득 관점과 지출 관점에서 정의하고 분석하였는데, 소득 관점에서는 장애로 인한 근로소득 손실분 대비 급여 수준을, 지출 관점에서는 장애인의 소비수준 대비 급여 수준으로 지표를 정의하고 있다. 즉, 장애연금이라는 정책에 대한 수요 정도를 '근로소득 손실분'과 '장애인의 소비수준'으로 측정하였다.

단일 차원에 기반한 급여 수준 적정성 연구와 달리, 국제사회보장협회의 적정성 프로젝트에서는 사회보장급여의 '적정성'에 대한 정의가 해당 정책이 달성하고자 하는 목표와 연계하여 다차원적으로 이루어질 필요가 있음을 제시하고 있다. 예를 들어, 국제사회보장협회(International Social Security Association[ISSA], 2015)에서 제시한 퇴직소득(retirement benefit) 적정성 분석에서는 적정성을 판단, 평가하는 차원으로, 급여 수준, 노동시장에서의 적정 은퇴 연령, 다른 은퇴 급여와의 상호작용, 세대 간 형평성 및 급여 적정성의 지속가능성 등 7가지의 차원을 제시하였다. 7가지 차원 중 하나인 '급여 수준' 적정성에서도 '퇴직연금'이 갖는 노후

소득보장 특성을 고려하여 여러 가지 측면에서 필요한 지표를 정의하고 있다. 즉, 장래 소득대체율(Prospective replacement rate)은 20세부터 연금 수급 연령까지 근로할 때의 소득대체율, 현재 소득대체율(Current replacement rate)은 현재 은퇴한 자의 퇴직급여 소득대체율, 중점 소득대체율(Historic replacement rate)은 은퇴가 가까운 연령대 근로자의 근로소득 대비 은퇴 연령대의 연금소득 비율로 정의하여, 급여 수준의 적정성을 다양한 측면에서 산출할 필요가 있음을 보여준다.

또 다른 적정성 프로젝트로, ISSA(2016a, 2016b)에서는 실업급여(unemployment benefit)를 대상으로 다차원적 적정성 평가 차원과 지표를 제시하고 있다. 실업급여의 정책 목표는 크게 두 가지로 구분되는데 하나는 실업 기간 동안 적절한 급여를 제공함으로써 소득 상실 위험으로부터 보호하는 것이며, 다른 하나는 적절한 취업 지원 프로그램 등의 제공을 통해 실업자의 재취업을 촉진하는 것이다. 실업급여 제도에 대한 적정성 평가는 두 가지 정책 목표에 따라 적정성 판단 측면에서 필요한 질문을 고려함으로써, 이를 반영할 수 있는 평가 차원과 각 차원별 지표를 제시하고 있다. 예를 들어, 실업 기간 동안 실업급여를 제공함으로써 소득 상실 위험을 보호하는 부분에 대해서는 누가 실업급여를 받을 수 있는지(포괄성), 어떤 상황에서 받을 수 있는(급여유형), 얼마나 오래 받을 수 있는지(자격 기간), 받을 수 있는 금액은 얼마인지(급여 수준) 등의 차원에서 적정성을 평가할 수 있음을 제시하고 있다.

다음 장에서 더 자세히 살펴보겠지만, 국제사회보장협회에서 적정성 프로젝트라는 과제 하에, 퇴직소득 제도와 실업급여 제도에 대해 적정성 평가 차원과 지표를 제시한 바를 보면, 적정성의 개념이 사회보장사업 평가 측면에서 실체화되는 것은 동 개념을 적용하고자 하는 사업의 목적 및 성격 등에 따라 상이할 수 있음이 매우 명확하게 드러난다. 본 연구는 사회보장사업 혹은 기타 정책 영역을 대상으로 기존 연구에서 활용된 적정성의 개념과 측정 방안 등에 대해 전반적으로 고찰하고, 실제 개별 사업을 대상으로 적정성 분석 모형이 어떻게 적용될 수 있는지 시도하는 데 그 목적을 두고 있다. 이에 포괄적으로 적용될 수 있는 적정성 개념과 분석 가이드라인을 논의하고, 여러 가지 정책 목표를 갖는 세부 사업을 선정하여 적정성 분석을 시도함으로써, 다차원적 적정성 분석 틀을 도출하고자 한다. 그리고 그 과정에서 큰 틀의 사회보장사업 적정성 분석 모형 구축을 위한 고려 사항, 보완 사항 등을 도출하여, 사회보장사업 적정성 분석 모형의 기초토대를 마련하고자 한다.

본 연구에서는 적정성 분석 모형을 적용할 개별 정책으로 2008년 도입되어 최근까지 지속적으로 확대·개편되어 온 근로장려금을 선정하였다. 근로장려세제는 초기 도입 이후 정책의 대상 범위와 총지급액 규모가 크게 확대, 증가하였으나, 정책의 실질적 역할(정책 목표 우선순위 등)과 이를 고려한 정책의 전반적 현황에 대한 논의는 다소 부족한 측면이 있다고 생각된다. 이에, 본 연구에서는 근로장려금의 정책 목표와 연계하여 다차원적 적정성 분석을 시도하고자 한다. 근로장려세제는 재정지출에 의한 사회보장사업이 아닌 조세체계에 기반하여 운영되는 제도이지만, 환급형 세액공제 제도로 수혜자 입장에서는 현금을 지원받기 때문에, 재정지출에 의한 소득 이전과 동일한 영향을 미치므로, 정책에 대한 성과 분석은 필요하다. 근로장려금의 경우, 그동안 노동 공급 측면의 효과에 중점을 두고 연구가 이루어져 왔으며, 최근에는 빈곤 감소, 소득재분배, 소비 등으로 확대되는 등 다양한 측면에서 정책 효과 분석이 이루어지고 있다. 다만, 선행 연구가 대체로 정책의 결과(outcome) 변수에 집중한 효과성 분석을 중심으로 이루어지고 있어, 본 연구에서는 상대적으로 논의가 미흡한 제도 전반에 걸친 적정성에 대해 살펴봄으로써 근로장려세제 관련 연구에 기여하고자 한다.

제2절 연구의 내용 및 방법

1. 연구 내용

본 연구의 주요 내용은 다음과 같다

☐ 적정성(Adequacy)에 대한 개념적 논의

적정성에 대한 개념적 정의 및 사회보장사업 평가 측면에서 적용 가능한 개념에 관해 논의하고자 하며, 개념적 정의에 대한 검토 후에는 사회보장사업 및 기타 다른 정책 영역에서의 적정성 분석 사례 고찰하고자 한다.

☐ 사회보장사업 적정성 분석의 포괄적 가이드라인 제안

Organization for Economic Co-operation and Development(OECD, 2020)에서는 퇴직소득의 적정성을 평가하는 기본적인 틀로 〔그림 1-1〕을 제시하였다. 첫 번째 단계는 적정성의 목표를 파악하는 것으로, 퇴직소득제도를 예로 들면 '빈곤 완화' 또는 '은퇴 이후 기본적인 삶의 유지' 등이 될 수 있다. 즉, 평가대상이 되는 사업(군)에 있어서 적정성이 갖는 의미 또는 적정성으로 달성되어야 하는 정책 목표 등이 이에 해당한다고 볼 수 있다. 두 번째 단계는 앞서 설정한 목표 대비 적정성을 측정하는 차원과 지표들을 구성하는 것이다. 앞서 제시한 퇴직소득제도의 정책 목표 대비 적정성을 측정하는 지표로 소득대체율을 고려할 수 있으며, 이외에도 국제사회보장협회의 적정성 프로젝트에서 살펴볼 수 있는 다양한 차원의 지표를 구성할 수 있다. 세 번째 단계는 두 번째 단계에서의 지표와 비교할 수 있는 표적(target)을 선정하는 것으로, 이는 적정성의 기준(reference points)을 설정하는 것을 의미하는데, 예를 들어, 퇴직소득의 소득대체율 60%를 적정한 기준으로 보는 것을 의미한다. 다만,

이러한 적정성 기준은 지표에 따라 다르겠으나, 대체로는 사회적 논의가 필요한 사항이다. 네 번째 단계는 세 번째의 적정성 기준을 바탕으로 전반적인 적정성 평가 및 판단을 하는 것이다. 이때 적정성 기준뿐만 아니라 전반적 정책 목표 측면에서 판단할 필요가 있으며, 동일한 정책 목표 하에 보완적으로 시행되는 정책들이 있다면 함께 고려해야 할 필요가 있을 것이다.

[그림 1-1] 퇴직소득 적정성 평가를 위한 틀

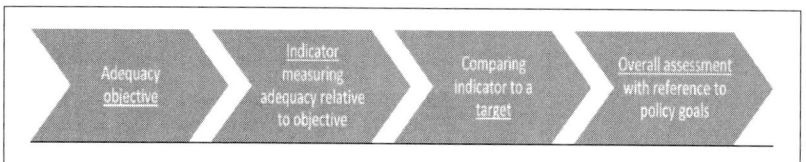

출처: "OECD Pensions Outlook 2020," OECD, 2020, OECD, p. 53, Figure 2.1.

□ 다양한 정책 목표를 갖는 대상 사업을 선정하여 가이드라인에 따른 적정성 분석 모형 구축

적정성 판단, 평가의 과정은 [그림 1-1]과 유사한 단계를 거쳐 이루어질 수 있으나, 판단의 기준(reference points)을 설정하는 것은 단일한 측정 지표라 하더라도 사회적 합의가 필요하다. 이에 본 연구에서는 두 번째 단계인 적정성을 나타내는 측정 차원 및 지표를 발굴하는 데 중점을 두고자 한다. 적정성 측정에 있어 사회보장사업 평가 측면의 기본적 항목들(포괄성, 충분성 등)이 포함될 수 있으나, 세부적인 사항은 대상 정책의 내용에 따라 달라질 수 있기 때문에, 본 연구에서는 근로장려금 사업을 대상으로 적정성 분석 모형 구축을 시도하고자 한다. 해당 사업을 선정한 이유로는 앞서 언급하였듯이 정책 도입 이후 최근까지 제도가 크게 확대되어 왔다는 점, 조세 기반 정책이지만 실질적으로 현금지원 정책의 기능

을 하고 있고 현금지원은 현물지원에 비해 상대적으로 적정성 개념을 적용하기 용이한 측면이 있다는 점, 근로장려금은 소득 지원 이외에 근로장려와 같이 복합적인 정책 목표를 포함하고 있어 적정성 분석 모형에 있어 다차원적 측정 차원을 개념화하는 데 적합하다고 판단하였다는 점 등을 들 수 있다.

2. 연구 방법

□ 선행 연구 및 사례 고찰

　○ 적정성 개념 및 적정성 분석과 관련한 선행연구 고찰

　○ 사회보장사업 평가 측면에서의 적정성 분석 사례분석

　○ 근로장려금 법령 및 관련 선행 연구 고찰

□ 근로장려금 제도 관련 전문가 대상 델파이 및 AHP 조사 실시

　○ 근로장려금 적정성 측정 차원 및 관련 지표 발굴

　○ 측정 차원 및 지표의 중요도 등에 대한 의견조사

　○ 차원 및 지표별 적정성 판단을 위한 기준점에 대한 검토

□ 평가 및 제도 관련 전문가 자문 실시

제2장

적정성 분석에 관한 문헌 연구

제1절 적정성 개념
제2절 적정성 모형 사례
제3절 소결: 적정성 분석을 위한 기본틀

제2장 적정성 분석에 관한 문헌 연구

제1절 적정성 개념

1. '적정성' 개념 논의

어떠한 사업이나 제도, 정책에 대해 평가할 때, 적정성(Adequacy)은 자주 등장하는 용어이지만, '적정성'이 무엇을 의미하는지, '적정성'을 어떻게 측정할 수 있는지, '적정성' 측면에서 사업의 평가를 어떻게 할 수 있는지 등에 대해 명료하고 일원화된 정의나 분석기준을 찾아보기는 어렵다. 이에, 우선 사전적 의미를 먼저 참고하면, 국어사전(국립국어원, n.d.)에서 적정성(適正性)은 '알맞고 바른 특성'으로 정의하고 있으며, 영영사전(Merriam-Webster's Collegiate® Dictionary, n.d)에서 적정성(Adequacy)은 adequate의 명사형으로 'the state or quality of being adequate'로 정의하고 있다. 여기서 'adequate'의 사전적 정의를 보면, 'enough for some need or requirement', 'good enough', 'of a quality that is good or acceptable', 'of a quality that is acceptable but not better than acceptable'로 나타난다. 영영사전 정의를 종합하면, 적정성(adequacy)은 어떤 필요나 목적에 있어 충분한 상태 또는 최소한 허용할 수 있는 상태를 의미하기에, 기본적으로 동 개념은 어떤 비교 기준점(reference point) 대비 판단되는 개념임을 알 수 있다. 사전적 정의상 비교 기준점은 '필요 수준이나 목적'을 의미하게 되는데, 실제 개념의 적용 측면에서 보면, 대상 사업의 특성과 적정성 판단 내용에 따라, 사업에 대한 '수요' 또는 사업의 '투입 비용' 등이 될 수 있다. 다만, 한 가지 유의할 점은 기본적인 '적정성'의 개념이 실제 적용 과정에서 '적정한가'를 판단하는 그 자체로 바로 활용될 수는 없다는 점이다. 예를 들어, A라는 사업의 적정성을 반영한 지표로 'A 사업에 대한 수요 대비 공급 비율'을 정의하였을 때, 이의 산출값을 바탕으로 A 사업이 적정한가를 판단하기 위해서는 해당 값의 적정 수준에 대한 기준이 필요하며, 이는 사회적 합의 등을 통해 도출해야 하는 부분이다.

이에 따라, 본 절에서 추후 살펴보게 될 '적정성' 개념의 적용 사례는 해당 정책의 '적정성'을 직접적으로 판단하는 사례이기보다는 '적정성'을 판단하기 위해 사용할 수 있는 대리 변수(지표)에 대한 것이라고 보는 것이 정확할 것이다. 이러한 적정성 개념이 협의적으로 활용되는 영역은 주로 화폐 단위로 표현될 수 있는 것으로, 사회보장사업의 경우 대표적으로 현금 급여 사업의 급여 수준 적정성이 있으며, 사용요금을 부과하는 공공재 공급 서비스업의 경우, 사용료 부담 수준 적정성 등이 있다. 한편, 복지정책 중 현금 급여 사업 이외에도 현물(서비스) 정책에 대해서도 수요 대비 공급 차원에서 적정성 개념이 적용되고 있다. 한편, 적정성 개념은 광의적으로 활용되기도 하는데, 정책 운영 등 평가 측면에서 적정성 판단을 위한 다양한 차원의 지표를 구성하여 적용하는 경우를 들 수 있다.

2. 협의의 적정성 개념

가. 사회보장사업 분야

1) 현금급여사업

'적정성'의 키워드로 검색한 문헌연구에서 사회보장정책은 주로 퇴직연금 등 노후에 받는 현금성 급여 사업에 대한 연구가 관찰된다. 이때 '적정성' 측정 지표로 가장 많이 활용되는 것은 (소득)대체율(replacement rate)이다. 소득대체율은 지표 그 자체에 적정성 개념이 적용된 것으로, 필요한 소득 수준 대비 정책이 지원하는 소득 수준 비율을 의미한다. 다만, 소득대체율을 측정하는 방식은 여러 가지가 있는데, 대체율 산정시 분모에 들어가는 기준 소득을 무엇으로 고려할 것인지, 분자에 들어가는 소득은 어떻게 산출할 것인지, 정책의 대상이 되는 인구집단 전체를 고려하여 산출할 것인지, 하위 집단을 구분하여 산출할 것인지 등에 따라 다양하게 정의될 수 있다.[1] 대체로 분모에는 '필요로 하는 소득수준'이 고려되는데, 이는 최저생계비 또는 근로기간 동안의 평균적 소득수준이 될 수 있는 등 정책의 목표에 따라 달라질 수 있다. 분자의 경우, '정책에서 지급되는 급여수준'이 고려되는데, 장기적으로 급여가 지급되는 정책(예: 연금형태 급여) 등 정책 유형에 따라 산출방식이 달라질 수 있다.

김민정(2011)에서는 수요(소비지출 수준) 대비 공급(소득 수준) 관점에서 은퇴자 가계의 '소득 적정성'을 분석하였는데, 이 또한 일종의 대체율 개념으로 볼 수 있다. 해당 지표를 산출하는 데 있어, 구성요인의 시점을 달리 적용하여 4가지의 소득 적정성 지표를 산출하였는데, 소득 수준은

---

[1] 이에 따라 소득대체율 지표 그 자체로도 평가의 관점에 따라 형평성을 반영하는 방식으로도 정의 가능함

현재소득과 은퇴소득을, 소비지출은 현재 소비지출 수준과 희망 소비지출 수준을 사용하였다. 여기서 은퇴소득은 은퇴자 가계가 사용 가능한 모든 소득원을 포함한 개념으로 활용되었으며, 4가지 소득 적정성 지표는 모두 대체율의 개념이지만, 각각 다른 정보를 제공하게 된다.

여윤경과 이남희(2012)에서는 주관적 추정 방법인 주관적 최저생계비와 적정생계비, 그리고 금융자산을 사용하여 연금자산의 적정성을 분석하였다. 여기서 연금자산의 적정성은 연금을 포함한 은퇴자산이 은퇴 후의 생활을 위해 적정한가를 나타내는 개념으로, 역시 대체율의 개념을 의미한다. 동 연구에서는 최저생계비 또는 적정생계비 대비 개인연금의 연금화액수(대체율). 은퇴시점 금융자산 대비 개인연금수령 총액 비율 등의 변수를 산출하여 연구를 진행하였다.

강성호와 홍성우(2009)에서는 장애연금을 대상으로 급여수준의 적정성을 분석하였는데, 이때 급여수준의 적정성 지표를 소득관점과 지출관점 두 가지 측면에서 측정하였다. 소득관점에서 급여 적정성은 장애로 인해 발생하는 근로소득 손실분 대비 장애연금 급여 수준으로 정의하였으며, 지출관점에서는 현재의 장애연금 급여 수준 대비 장애인의 소비수준으로 정의하였다.[2] 두 가지 관점에서 정의된 지표 또한 대체율의 개념이 적용된 것으로 볼 수 있으나, 앞서 언급하였듯이 이러한 지표 값이 어느 수준이어야 적정하다고 볼 것인지는 별도의 합의가 필요한 문제로, 여기서는 '적정성'을 최종적으로 분석하였다기보다는 이를 판단하기 위한 측정 가능한 지표를 제시한 것으로 볼 수 있다.

---

[2] 지표의 산출 방법을 보면, 우선 비장애인을 대상으로 근로소득 및 소비함수를 추정한 후, 추정된 회귀계수와 장애인의 인적 특성 변수를 활용하여 장애인의 잠재적 근로소득 및 소비수준을 산출함. 장애인 대상 실제 소득과 소비수준 자료와 앞서 산출된 잠재적 소득 및 소비수준의 차이는 장애로 인해 발생한 소득(또는 소비) 변화분으로 볼 수 있으며, 장애연금 급여 수준이 이 차이를 얼마만큼 보상해주고 있는지 측정하고자 함

Anasaloni et al. (2021)에서는 사회 보호(social protection)정책의 효과성 평가를 위해 벨기에의 실업급여, 상병수당, 장애수당, 사회보조수당, 가족수당 정책을 대상으로, 정책 산출물(output) 측면의 접근성(Accessibility)과 적정성(Adequacy)을 고려하였다. 동 연구에서의 적정성 또한 급여 수준 측면에서 협의적으로 정의되었으나, 소득대체율 대신 이전소득비중 지표가 활용되었다. 이는 동 연구의 분석 대상인 사회보호정책의 주된 목표가 빈곤 완화임을 고려하여, 빈곤율 산출시 활용되는 소득기준(예: 중위소득)이 직접 적용되는 이전소득비중이 보다 적합한 지표라고 판단하였기 때문이다.

〈표 2-1〉 적정성 측정 관련 지표 예

지표	정의
대체율 (replacement rate)	사회적 위험 발생시 소득 / 사회적 위험 발생 이전 소득
이전소득 비중 (transfer share)	중위 급여액 / 중위소득(개인/가구)

출처: "Accessibility and adequacy of Belgian social protection from a social investment perspective," Anasaloni et al, 2021, p. 13, Figure 2.2의 내용 및 설명 중 일부를 번역하여 표로 작성함.

한편, 김태완(2021)에서는 국민기초생활보장제도 생계급여의 급여 적정성에 대해 검토하였는데, 여기서 급여 적정성은 고시된 생계급여 기준액과 최저생계비 계측에 따른 생계급여 기준액을 비교하여 평가하고 있다. 즉, 전물량 방식(Market Basket) 최저생계비와 물가 변화분을 반영한 최저생계비를 기초로 하여, 최저생계비에서 주거비와 현물(의료비, 교육비) 및 타법지원액을 차감한 것으로 정의한 '계측 생계급여 기준액'이 고시된 생계급여 기준액 보다 낮다면 생계급여의 급여 적정성이 담보되었다고 평가할 수 있다.

김지하(2016)에서는 여러 측면에서 교육급여제도를 평가하면서, 교육급여 수준의 '적정성'을 검토하였다. 김태완(2021)의 방식과 유사하게 전물량 방식으로 계측한 최저교육비, 가계동향조사를 이용한 실태교육비, 한국노총의 표준생계비 중 교육비를 2015년 기준으로 환산하여 교육급여와 비교함으로써, 현 교육급여 수준의 '적정성'을 검토하였다.

현금 급여 사업에 대한 적정성 분석에서 급여 수준 이외에 '지급기준'의 적정성을 분석한 연구로는 김태화와 양승룡(2021)이 있다. 지급기준은 보통 정책대상 범위를 결정하게 되기에, 제도 취지(또는 정책목표 달성)에 적합한 기준을 설정하였는지 검토하는 것은 중요하다. 동 연구에서는 정부가 설정한 지급기준(토지 규모)이 실제 현실에서의 소농 특징을 반영하고 있는지 객관적으로 살펴보고자, 농가경제조사 자료를 이용하여 군집분석 후, 그룹별 기초통계를 산출하여 제도상 소농직불금 대상 기준(토지 규모)과 비교함으로써 적정성을 논의하였다.

2) 현물(서비스)사업

사회보장사업에서 현물 정책, 특히 보육, 노인 돌봄 등과 같은 사회서비스를 제공하는 정책에 대한 적정성 분석은 대체로 수요 대비 공급이 적정하게 이루어지고 있는지를 살펴보고 있다. 다만, 시설 등을 통한 서비스 제공은 공간적/지리적 특성을 갖게 되므로, 지역별 수요-공급의 차이, 공급의 형평성 문제 또한 중요한 지표로 고려되기도 한다(김세진, 김혜수, 2021; 김은정, 유재언, 2013).

보육서비스를 대상으로 한 연구를 일부 살펴보면, 김은정과 유재언(2013)에서는 지역별 보육서비스 대상(만 0~5세) 인구 대비 보육시설 정원 비율, 현원 비율 지표를 산출하여 지역별 수요-공급 적정성을 살펴보았으며, 김흥순과 남재형(2014)에서는 수요 대비 공급량 측면과 접근성 측면에서 서울시 보육시설의 공급 적정성을 살펴보았다. 최현수 외(2016)에서는 공간정보를 활용하여 지역별, 보육서비스 유형별 수요-공급 지표와 교통접근성 지표 등을 반영한 클러스터링 분석을 시행하였으며, 이를 기반으로 수요 대비 공급 과잉 지역, 수요 대비 공급 부족 지역 등을 제시하였다.

나. 기타 사업 분야

'적정성' 키워드로 검색한 선행연구에서 사회복지 분야 이외에 적정성 개념이 협의적으로 적용된 연구들은 사용요금 수준, 보조금 지급 수준 등 주로 비용 대비 편익 관점에서 살펴본 연구들과 공원 등 공간적 서비스의 수요-공급 측면 연구 등이 있으며, 몇 가지 연구 사례를 제시하면 다음과 같다.

김광옥과 박성식(2018)은 국가에서 독점적으로 제공하는 공공재인 '항공기상정보'에 대한 수요를 추정하여, 사용료 인상에 대한 적정성을 분석하였다. 김한성 외(2015)에서는 의료기관 대상 원가자료를 분석하여 비용 규모를 추정하고, 의료기관 건강보험 청구자료를 기반으로 상대가치 수가의 진료비 수입을 산출하여, 비용과 수입 결과를 토대로 수가불균형 수준을 분석하여 적정성을 검토하였다. 김흥주 외(2019)는 지방자치단체 공공시설의 사용료, 운영비용, 원가를 산출하여 사용요금의 원가보상률을 살펴봄으로써 현행 사용료 수준의 적정성을 검토하였다. 이호영 외(2016)에서는 친환경차 보조금 적정성을 분석하기 위해, 친환경차 구입에 따른 추가 차량 공급가액(비용)과 친환경차 이용에 따른 운행비용 및 환경비용 절감 효과(편익)를 추정하여, 비용 대비 편익을 기준으로 보조금 지원의 적정성을 검토하였다. 김대욱 외(2015)는 산업용 전력의 발전 원가(비용 측면) 대비 전기요금 수준을 비교하여 산업용 전기요금의 적정성을 검토하였다.

공간적 재화의 수요-공급과 관련하여서, 이경주 외(2022)에서는 도시공원의 수요(잠재적 이용자수) 대비 공급을 파악하여 적정성을 판단하고자 하였으며, 이때 수요 측면에서의 이용객 혼잡도 개념을 접목(도시공원 최대 이용자수-방문객수)하여 공급의 적정성 판단하였다. 김은정 외(2016)에서는 서울 마포구를 대상으로 인구밀도(수요)를 고려한 도시공원 수요 대비 공급의 적정성 지수 산출하였으며, 박소현 외(2014)의 경우 어린이공원에 대한 수요함수를 추정하여, 수요 지수 대비 공급 지수를 산출한 후 이를 바탕으로 어린이공원의 수급 적정성을 검토하였다.

3. 광의의 적정성 개념

앞서 살펴본 적정성 개념의 적용 사례는 적정성의 사전적 정의 – 어떤 필요나 목적에 있어 충분한 상태 또는 최소한 허용할 수 있는 상태 – 를 분석하고자 하는 특정 항목에 활용한 것으로 볼 수 있다. 즉, '급여 수준'의 적정성, '선정기준'의 적정성, '공급'의 적정성 등처럼 파악하고자 하는 사항에 협의적으로 개념을 적용하였다. 그러나 '적정성'을 키워드로 검색한 문헌의 연구내용을 보면, '적정성'의 사전적 정의 개념은 더욱 넓은 범위로 확장될 수 있다.

가. 사회보장사업 분야

보다 광의적으로 적정성의 개념을 적용하는 것은 분석하고자 하는 내용의 범위에 따라 달라진다. 일례로, 노후소득보장 관련 연구에서 현금

급여의 경우, 소득대체율을 기준으로 하는 적정성이 가장 일반적으로 활용되고 있으나, 최영준(2014, p. 216)에서는 이 지표가 제도를 바탕으로 계산된 한계가 있으며, 해당 지표만으로는 실제 기여 현황이나 적용 범위, 수급의 분배적 구조 등을 보여주지 못하는 한계점이 있음을 지적한다. 즉, 사회보험의 경우, 소득대체율이 높고 재분배 효과가 크다 하여도 기여를 하지 않는 광범위한 저소득층이나 불안정 고용계층이 존재한다면 정책이 의도하는 목표 달성에 있어 적정성은 확보할 수 없다.

또한, 적정성의 개념을 급여 수준에 적용하였을 때도 앞서 살펴본 협의의 개념보다 조금 더 확장된 개념이 제시되기도 하는데, 국제노동기구(International Labour Office[ILO], 2011)에서 사회보장(social security)의 과제 중 하나로 제시한 '사회적·경제적으로 적정한 급여 제공(to provide benefits adequate in both social and economic terms)'을 살펴볼 수 있다.3) 여기서 '적정성'은 사회적 적정성(social adequacy)과 경제적 적정성(economic adequacy)의 두 가지 측면에서 정의하고 있는데, 사회적 적정성은 사회보장급여가 사회보장정책의 목표를 달성하는 데 기여하고, 급여수준과 근로기간 동안의 세금 및 기여금 납부 수준이 공평(fair)한 경우를 의미한다. 경제적 적정성은 사회보장급여가 고용정책, 재정정책, 기타 경제정책과 시너지 효과를 가지며, 의도하지 않은 경제적 결과를 발생시키지 않는 경우로 정의하고 있다. 이러한 정의는 급여 수준이라는 특정 항목의 적정성 또한 대체율의 개념을 넘어서 매우 확장된 범위 내에서 논의가 이루어질 수 있음을 시사한다.

한편, 노인의료복지시설의 공급 적정성을 분석한 김세진 외(2021)에서도 '공급의 적정성'을 형평성, 공간상관성, 충족도 등의 3가지 차원에서

---

3) 이외에도 사회보장 과제로 포괄성(to cover all in need), 지속가능한 재정 확보(to secure sustainable financing)를 제시하고 있음

검토하여, '적정성'을 보다 확장된 개념으로 적용하였다. 사회복지서비스 전달체계 구축의 주요 원칙으로 평등성, 접근 용이성, 적절성이 고려되는데, 여기서 평등성은 연령, 성별, 지역 등과 상관없이 사회복지서비스가 모든 사람에게 평등하게 제공되어야 함을 나타내며, 접근 용이성은 사회복지서비스에 대한 수요가 있는 사람들이 쉽게 접근하여 이용할 수 있어야 함을 의미한다. 적절성 개념은 제공되는 사회복지서비스의 양과 질이 수요자의 욕구(Needs) 충족, 사업 목표 달성에 충분한 정도여야 함으로 정의된다. 이러한 주요 원칙을 포괄하는 측면에서 동 연구는 노인요양복지시설에 대한 수요와 공급을 〈표 2-2〉와 같이 정의한 후, 지역별 수요 변화 추이, 공급변화 추이, 지역별 충족율 추이(정원수 대비 현원수), 시나리오별 비형평계수 및 조정계수 산출을 통한 공급 형평성 분석 등을 실시하였다.

〈표 2-2〉 노인요양시설 수요와 공급 정의

구분		기준	사유
수요	기준 1	65세 이상 노인 인구 수	노인장기요양보험의 기본적 연령 기준
	기준 2	85세 이상 노인 인구 수	노인의 기능상태가 급격히 악화되는 시점
	기준 3	장기요양 1~3등급 인정자 수	노인장기요양보험 인정자 중 시설입소 인원의 70% 이상
공급	기준 1	노인요양(공동생활가정)시설 수	시설 인프라
	기준 2	노인요양(공동생활가정)시설 정원 수	노인요양(공동생활가정)시설별 정원이 상이함에 따라 정원 수로 검토

출처: "노인요양시설의 지역별 수요-공급 적정성 분석," 김세진 외, 2021, 한국보건사회연구원, p. 37, 〈표 3-1〉.

앞서 살펴보았던 Anasaloni et al. (2021)에서는 벨기에의 실업급여, 상병수당, 장애수당, 사회보조수당, 가족수당 정책을 대상으로 정책의 효과성 평가를 위해 접근성(Accessibility) 및 적정성(Adequacy) 측면에서 분석하였는데, 급여 수준과 관련하여 '적정성'이라는 용어를 활용하였으나, 이 두 가지 측면 모두 광의의 적정성 범주 안에 포괄될 수 있다. 즉, 효과성 평가를 위해 사용한 접근성 및 적정성 개념 모두 '사회정책이 목적을 달성할 수 있을 만큼 잘 운영되고 있는 상태인가?'라는 질문에 답하기 위해 요소로 볼 수 있으며, 이는 적정성 개념을 광의적으로 적용한 질문으로 고려할 수 있다. 동 연구에서는 〈표 2-3〉에서 제시한 여러 접근성 측정 지표 중 포괄률(coverage rate)을 활용하였는데, 이는 특정 위험(예: 실업)에 노출된 사람 중 실제 관련 정책(예: 실업급여)의 수혜자 비율로, 정책의 효과성을 가장 잘 반영하는 것으로 판단하였음에 기인한다.[4]

〈표 2-3〉 접근성 측정 관련 지표 예

지표	정의	설명
정책접근율 (benefit access rate)	실제 수혜자수 / 대상인구(reference population)	분모는 넓은 의미에서 사회보장급여가 필요할 수 있는 대상을 의미함
포괄률 (coverage rate)	실제 수혜자수 / 잠재적 수혜자수	분모는 해당 정책의 급여가 보호하는 위험에 노출될 수 있는 대상을 의미함
적격자 비율 (eligibility rate)	자격을 충족하는 인구수 / 잠재적 수혜자수	분자는 해당 정책의 자격조건을 충족하는 대상을 의미함
수급률 (take-up rate)	실제 수혜자수 / 자격을 충족하는 인구수	

출처: "Accessibility and adequacy of Belgian social protection from a social investment perspective," Anasaloni et al, 2021, p. 11, Figure 2.1의 내용 및 설명 중 일부를 번역하여 표로 작성함.

---

[4] 급여 수준의 적정성 지표는 〈표 2-1〉 참조

한편, 적정성 개념을 가장 다차원적으로 활용한 연구로는 국제사회보장협회(ISSA)의 적정성 프로젝트(the Adequacy Project)가 있다. 동 연구에서는 퇴직소득(retirement income)과 실업보험(unemployment benefit)을 대상으로 적정성 분석 모형 구축을 시도하였는데, 사업별 여러 가지 정책목표를 고려하여 이와 연계한 적정성을 판단하고자 하였다. 즉, 어떤 사업의 적정성 판단은 단순히 하나의 차원(대표적 예: 급여 수준의 적정성)에서만 살펴볼 수 없고, 해당 정책이 달성하고자 하는 정책목표와 연계하여 다차원적으로 고려해야 함을 제시하고 있다(ISSA, 2015; ISSA, 2016a, 2016b). 이와 관련한 내용은 다음 절에서 더 상세히 논의하고자 한다.

나. 기타 사업 분야

류민정(2023)에서는 지역사랑상품권의 효율적 운영 측면에서 '적정성'을 분석하였다. 지역사랑상품권의 운영체계는 재원 부담 주체, 상품권 유형별 운영 주체가 상이함을 고려하여, 예산 활용의 효율성(자원배분의 효율성) 측면에서, 중앙정부가 지자체에 국비를 효율적으로 배분하고 있는지 검토하였으며, 재정자립도가 높은 지자체에 더 많이 지원됨에 따른 형평성 문제가 있음을 보였다. 또한, 운영비용 수준의 적정성은 상품권 판매액당 운영비를 산출하여 고려하였으며, 사후관리 측면에서 상품권 부정 유통을 사전적으로 예방하기 위해 노력하고 있는지를 점검하였다.

〈표 2-4〉 지역사랑상품권의 효율적 운영을 위한 분석기준

구분	분석내용	판단기준
사업계획	- 정부지원의 적정성	- 재정자립도가 낮은 자치단체를 중심으로 국비가 지원되고 있는가?
사업운영	- 운영비의 적정성	- 자치단체별 상품권 판매액당 운영비가 전국 평균대비 높은가? - 위탁수수료의 산정기준은 개선되고 있는가?
	- 운영자금 관리의 적정성	- 자치단체 금고에서 운영자금을 관리하고 이자는 자치단체로 반납되고 있는가?
사후관리	- 부정유통 관리의 적정성	- 자치단체가 부정유통을 사전에 예방하기 위해 노력하고 있는가?

출처: "지역사랑상품권의 효율적 운영을 위한 적정성 분석," 류민정, 2023, p. 138, 〈표 7〉.

박상옥 외(2013)에서는 지역산업 육성정책의 적정성을 평가할 수 있는 지표 개발에 중점을 두고 연구를 진행하였다. 동 연구에서는 기존 지역산업 육성정책과 관련한 선행연구에서 제시된 평가지표를 취합하여, 지표로서의 적합성에 대해 전문가 설문조사 등을 통해 적정성을 평가 지표를 개발하고자 하였다. 이때, 적정성 평가는 지역산업 육성정책의 사후관리 및 유지를 위한 효율성에 초점을 두고 진행하였으며, 정책의 성과 중심 지표를 선정하였다. 〈표 2-5〉는 지역산업 육성정책의 정책 내용별 평가지표를 보여주는데, 지역산업 육성정책은 '지역정책'의 특성과 '산업정책'의 특성을 모두 갖기 때문에, 지역개발과 산업개발 두 가지 측면에서 지표가 구성되었다. 일반적으로 지역정책은 지역 간 발전 격차 완화를 목표로 하는 형평성 지향하는 정책이며, 산업정책은 지역산업의 경쟁력 제고를 목표로 하는 효율성 위주 정책이라는 특성을 갖는다.

〈표 2-5〉 지역산업 육성정책의 적정성 평가 지표

구분	분석내용	판단기준
Regional development	Regional economy	Population inflow, Revenue increasing, Export increasing
	Human Resource Development	On the job training, Group of experts, Employment creation
	Regional Marketing	Regional promotion, Regional traditionality, Regional Community
Industrial development	Network Infrastructure	network of Industry-research-academy, Wide inter-regional association, infrastructure of knowledge exchange
	Technology Development	Resources and technology development, Specialized industry, Industry conversion
	Business Support	Business establishment support, funding, tax incentives

출처: "지역산업 육성정책의 적정성 평가지표 개발에 관한 연구," 박상옥 외, 2013, p. 5263, Table 3.

제2절 적정성 모형 사례

본 절에서는 적정성 개념을 다차원적으로 적용한 사례로, 국제사회보장협회(ISSA)의 적정성 모형을 자세히 살펴보고자 한다. ISSA에서는 적정성 프로젝트로써, 퇴직급여와 실업급여에 대한 적정성 모형을 제시하였는데, 정책 내용 설계 측면에서 각각의 정책목표가 다소 상충적일 수 있는 실업급여에 대한 적정성 모형을 중심으로 먼저 살펴보고, 이후 퇴직급여에 대한 적정성 모형도 간략히 제시하고자 한다.

1. ISSA(2016a, 2016b) 실업급여[5]

실업급여가 일자리를 잃은 근로자에게 일정한 생활수준을 유지하고 적절한 일자리를 찾을 수 있도록 소득을 보장해야 한다는 것은 널리 알려진 사실이다. 2008~2009년 글로벌 금융위기 이후 각국의 실업률 상승과 재정 압박 속에서 실업급여 제도의 재설계 필요성이 제기되었으며, 실업급여가 단지 소득 보장뿐 아니라 노동시장 복귀를 위한 유인 구조로도 작동해야 한다는 인식이 확산되었다. 이에 따라 급여 수준만을 평가하는 기존 방식에서 벗어나, 서비스 접근성, 노동 유인, 제도의 지속가능성 등 복합적 요소를 종합적으로 평가할 수 있는 모델 개발의 필요성이 대두되었다. 이러한 배경에서 2016년 국제사회보장협회(ISSA)가 개발·제시한 실업급여 적정성 평가 모형의 평가 항목 구성 체계와 측정 지표를 중심으로 자세히 살펴보고자 한다.

가. 실업급여 적정성 평가 항목 구성 체계

실업급여는 소득 대체를 보장하고 재취업을 촉진하는 두 가지 주요 목표를 가지며, 적정한 실업급여란 너무 높지도, 너무 낮지도 않으며, 수급자가 기본 생활을 유지할 수 있으면서도 노동시장으로 돌아갈 유인을 저해하지 않는 수준이다. ISSA는 ILO의 적정성 정의를 토대로 실업급여를 사회적 적정성, 경제적 적정성으로 구분한다. 사회적 적정성(Social adequacy)은 급여가 생계 보장, 빈곤 예방, 공정한 소득 대체 등과 같은 사

---

[5] ISSA. (2016a). Unemployment benefit provision: Measuring multivariable adequacy and the implications for social security institutions. Geneva: International Social Security Association. ISSA. (2016b). ISSA unemployment benefits adequacy model user manual. Geneva: International Social Security Association.를 참고하여 작성

회정책 목표 달성에 기여해야 하며, 기여와 수급의 관계가 수용 가능한 수준에서 공정하다고 인식되는 경우를 의미한다. 그리고 경제적 적정성(Economic adequacy)은 실업급여가 고용 유인을 해치지 않고, 경제정책과 시너지 효과를 내며, 근로 회피 및 재정 부담을 초래하지 않는 수준에서의 급여를 의미한다. 이에 ISSA는 실업급여의 정책목표에 따라 해당 제도의 적정성을 판단하는데 필요한 차원을 8가지로 제시하였다.

〈표 2-6〉 ISSA에서 제시한 실업급여(Unemployment benefit) 적정성평가 차원 설정

정책목표	적정성 차원	평가 항목
노동시장으로의 안전한 이행 보장 (to secure the transitions)	누가 실업급여를 받을 수 있는가?	포괄성(coverage level)
	어떤 상황에서 받을 수 있는가?	급여유형(type of benefits)
	얼마나 오래 받을 수 있는가?	급여 수급기간 (period of entitlement)
	받을 수 있는 금액은 얼마인가?	급여수준(benefit level)
취업지원 (to support employment)	어떤 조건 하에서?	자격조건 (eligibility conditions)
	어떤 종류의 지원을 받는가?	취업지원서비스
	어떤 영향을 미치는가?	실업률
행정적 적정성	어떤 종류의 서비스를 제공하는가?	행정, 전달체계 등

출처: "Unemployment benefit provision: Measuring multivariable adequacy and the implications for social security institutions," ISSA, 2016a, p. 3, Table 1의 내용을 번역함.

실업보험의 첫 번째 목표는 실업 기간 동안 적절한 급여를 제공함으로써 소득 상실 위험에 대한 보호를 제공하는 것이다. 이와 관련한 적정성 평가는 대상의 포괄성, 실업급여 유형, 실업급여 수급 자격 기간, 수급액 등 네 가지 차원을 제시하고 있다. 실업보험의 두 번째 목표는 적절한 인센티브 제공과 취업지원프로그램 등의 서비스를 통해 실업자의 취업 촉진을 지원하는 것으로, 이에 대한 적정성 평가는 실업급여 수급 자격 조건, 취업지원서비스의 연계 및 성과, 영향성 차원의 실업률 등을 기준으

로 한다. 〈표 2-6〉에서 제시된 8개의 평가 항목(차원)을 실제로 측정하기 위해 〈표 2-7〉과 같이 37개의 세부 지표가 설정되어 있다. 각 평가 항목의 점수는 이를 구성하는 세부 지표별 점수에 사전 부여된 가중치를 곱한 후 합산하여 산출된다. 이때 각 지표의 가중치는 국가별 정책적 우선순위와 시점별 여건에 따라 조정될 수 있다. 이러한 절차를 통해, 〔그림 2-1〕에 제시된 바와 같이 적정성 평가 차원별 분석 결과가 도출되며, 이는 실업급여 적정성 모형의 결과물로 활용된다.

〈표 2-7〉 ISSA에서 제시한 실업급여(unemployment benefit) 측정 지표

평가 항목(Parameter)	측정 지표(Indicators used)
1. 포괄성 (Coverage level)	1.1. 법적 포괄범위
	1.2. 실업급여 수급 조건(예: 일정기간 이상 고용보험 가입 등)
	1.3. 특정 대상 포괄여부: (생애)최초구직자, 자영업자, 공무원, 이주근로자 등)
	1.4. 실질적 포괄범위(Effective coverage of the unemployed)
2. 급여유형 (Types of benefits)	2.1. 부분 실업 수당(일시적 경기악화, 기상문제 등으로 부분적으로 고용관계가 중지되었을 때 지급되는 급여 등)
	2.2. 실업상태에서 파트타임 일자리 구직시 급여지급 여부
	2.3. 노령 실업자에 대한 특별 급여 존재 여부
3. 급여수급 자격기간 (Period of entitlement to unemployment benefits)	3.1. 고용보험에서 지급되는 급여 수급 기간
	3.2. 고용보험 이외 실업보조지원금 지급 기간
4. 실업급여 수준 (Unemployment benefits level)	4.1. 실업기간 시작시점에서의 소득대체율(가구유형별, 소득수준별 산출)
	4.2. 60개월 실업기간동안의 중위소득대체율(median replacement ratio of benefits)
	4.3. 60개월 이후 실업기간동안의 소득대체율
	4.4. 실직 첫해의 중위 급여 대비 실제 평균 실업급여 비율
	4.5. 60개월 실업상태인 자를 대상으로, 중위급여 대비 실제 평균 실업급여 비율
	4.6. 실업자 중 빈곤 위험이 있는 비율

평가 항목(Parameter)	측정 지표(Indicators used)
5. 자격조건 (Eligibility conditions)	5.1. 자발적 실업자 포함 여부
	5.2 일자리 거절, 직업훈련 프로그램 미참여 등에 대한 제재 조항 존재 여부 및 제재 강도
	5.3. 구직활동의 입증 빈도
	5.4. 실제 실업급여 수급자 중 제재를 받는 비율
	5.5. 제재에 대한 이의 제기(appeal) 가능성
6. 고용지원 및 적극적노동시장정책 프로그램 (Employment services and active labour market programmes)	6.1. 전체 빈일자리수 대비 공공고용지원서비스를 통해 전달된 일자리수 비율
	6.2. 전체 실업자수 대비 공공고용지원서비스를 통해 전달된 일자리수 비율
	6.3. 전체 구직자 중 12개월 이내 실업상태를 벗어난 구직자 비율
	6.4. 12개월 이상 실업상태에 있던 사람 중 12개월 이내에 직장을 구한 구직자 비율
	6.5. 공공고용지원서비스 이용 후 4개월 내 시점에서 만족하는 일자리 제안 비율
	6.6. 전체 구직자중 공공고용지원서비를 받은 구직자 비율
	6.7. 공공고용지원서비스를 통해 직업훈련에 참여중인 구직자 비율
	6.8. 적극적노동시장프로그램에 참여중인 장기 구직자(최소 1년 이상) 비율
7. 실업률 (Unemployment rate)	7.1. 전체 실업률
	7.2. 청년 실업률
	7.3. 장기실업률(1년 이상 실업상태)
	7.4. 장애급여를 받는 사람 비율
8. 행정 (Administration)	8.1. 실업급여 첫 신청 후 수급까지 소요기간
	8.2. 규칙적 급여지급
	8.3. 행정절차의 간편성
	8.4. 부정수급 모니터링, 방지할 수 있는 시스템 여부
	8.5. 이용자 만족도

출처: "Unemployment benefit provision: Measuring multivariable adequacy and the implications for social security institutions," ISSA, 2016a, p. 25, Table 2의 내용을 번역함.

[그림 2-1] 실업급여(unemployment benefit) 적정성 평가 차원별 도식화

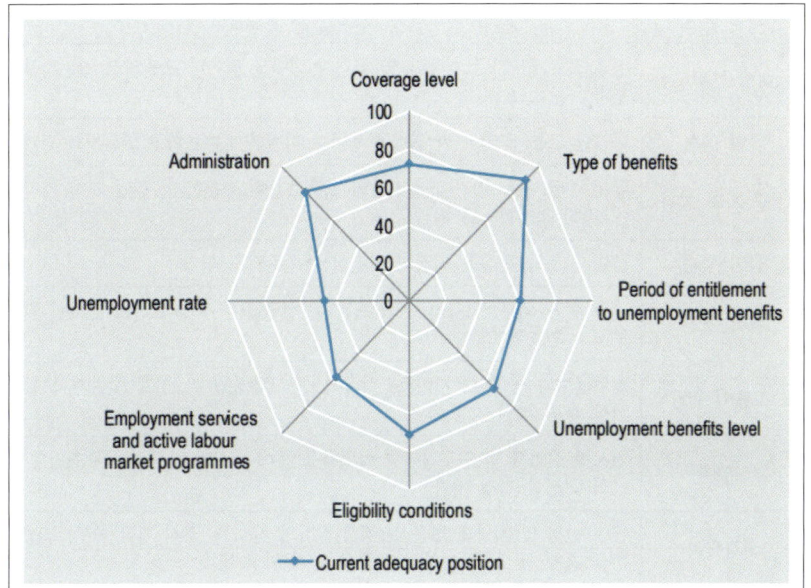

출처: "Unemployment benefit provision: Measuring multivariable adequacy and the implications for social security institutions," ISSA, 2016a, p. 11.

나. 적정성 평가 지표 선정 배경과 목적

실업급여의 적정성 분석을 위해 설정된 8가지 평가 영역(차원)의 설정 배경과 각 평가 항목의 적정성을 측정하기 위해 활용된 세부 측정 지표를 구체적으로 살펴보고자 한다.

〈표 2-8〉 ISSA 실업급여 적정성 평가 항목 선정 이유 및 목적

평가 영역	선정 이유 및 평가 목적
대상 포괄성	실업급여 제도가 보호해야 할 실직자 집단을 얼마나 포괄하고 있는지를 평가
급여 유형	다양한 고용(실직) 관련 위험에 얼마나 적절하게 대응하고 있는지를 평가
수급 자격 기간	급여 수급 가능 기간이 실직자의 소득보장에 충분한지, 실업 지속 기간에 비해 적정한지를 평가
급여 수준	급여가 소득 손실을 적절히 보전하는 수준인지 평가
자격 조건	구직 활동 의무, 일자리 수락 조건 등 실업급여 수급 요건의 엄격성 및 구직 유인효과 평가
고용서비스	실업급여와 공공고용서비스, 적극적노동시장정책 간 연계 수준과 노동시장 복귀 지원 기능 평가
실업률	거시적 실업률 및 인구집단별 실업률을 통해 제도가 작동하는 구조적 환경의 적정성 간접 평가
행정관리	급여 신청 및 지급의 접근성, 행정 절차의 간소화, 정시 지급 여부, 부정 수급 통제 등 실질 운영의 효율성 및 신뢰성 평가

출처: "Unemployment benefit provision: Measuring multivariable adequacy and the implications for social security institutions," ISSA, 2016a; "ISSA unemployment benefits adequacy model user manual," ISSA, 2016b. 내용을 번역하여 표로 작성함.

포괄성(coverage)은 실직자 중 실제로 혜택을 받는 대상의 범위와 직결되며, 실업급여 제도의 실효성을 평가하는 핵심 기준이다. 충분한 보장이 없으면 적절한 혜택이 존재하지 않으며, 혜택이 충분하지 않으면 제도 자체가 유효한 사회보험으로 기능하기 어렵다. 실업보험 제도가 존재하더라도 실제로 실업급여를 받지 못하는 실직자가 상당수 존재한다는 점에서, 포괄성 평가는 실질적 의미를 지닌다. 대상 포괄성(coverage level)을 측정하기 위한 세부 지표는 ① 법적 포괄범위, ② 실업급여 수급 조건의 적정성, ③ 특정 대상 포괄 여부, ④ 실질적 포괄범위 네 개로 구성된다. 첫 번째 지표인 법적 포괄범위는 실업 제도의 적용을 받는 취업자의 비율을 측정하는 것으로, 이는 제도상 실업급여의 적용 대상이 얼마나 넓

은지를 평가하는 가장 기본적인 지표다. 두 번째 지표는 실업급여 수급 자격 조건의 적정성으로 수급을 위해 요구되는 자격 요건(일정 근로 기간, 기여금 납부 이력 등)을 평가한다. 장기간 근무해야만 실업급여를 받을 수 있는 제도 하에서는 특정 취업자에게 실업급여가 적용되지 않는 경우가 발생할 수 있다. 즉, 지나치게 엄격한 요건은 실직자 다수가 제도 밖으로 배제되는 결과를 낳기 때문에, 보장 범위의 실질적 제한 요인으로 작용할 수 있다. 세 번째는 특정 대상의 포괄 여부를 측정하는 지표로, 전통적인 임금근로자 외 다양한 고용 형태의 노동자가 실업급여의 적용을 받는지를 평가한다. 예컨대, 학업을 마친 후 구직 중이거나 기여 요건을 충족하지 못한 청년, 파산 위기에 처한 자영업자(최근 의존적 자영업자 등), 국내 고용법 적용을 받지 못하는 이주 노동자 등은 실업의 위험에 노출되어 있음에도 제도권 밖에 있는 경우가 많다. 이들이 일반 실업급여의 대상인지, 특정 제도 적용을 통해 보호되는지를 파악하는 것은 중요하다. 네 번째 지표는 국제노동기구(ILO)의 광의 개념에 따라, 실업보험, 실업부조, 사회부조 등 어떤 형태로든 실업급여를 실제 수급하는 실업자의 비율을 측정하는 것으로, 이는 실업급여 제도가 실직자 전체를 실질적으로 얼마나 보호하고 있는지를 보여준다. 이와 같은 네 가지 지표는 실업급여 제도의 포괄성에 대한 적정성을 종합적으로 판단하기 위한 근거로 작용한다.

<표 2-9> 포괄성 평가 항목의 측정 지표

측정 지표(Indicators used)	설명
법적 포괄범위	제도상 실업급여의 적용 대상이 얼마나 넓은지를 측정하는 가장 기본적인 지표
실업급여 수급 조건 (예: 일정기간 이상 고용보험 가입 등)	지나치게 엄격한 요건은 실직자 다수가 제도 밖으로 배제되는 결과를 낳기 때문에, 보장 범위의 실질적 제한 요인으로 작용. 이를 위해 수급을 위해 요구되는 자격 요건(일정 근로 기간, 기여금 납부 이력 등) 측정
특정 대상 포괄여부: (생애)최초구직자, 자영업자, 공무원, 이주근로자 등)	전통적인 임금근로자 외 다양한 고용형태의 노동자가 실업급여의 적용을 받는지를 측정
실질적 포괄범위 (Effective coverage of the unemployed)	실업보험, 실업부조, 사회부조 등 어떤 형태로든 실업급여를 실제 수급하는 실업자의 비율을 측정함으로 실업급여 제도가 실직자 전체를 실질적으로 얼마나 보호하고 있는지를 보여주는 지표

출처: "Unemployment benefit provision: Measuring multivariable adequacy and the implications for social security institutions," ISSA, 2016a; "ISSA unemployment benefits adequacy model user manual," ISSA, 2016b. 내용을 번역하여 표로 작성함.

급여유형은 실업보험제도가 다양한 고용 관련 위험에 대해 얼마나 적절하게 대응하고 있는지를 평가하는 항목이다. 전통적으로 실업급여는 실직, 즉 고용 종료 상황에 대한 소득 보호를 목적으로 하지만, 제도에 따라 보다 다양한 형태의 고용 불안정까지 보장 대상이 될 수 있다. 따라서 이러한 위험 보장의 범위와 수준을 평가하는 것이 중요하다. 급여 유형의 적정성은 ① 부분 실업에 대한 보장 여부, ② 시간제 일자리 수락자의 보험 적용 범위, ③ 고령 실업자에 대한 특별 급여 존재 여부의 세 가지 지표를 통해 측정하고 있다. 첫 번째로, 부분 실업은 경기 침체에 따른 일시적 주문 감소, 악천후로 인한 작업 중단, 기술적 사고나 불가항력(예: 화재나 기계 고장 등)으로 인한 고용 중단 또는 근로시간 단축 등을 포함하며, 이러한 상황에서 실업급여가 지급된다면, 해고를 방지하고 노동자의 생계를 안정적으로 유지하는 데 기여할 수 있다. 이는 경제 위기 상황에서 중요한 예방적 정책 수단이 된다. 두 번째 지표는 시간제 일자리를 수락한 실업자에 대한 보장에 관한 것으로, 시간제 일자리로부터 얻는 소득만으로는 생계유지가 어렵기 때문에, 추가 소득원이 필요하며, 시간제 고용은 정규 노동시장으로의 진입을 위한 과도기적 형태일 수 있으므로, 실업급여를 병행 지급하는 방식은 노동시장 재통합을 지원하는 실질적 수단이 된다. 이처럼 근로소득과 병행된 급여 제공도 적정성의 중요한 기준이 된다. 세 번째로, 고령 실업자 보호에 관한 지표가 포함되어 있는데, 고령층은 실직 이후 재취업 가능성이 낮고 장기 실업에 빠질 가능성이 크므로, 더 높은 수준의 급여나 더 긴 지급 기간을 제공하는 방식으로 보완하는 것이 적절할 수 있다. 다만 조기 퇴직을 유도하지 않도록 설계하는 것도 중요하다. 종합적으로, 급여유형은 단순한 실직뿐만 아니라 부분 실업, 시간제 고용, 고령 실업 등 다양한 고용 위험에 대해 실업보험 제도가 어느 정도 대응하고 있는지를 평가하는 핵심 지표이다.

〈표 2-10〉 급여유형 평가 항목의 측정 지표

측정 지표(Indicators used)	설명
부분 실업 수당	경기 침체에 따른 일시적 주문 감소, 악천후로 인한 작업 중단, 기술적 사고나 불가항력(예: 화재나 기계 고장 등)으로 인한 고용 중단 또는 근로시간 단축 등 다양한 실업 위험에 대응하는 정도를 측정. 예방적 정책 수단
실업상태에서 파트타임 일자리 구직시 급여지급 여부	빈곤 위험이 상대적으로 높은 집단에 대한 추가 대응 측정
노령 실업자에 대한 특별 급여 존재 여부	재취업 가능성 낮고, 장기 실업에 빠질 위험이 높은 집단에 대한 추가 대응 측정

출처: "Unemployment benefit provision: Measuring multivariable adequacy and the implications for social security institutions," ISSA, 2016a; "ISSA unemployment benefits adequacy model user manual," ISSA, 2016b. 내용을 번역하여 표로 작성함.

급여수급 자격 기간에 대한 평가는 실업급여 제도의 보장 범위, 즉 실질적인 혜택의 지속성과 관련된 항목이다. 급여 수준이 아무리 높더라도 수급 가능 기간이 지나치게 짧다면, 그 혜택은 실질적으로 적절하다고 보기 어렵다. 따라서 실직 상태가 지속되는 기간 동안 소득 보호가 어느 정도 유지되는지를 평가하는 것은 매우 중요하다. 이러한 관점에서 급여 수급 자격 기간의 적정성은 고용보험 실업급여의 수급 가능 기간, 고용보험 자격이 없는 실직자를 대상으로 한 실업보조지원금의 지급 기간의 두 가지 지표를 통해 측정할 수 있다. 이 두 지표는 각각 고용보험 내외부에서 실직자에게 소득을 보호해주는 제도의 지속성과 포괄성을 평가하는 기준으로 작용한다. 실업 상태가 장기화될 수 있다는 현실을 반영할 때, 수급 가능 기간은 급여 수준 못지않게 실업급여 제도의 적정성을 판단하는 핵심 요소라 할 수 있다.

〈표 2-11〉 급여수급 자격 기간 평가 항목의 측정 지표

측정 지표(Indicators used)	설명
고용보험에서 지급되는 급여 수급 기간	고용보험 내외부에서 실직자에게 소득을 보호해주는 제도의 지속성과 포괄성을 측정하는 기준
고용보험 이외 실업보조지원금 지급 기간	

출처: "Unemployment benefit provision: Measuring multivariable adequacy and the implications for social security institutions," ISSA, 2016a; "ISSA unemployment benefits adequacy model user manual," ISSA, 2016b. 내용을 번역하여 표로 작성함.

급여 수준은 사회보장제도의 적정성을 평가하는 데 있어 가장 보편적으로 활용되는 핵심 항목이다. 전술하였듯 보장 범위와 수급 기간이 실직자에 대한 제도의 포괄성과 지속성을 설명한다면, 급여 수준은 실직 상태에서도 생활을 유지할 수 있는 실질적 소득 보장 정도를 판단하는 기준이다. 이는 실업급여가 수행해야 할 가장 기본적인 기능인 소득 손실 보상의 적절성을 평가하는 데 필수적인 요소다. 급여 수준은 일반적으로 최종 임금 대비 지급 급여의 비율, 즉 대체율(replacement rate)로 측정되며, 이는 국가 간 비교나 시계열 분석이 가능한 대표적 정량 지표다. 급여 수준의 적정성을 정량적으로 평가하기 위해 사용된 주요 지표는 실업 기간

중 서로 다른 시점에서의 순 대체율(수급 초기, 중기, 종료 직전), 실업 기간 전체에 걸친 유효 급여 총액, 실직자가 직면한 빈곤 위험 비율이다. 이 중 급여 총액을 지표화하는 것은 단순 대체율로는 포착하기 어려운 지속적이고 누적된 소득 보장 수준을 파악하기 위함이다. 또한 빈곤 위험 비율은 실업보험급여뿐 아니라 실업부조나 사회부조 등 다양한 제도를 포함하여 실직자의 실제 생계 수준을 종합적으로 판단할 수 있게 한다. 마지막으로, 급여 수준의 평가는 단순히 정률 계산에 그치지 않는다. 실업 기간, 가족 구성, 세금 부과 방식, 고용주 제공 수당, 현물급여 여부 등 다양한 변수를 반영해야 하며, 실질적 수급액은 세후 소득 기준에서 비교하는 것이 바람직하다. 이러한 점에서 급여 수준 평가는 정교한 조정과 해석을 필요로 하는 복합적 지표라 할 수 있다.

〈표 2-12〉 급여 수준 평가 항목의 측정 지표

측정 지표(Indicators used)	설명
실업기간 시작시점에서의 소득대체율	실업 기간 중 서로 다른 시점에서의 순 대체율 (수급 초기, 중기, 종료 직전) 측정
60개월 실업기간 동안의 중위소득대체율 (median replacement ratio of benefits)	
60개월 이후 실업기간동안의 소득대체율	
실직 첫해의 중위 급여 대비 실제 평균 실업급여 비율	단순 대체율로는 포착하기 어려운 지속적이고 누적된 소득 보장 수준을 파악하기 위한, 실업 기간에 걸친 유효 급여 총액
60개월 실업상태인 자를 대상으로, 중위급여 대비 실제 평균 실업급여 비율	
실업자 중 빈곤 위험이 있는 비율	실업보험급여뿐 아니라 실업부조나 사회부조 등 다양한 제도를 포함한 실직자의 실제 생계 수준을 종합적으로 측정하기 위한 빈곤 위험 비율

출처: "Unemployment benefit provision: Measuring multivariable adequacy and the implications for social security institutions," ISSA, 2016a; "ISSA unemployment benefits adequacy model user manual," ISSA, 2016b. 내용을 번역하여 표로 작성함.

자격조건의 적정성은 실업보험 제도가 단순한 소득 보장을 넘어, 실직자의 노동시장 복귀를 얼마나 효과적으로 유도하고 있는지를 평가하는 핵심 항목이다. 실업급여 수급자는 일반적으로 적극적인 구직 활동, 적합한 일자리 제안 수락, 그리고 적극적노동시장정책(ALMP) 참여 의무를 이행해야 한다. 이러한 자격 요건은 실업 상태를 장기화하거나 제도를 남용하려는 행태를 방지하고, 실업급여가 고용에 미칠 수 있는 잠재적인 유인 왜곡 효과를 보완하기 위한 인센티브 메커니즘이다. 이는 실업보험 제도의 두 번째 정책목표인 직장 복귀 촉진 기능과 직결되며, 제도의 적정성 평가에서 반드시 고려되어야 할 요소다. 자격조건의 적정성은 ① 자발적 실업에 대한 수당 수급 가능 여부, ② 적합한 고용 제안 거부 시 제재 여부 및 수준, ③ 구직활동 의무의 설정 및 통제 체계, ④ 제재 집행의 실효성, ⑤ 제재에 대한 이의제기 가능성의 다섯 가지 지표를 통해 측정한다.

〈표 2-13〉에서 첫 번째 지표는 자발적으로 직장을 떠난 경우에도 실업급여를 받을 수 있는지 여부를 통해, 제도의 포용성과 엄격성을 평가한다. 두 번째 지표는 수급자가 제안된 일자리를 거부했을 때 실제로 제재가 적용되는지를 확인함으로써, 제도가 실질적인 구직 유인을 제공하고 있는지를 평가한다. 세 번째 지표는 실업자에게 부과된 구직 의무가 제도적으로 명확히 규정되어 있으며, 실제로 모니터링되고 있는지를 평가한다. 네 번째 지표는 의무 불이행에 대한 제재가 실제로 적용되고 있는지, 해당 제재가 적절하게 집행되고 있는지를 평가한다. 다섯 번째 지표는 실업자가 제재에 불복할 수 있는 절차가 존재하며, 이의제기 결과가 제도의 정당성과 투명성을 보장하고 있는지를 평가한다. 이러한 측정 지표들은 실업급여가 얼마나 구직 유인을 설계하고 실질적으로 실행하고 있는지, 그리고 제도의 남용을 어떻게 통제하고 있는지를 정량화할 수 있게 해준다. 이는 실업급여 제도의 형평성과 지속가능성을 함께 판단하는 데 있어 중요한 기준이 된다.

〈표 2-13〉 자격조건 평가 항목의 측정 지표

측정 지표(Indicators used)	설명
자발적 실업자 포함 여부	자발적으로 직장을 떠난 경우에도 실업급여를 받을 수 있는지 여부를 통해, 제도의 포용성과 엄격성 측정
적합한 고용 제안 거부 시 제재 여부 및 수준	일자리 거절, 직업훈련 프로그램 미참여 등에 대한 제재 조항 존재 여부 및 제재 강도 확인을 통한 제도가 실질적인 구직 유인을 제공하고 있는지 측정
구직활동의 입증 빈도	업자에게 부과된 구직 의무가 제도적으로 명확히 규정되어 있으며, 실제로 모니터링되고 있는지측정
실제 실업급여 수급자 중 제재를 받는 비율	의무 불이행에 대한 제재가 실제로 적용되고 있는지, 해당 제재가 적절하게 집행되고 있는지 측정
제재에 대한 이의 제기(appeal) 가능성	실업자가 제재에 불복할 수 있는 절차가 존재하며, 이의 제기 결과가 제도의 정당성과 투명성을 보장하고 있는지 측정

출처: "Unemployment benefit provision: Measuring multivariable adequacy and the implications for social security institutions," ISSA, 2016a; "ISSA unemployment benefits adequacy model user manual," ISSA, 2016b. 내용을 번역하여 표로 작성함.

다음으로 고용서비스 평가 영역은 실업급여 제도의 핵심 기능 중 하나인 노동시장 재통합의 실효성을 평가하기 위해 설정된 항목이다. 실업 제도는 단순한 소득 보장을 넘어, 공공고용서비스(Public Employment Services, PES) 및 적극적노동시장정책(Active Labour Market Policies, ALMP)과 긴밀하게 연계되어 실직자의 조속한 재취업을 지원하는 역할을 한다. 이러한 기능의 적절성은 실업급여의 '적정성' 개념에서 중요한 차원을 구성하며, 실제 고용서비스 효과성은 고용서비스 영역의 성과 지표를 통해 평가된다. 고용서비스 평가 영역은 ① 총 채용 건수 대비 PES에 접수된 채용 제안 비율, ② PES 등록 실업자 수 대비 등록된 구인 건수 비율, ③ 등록 후 6개월 이내 취업한 구직자의 비율, ④ 등록 후 12개월 이내 취업한 구직자의 비율, ⑤ 고용주가 제출한 구인 중 4주 이내 PES를 통해 성사된 채용 비율, ⑥ 연간 PES 안내를 받은 구직자 비율(전체 구직자 기준), ⑦ 연간 PES 또는 공공 교육기관을 통해 직업훈련·재교육을 받은 구직자 비율, ⑧ 장기 실업자 중 적극적 노동시장 프로그램 참여 비율의 8개 세부 지표를 통해 측정한다. 첫 번째 지표는 민간 고용시장 내 채용 수요 중 공공고용서비스를 통해 수집된 정보가 어느 정도인지를 나타내며 PES의 구직지원 범위와 연계 정도를 평가하는 것이다. 두 번째 지표는 수요(구인)와 공급(구직) 간 연계 정도를 파악할 수 있는 지표로, 실업자의 구직 가능성 확대와 관련된다. 세 번째와 네 번째 지표는 구직자가 PES에 등록한 이후 일정 기간 내 재취업에 성공한 비율로, PES의 직접적인 취업 연계 효과를 추정할 수 있다. 단, 취업 성과는 외부 요인의 영향을 받을 수 있으므로 데이터 해석 시 주의가 필요하다. 다섯 번째 지표는 PES의 매칭 기능, 즉 실제 채용성과에 기여한 정도를 정확하게 보여주는 지표이다. 일곱 번째 지표는 구직자의 역량 개발 지원 수준을 측정하며, 재취업 가능성 향상에 기여하는 요소다. 마지막 지표는 고위험군에 해당하는 장기 실업자를 위한 집중 개입 수준을 측정하며, 이들의 재통합 촉진을 위한 프로그램 수준을 측정한다. 이러한 지표들은 PES의 서비스 접근성, 직업 매칭 성과, 역량 개발 지원, 장기 실업자 대응 수준 등을 입체적으로 측정함으로써, 고용서비스가 실업급여 제도의 '재통합 기능'을 얼마나 효과적으로 수행하고 있는지 종합적으로 평가할 수 있도록 한다.

〈표 2-14〉 고용서비스 평가 항목의 측정 지표

측정 지표(Indicators used)	설명
총 채용 건수 대비 PES에 접수된 채용 제안 비율	민간 고용시장 내 채용 수요 중 공공고용서비스를 통해 수집된 정보가 어느 정도인지를 나타내며 PES의 구직지원 범위와 연계 정도를 측정
PES 등록 실업자 수 대비 등록된 구인 건수 비율	수요(구인)와 공급(구직) 간 연계 정도를 파악할 수 있는 지표로, 실업자의 구직 가능성 측정

측정 지표(Indicators used)	설명
등록 후 6개월 이내 취업한 구직자의 비율	구직자가 PES에 등록한 이후 일정 기간 내 재취업에 성공한 비율로, PES의 직접적인 취업 연계 효과를 추정
등록 후 12개월 이내 취업한 구직자의 비율	
고용주가 제출한 구인 중 4주 이내 PES를 통해 성사된 채용 비율	PES의 매칭 기능, 즉 실제 채용성과에 기여한 정도를 정확하게 보여주는 지표
연간 PES 안내를 받은 구직자 비율 (전체 구직자 기준)	구직자의 역량 개발 지원 수준을 측정하며, 재취업 가능성 향상에 기여하는 요소
연간 PES 또는 공공 교육기관을 통해 직업훈련·재교육을 받은 구직자 비율	
장기 실업자 중 적극적 노동시장 프로그램 참여 비율	고위험군에 해당하는 장기 실업자를 위한 집중 개입 수준을 측정하며, 이들의 재통합 촉진을 위한 프로그램 수준을 측정

출처: "Unemployment benefit provision: Measuring multivariable adequacy and the implications for social security institutions," ISSA, 2016a; "ISSA unemployment benefits adequacy model user manual," ISSA, 2016b. 내용을 번역하여 표로 작성함.

실업률은 실업급여 제도가 작동하는 환경 전반의 구조적 적정성을 간접적으로 평가하는 데 활용될 수 있다. 이는 실업률이 경제 상황, 인구구조의 변화, 기술 발전, 정부의 교육·고용·사회정책 등 다차원적 요인의 영향을 받기 때문이다. 실업률 지표는 단순히 고용 상황만을 반영하는 것이 아니라, 실업급여와 고용서비스가 얼마나 효과적으로 노동시장에 개입하고 있는지를 나타내는 간접적 척도로 작동할 수 있다. 실업률 평가 항목에 있어서는 인구집단별 세분화된 실업률 지표를 활용한 측정 및 실업률 해석이 필요하다. 예를 들어, 청년층 실업률은 전통적인 경제활동인구 기준 실업률보다는, 해당 연령 전체 인구를 기준으로 한 실업지표가 더 선호된다. 이는 많은 청년이 교육 중에 있는 등 공식적 경제활동에 포함되지 않기 때문이다. 뿐만 아니라, 실업과 장애의 연관성도 고려해야 한다. 일부 국가는 장애수당 제도를 통해 실직 상태에 있는 일부 인구를 '실업자' 통계에 포함하지 않으며, 이러한 사회보장제도 설계 및 자격 요건 차이는 실업률 수치 해석에 중요한 영향을 미친다. 따라서 실업률 평가 항목 측정을 위해서는 전체 실업률, 청년 실업률, 장기 실업률, 장애급여를 받는 사람 비율의 세부 지표를 고려하여 측정하는 것을 제시하고 있다. 실업률은 실업급여 제도 그 자체의 적정성 평가 항목은 아니지만, 제도 운영이 이루어지는 환경의 적정성과 정책 효과의 간접적 종합 지표로서 실질적 의미를 지님에 따라 평가 항목에 포함된다.

〈표 2-15〉 실업률 평가 항목의 측정 지표

측정 지표(Indicators used)	설명
전체 실업률	정책 효과의 간접적 종합 지표
장기실업률(1년 이상 실업상태)	
청년 실업률	청년은 교육 중에 있거나 공식적 경제활동에 포함되지 않기 때문에, 해당 연령 전체 인구를 기준으로 한 실업지표 측정
장애급여를 받는 사람 비율	실업과 장애의 연관성 고려를 위한 추가 측정 지표

출처: "Unemployment benefit provision: Measuring multivariable adequacy and the implications for social security institutions," ISSA, 2016a; "ISSA unemployment benefits adequacy model user manual," ISSA, 2016b. 내용을 번역하여 표로 작성함.

마지막으로 행정관리 항목은 실업급여 제도가 제도 설계 수준에서뿐만 아니라, 실제 운영과정에서도 얼마나 접근 가능하고 신뢰할 수 있게 작동하는지에 대한 적정성을 평가하는 항목이다. 급여 수준, 수급 기간, 보장 범위가 적정하게 설계되어 있더라도, 수급 과정이 지나치게 복잡하거나 지연된다면 제도의 실효성은 떨어질 수밖에 없다. 이러한 관점에서 행정절차의 간소화, 지급의 신속성, 제도 이용의 편의성, 그리고 부정수급 방지 및 통제 체계는 실업급여의 운영 적정성을 판단하는 중요한 기준이 된다. 행정관리 항목은 ① 실업급여 첫 신청 후 수급까지 소요 기간(소득 공백 최소화), ② 급여의 규칙적 지급 여부(수급자의 생활 안정성과 제도에 대한 신뢰), ③ 행정절차의 간편성(제도 접근성), ④ 부정수급 방지를 위한 관리체계의 존재 여부(제도의 지속가능성과 형평성), ⑤ 이용자 만족도의 5개 세부 지표를 측정된다. 행정관리 평가 항목은 실업급여 제도의 실질적 접근성과 운영 신뢰성을 평가하는 데 필수적인 요소이며, 형식적 제도 설계를 넘어 제도가 현장에서 얼마나 제대로 작동하고 있는지를 보여줄 수 있는 지표로 구성된다. 이 항목은 특히 취약계층의 실질적 이용 가능성, 제도의 남용 방지, 그리고 국민의 제도 신뢰도를 종합적으로 반영하는 평가 기준이다.

〈표 2-16〉 행정관리 평가 항목의 측정 지표

측정 지표(Indicators used)	설명
실업급여 첫 신청 후 수급까지 소요기간	대기기간 측정, 소득 공백 최소화 평가
규칙적 급여지급	수급자의 생활 안정성과 제도에 대한 신뢰 측정
행정절차의 간편성	제도 접근성 측정
부정수급 모니터링, 방지할 수 있는 시스템 여부	제도의 지속가능성과 형평성 측정
이용자 만족도	체감의 적정성 및 신뢰도 측정

출처: "Unemployment benefit provision: Measuring multivariable adequacy and the implications for social security institutions," ISSA, 2016a; "ISSA unemployment benefits adequacy model user manual," ISSA, 2016b. 내용을 번역하여 표로 작성함.

2. ISSA(2015) 퇴직급여[6]

퇴직소득제도(retirement income)의 경우, 일차원적으로 급여 수준으로만 제도의 적정성을 판단한다면, 해당 제도가 갖는 다른 목표들(예: 제도의 지속가능성)과 상충관계를 고려할 수 없다. 퇴직소득제도의 다양한 목표들(예: 은퇴 이후 충분한 소득 보장, 세대 간 공평한 재정적 분담

---

6) ISSA. (2015), Retirement benefit provision - Measuring multivariable adequacy and the implications for social security institutions을 참조하여 작성

및 제도 지속성, 다른 급여제도와의 유기적 관계 설정 등)을 고려한다면, 적정성에 대한 정의는 다차원적으로 이루어질 수밖에 없다.

Brimblecombe(2013)에서는 퇴직소득제도를 대상으로 다차원적 적정성을 정의하기 위해 다음과 같은 요소를 고려해야 한다고 제시하였다. 첫째, 급여가 수혜자의 요구(needs)를 충족시키고 있고 그 결과 제도의 목표를 달성하는 데 기여하고 있는가, 둘째, 최소 수준이 아닌 적정 수준의 급여 및 서비스를 제공함으로써 사회보장제도에 대한 대중의 신뢰를 향상시키고 있는가, 셋째, 기여금 납부 제도 참여에 대한 인센티브를 제공할 수 있는가, 넷째, 다른 고용 및 경제 관련 지표들과 시너지 효과를 낼 수 있는가, 다섯째, 보건, 가족 등 기타 사회적 성과를 달성하고자 하는 다른 정책 목표들에도 기여할 수 있는가 등이다.

이에 ISSA(2015)에서는 '적정한 급여 제공'이라는 목표에서 '적정'의 개념이 금전적 측면을 포괄한 넓은 범위에서 고려될 수 있음에 착안하여, 다양한 측면에서의 퇴직급여 역할을 적정성 개념하에 정량화하고자 시도하였다. 〈표 2-17〉은 ISSA(2015)에 제시된 퇴직소득제도 적정성 평가 차원과 각 차원에 해당하는 지표를 나타낸다. 적정성 평가 차원은 7가지로 제시되어 있으며, 가장 기본적인 급여수준을 포함하여, 다른 제도와의 관계(두 번째 및 네 번째 차원), 세대 간 형평성 및 지속가능성, 대상의 포괄성, 행정절차의 적정성 등으로 구성된다. 〈표 2-17〉에 기반한 다차원적 적정성 판단은 퇴직급여제도의 적정성 향상이 단순히 소득대체율의 증가 문제로만 연결되지 않기에, 지속가능성을 훼손하지 않고 이루어질 수 있음을 보여준다.

〈표 2-17〉에 제시된 적정성 차원과 지표를 간단히 살펴보면, 우선 첫 번째는 급여수준으로, 은퇴 이후 충분한 소득을 보장하고 있는지를 파악하기 위해 포함되었다. 급여수준 차원의 측정 지표로는 다양하게 정의된

소득대체율 지표와 자가 소유 비율을 제시하였다. 소득대체율의 경우, 노동시장에 진입하는 나이부터 고려한 장래(prospective) 대체율 지표, 현재 시점에서 은퇴하는 자들에 중점을 둔 현재(current) 대체율, 최근 10여 년간 은퇴한 자들에 대한 회고적(a backward-looking) 대체율 지표 등을 제시하고 있다. 자가 소유 비율의 경우, 주거비용이 은퇴 이후 삶에서도 생계비의 상당 부분을 차지할 수 있음을 반영한 지표이다.

두 번째는 노동시장에서의 적정 은퇴 연령 차원으로, 퇴직급여제도가 노동시장 정책 목표와 상충하지 않아야 함을 반영한 것이다. 한국과 달리, 서구 선진국의 경우, 퇴직급여 등 노후소득보장제도가 성숙함에 따라, 고령층이 노동시장에서 조기 은퇴하는 경향이 나타나기도 하여, 퇴직급여제도가 근로자의 은퇴 결정, 고령층에서의 근로 지속 여부 등과 어떻게 상호작용하고 있는지 파악할 필요가 있음이 반영된 것이다. 그리고 세 번째로 제시된 행정적 적정성 차원은 급여 수급까지의 접근성, 전달체계의 효율성 등 또한 급여 제공의 적정성에서 고려해야 함을 보여준다.

다음으로 네 번째 차원은 퇴직급여 이외에 다른 급여와의 상호작용에 관한 것으로, 퇴직급여의 적정성을 전체 연금제도 안에서 파악하기 위해 포함되었다. 은퇴 이후 나이에서의 소득원천은 제도적 특성뿐만 아니라 사회적 특성(예: 가족 역할 등)에 따라 다양할 수 있으나, 후자의 경우 신뢰할만한 자료가 부족하거나 가족 구조의 변화로 점차 그 비중이 감소하는 추이에 있으므로, 여기서는 다른 사회보장급여, 개인연금 등 제도적 특성을 반영한 지표들로 해당 차원을 측정하고자 하였다.

다섯 번째로 고려된 차원은 세대 간 형평성 측면에서의 급여 지속가능성에 관한 것으로, 이에 대한 직접적인 판단보다는 급여 비용과 재원 조달 방식 간의 부조화(inconsistency) 가능성을 보여줄 수 있는 주요 지표들을 측정하고자 하였다. 측정 지표들을 이렇게 구성한 것은 현재의 제도가 앞으로도 지속가능할 것인가에 대한 판단은 다른 공공지출, 경제적 상황 등에 대한 전반적 이해 없이는 측정하기 어렵고, 주관적인 판단이 개입될 수 있기 때문이다.

적정성 보장은 여섯 번째 차원으로, 사회적 위험에 대한 대응 역할 측면에서 퇴직소득제도를 파악하고자 하였다. 이에 따라 측정지표로 확정급여형 제도의 존재 여부, 자동조절장치에 따른 연금액 감소 여부 등이 포함되어 있음을 볼 수 있다.

마지막으로 일곱 번째 차원은 제도의 포괄 수준으로, 사회적 관점에서 퇴직소득제도의 정책 목표 달성 측면 판단시, 매우 중요하게 고려되어야 할 차원으로 제시하고 있다. 해당 차원의 측정 지표로는 법적 측면에서의 포괄성 지표들과 함께 실효적 포괄범위 지표를 함께 제시하고 있으며, 후자와 관련하여서는 경제활동인구 대비 실제 기여금 납부자 비율과 연금수급연령 이상 인구 중 급여 수급자 비율을 제안하였다.

〈표 2-17〉 ISSA에서 제시한 퇴직소득제도(retirement benefit) 적정성평가 차원 및 지표

차원(Parameter)	관련 지표 (Indicators used)
1. 급여수준 (Benefit levels)	1.1. Prospective replacement rate: 20세부터 수급연령까지 근로하는 자의 소득대체율
	1.2. Current replacement rate: 현재 은퇴한 자의 소득대체율
	1.3. Historic replacement rate: 은퇴가 가까운 시점에서의 근로소득 대비 은퇴 이후 연금소득 비율
	1.4. Home ownership rates: 자가 소유 비율(은퇴소득의 적정성 고려시 주거비용이 일정부분 영향을 미침을 고려)
2. 노동시장에서의 적정 은퇴연령 (Exiting the labour market at the correct age)	2.1. 연금수급자 중 근로활동을 하는 사람 비중
	2.2 연금수급자의 노동시장 은퇴연령이 노동시장정책에서 목표하는 연령대와 일관성이 있는가
	2.3. 은퇴시점 연장 가능성: 연금수급자가 연금수급 및 조건을 연기할 수 있는 지 등의 여부
	2.4. 은퇴연령에 근접한 근로연령층의 지속적 노동시장참여(retention)를 유인하는가

차원(Parameter)	관련 지표 (Indicators used)
3. 행정적 적정성 (Administrative adequacy)	3.1. 급여가 정기적으로 지급되는가
	3.2. 수급액 증가를 위해 추가적인 기여금 납부 가능 여부
	3.3. 노후계획을 세울 수 있도록 적절히 연금 정보가 제공되는지 여부
	3.4. 기여금 납부 및 연금지급 부서에의 접근성
	3.5. 연금수금을 위해 필요한 서류의 양
4. 다른 은퇴급여와의 상호작용 (Interaction with other retirement provision)	4.1. 다른 사회보장 및 보충급여 여부
	4.2. 배우자에게 제공되는 급여나 독립적인 자격 존재 여부
	4.3. 3층/개인 연금의 존재 여부
5. 세대 간 형평성 및 급여 적정성의 지속가능성 (Inter-generational equity & sustainability of benefit adequacy)	5.1. 2010~2050 부양비(dependency ratio) 증가
	5.2. 2010~2050 공적연금지출 증가
	5.3. 기대여명 고려서 일반적 은퇴연령
	5.4. 2010년 및 2050년 절대적 부양비 수준
6. 적정성 보장 (Security of adequcy)	6.1. 확정급여형 제도 존재 여부
	6.2. 평균 연금의 역사적 변동성
	6.3. 10년 정도의 기여금 미납이 수급액에 미치는 영향
	6.4. 저소득층의 연금 수준
	6.5. 연금 또는 일시불 지급 정도
	6.6. 자동조정장치 등에 따른 연금액 감소 여부
	6.7. 재정부담의 분담
7. 포괄성 (Coverage)	7.1. 노동시장 참여중인 근로자에 대한 법적 포괄범위
	7.2. 실질적 포괄 범위(effective coverage): 사회보장 노령 급여에 대한 실제 기여자 비율
	7.3. 연금수급연령에 대한 실질적 포괄 정도
	7.4. 자영업자 및 이민근로자에 대한 포괄 여부
	7.5. 연금수급을 위한 다른 자격조건들

출처: "Retirement benefit provision - Measuring multivariable adequacy and the implications for social security institutions," ISSA, 2015, p. 6, Table 1의 내용을 번역한 것임.

한편, 이처럼 다차원적으로 제시된 적정성 판단 차원과 각 차원별 하위 지표들은 적정성 판단에 있어 각각의 요소들에 어떠한 가중치를 부여할 것인가에 대한 논의가 추가로 필요함을 보여주는데, 각 요소들의 중요성 또한 국가별로, 시간이 지남에 따라 달라질 수 있음을 염두에 두어야 한다. 각 지표별 정량화 기준에 대한 합의에 기반하여 점수를 부여할 수 있다고 한다면, 〈표 2-17〉에서 제시된 지표 및 차원을 양적으로 점수화하여 이를 [그림 2-2]와 같은 형태의 그래프로 도식화함으로써, 해당 정책이 추구해야 할 방향과 현재 정책의 상황을 비교할 수 있게 된다. 이를 통해 현 정책의 적정성을 판단할 수 있으며, 정책 목표를 달성하기 위해 어떤 지표 및 차원에 영향을 주도록 정책의 개선·보완이 필요한지 검토할 수 있다면, 가장 이상적인 방향으로 적정성 평가가 시행된 것이라 볼 수 있다.

[그림 2-2] 퇴직소득제도 적정성 평가 차원별 도식화

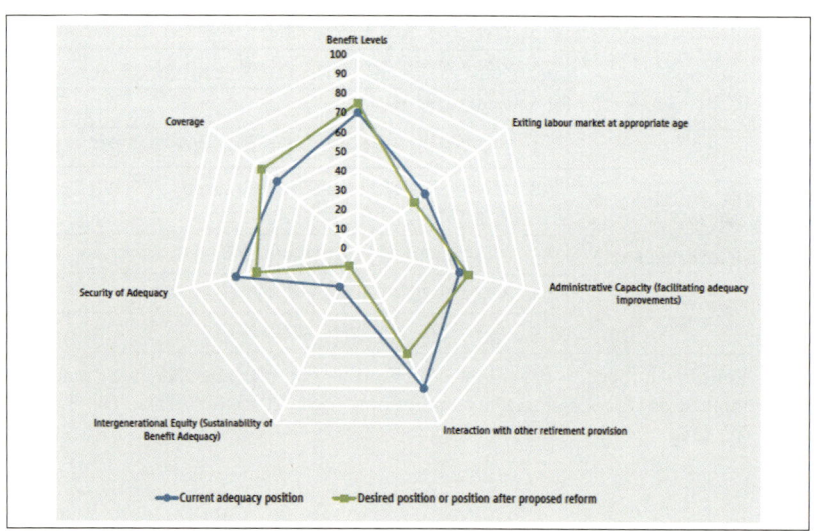

출처: "Retirement benefit provision - Measuring multivariable adequacy and the implications for social security institutions," ISSA, 2015, p. 7, Figure 1.

제3절 소결: 적정성 모형을 위한 기본틀

본 절에서는 사전적 의미에서 출발하여 적정성(adequacy) 개념을 살펴보고, 적정성 개념을 적용한 선행연구를 살펴보았다. 관련 연구 사례를 종합해 보면, 적정성은 분석하고자 하는 내용 혹은 목적에 따라 협의적으로 또는 광의적으로 적용되어 사용됨을 알 수 있었다.

사회보장사업에서 협의로 적정성이 적용된 사례를 보면, 현금 급여를 지급하는 경우 대체로 '급여 수준의 적정성', 즉 필요한 소득(또는 소비) 수준 대비 정책 급여 수준으로 적정성을 검토하고 있으며, 시설 등을 통한 서비스 제공 사업의 경우, '공급의 적정성', 즉 해당 서비스에 대한 수요 대비 공급 수준으로 적정성을 분석하였다. 반면, 광의적으로 적정성 개념이 적용된 사례들은 정책의 전반적인 적정성을 파악 또는 평가하고자 하는 시도에서 연구가 이루어졌다. 이는 '전반적인 적정성'을 어떠한 관점에서 검토할 것인지에 따라 '적정성 분석'이 다소 상이할 수는 있겠으나, 본 절에서 살펴본 사례들은 대체로 해당 정책이 목표를 달성할 수 있도록 운영되고 있는지 사후관리적 측면에서 검토와 피드백을 제공할 수 있도록 하여 해당 정책의 목표 달성도를 높이고자 하는 목적에서 이루어지는 것으로 보인다.

본 연구에서 수행하고자 하는 적정성 분석은 광의로 적정성 개념을 활용한 연구에 가까우며, 보다 구체적으로는 국제사회보장협회(ISSA)에서 사례 연구로 제시한 적정성 모형에 가깝다. 이러한 측면에서 적정성 분석의 한 축은 사후관리적 측면에서의 검토와 피드백을 줄 수 있는 방향으로 적정성 검토 차원과 지표를 구성하는 데 있으며, 다른 한 축은 이러한 지표 등을 토대로 실제 적정성 여부를 판단하는 것이라 볼 수 있다.

앞서 논의에 기반할 때, 광의적으로 적정성 개념을 적용하는 분석은 실질적으로 정책의 사후적 성과평가의 한 부분으로 포함될 수 있기에, 적정성 분석만이 갖는 의미가 명확하지 않을 수 있다. 다만, 본 연구의 적정성 분석 모형은 결과 중심적으로 정책의 성과를 파악하는 데 중점을 두기보다는, 정책의 결과가 발현되기 전 단계들이 정책의 목표 달성에 기여할 수 있는 방향으로 이루어져 있는가에 더욱 중점을 두고 있다는 점에서 차이가 있다. 그리고 이러한 차이를 분명히 하기 위해서는 적정성을 검토하는 차원과 지표들을 정책의 목표와 직접적으로 연계하여 구성하는 것이 가장 중요하다.

정책 수행단계별로 볼 때([그림 2-3] 참조), 정책 목표와 연계된 정책의 결과(outcome)는 정책 설계(design)-과정(process)을 통해 나타난 산출물(output)의 의도된 효과, 즉 산출물에 따라 직접적 또는 즉각적으로 나타나는 영향이라 볼 수 있으므로, 본 연구의 적정성 분석은 정책 설계-과정-산출물(output) 단계에 중점을 두고 있는 것이 차별화된 점이라 볼 수 있다.[7]

[그림 2-3] 성과평가 관점에서 적정성 분석의 주요 대상

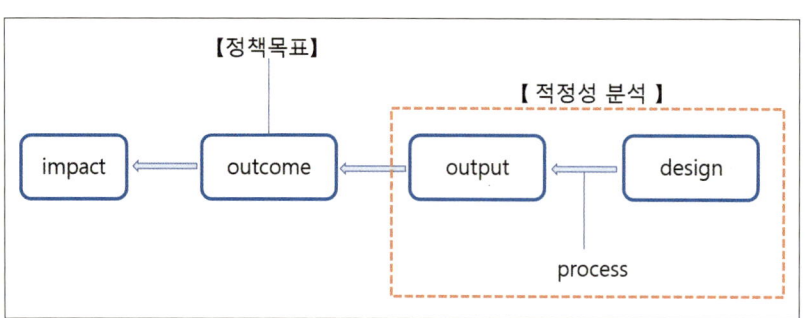

---

7) 영향(impact)은 보다 궁극적으로 달성하고자 하는 목표를 의미함

이러한 관점에서의 적정성은 하나의 특정 항목을 대상으로만 적용될 수 없으며, 다양한 차원에서의 고려가 필요하다. 즉, 사회적 요구가 있는 대상 또는 정책 목표에 기반한 대상을 포괄하고 있는지 또는 잘 표적화하고 있는지, 관련 대상들의 요구 정도 또는 정책 목표 달성 대비 적절한 급여 또는 서비스가 제공되고 있는지, 관련 대상들에게 사업이 의도한 효과가 실질적으로 나타나고 있는지, 유기적으로 연계되는 다른 사업들과 시너지 효과를 내고 있는지, 사업 집행의 효율성이 있는지 등이 이에 해당한다. 이때 적정성은 포괄성, 효과성, 정합성, 효율성 등 여러 평가 기준을 아우르는 개념이며, 이를 체계적으로 평가하기 위해서는 통합적 접근이 필요하다. 국제사회보장협회(ISSA)의 적정성 모형은 이러한 복합적 평가 관점을 반영하고 있어, 본 연구의 적정석 분석에 있어 유용한 참고 모델로 활용될 수 있다.

한편, '적정성'을 다차원적으로 정의한다 하여도 여전히 어떻게 측정할 것인가의 문제는 남아있다. 측정 자체가 어려운 차원이 있을 수 있고, 관련 데이터가 부족하거나, 주관적·질적 판단만 가능한 부분이 있을 수 있다. 이외에도 추가로 '적정성'을 구성하는 다양한 차원(관점)들 간에 가중치를 어떻게 부여할 것인가에 대한 논의도 필요하다. 다만, 이러한 세부적인 내용들은 대상 사업에 따라 차이가 있을 수밖에 없으므로, 실질적인 과정에서는 전문가 등을 대상으로 하는 조사가 함께 동반되어야 할 것이다.

마지막으로 중요한 점은 구성된 '적정성' 평가 차원과 그 하위 지표를 기준으로, 정책이 적정하게 운영되고 있다는 것을 최종적으로 판단하기 위해서는 각 차원 및 지표가 달성해야 하는 기준(reference point)이 필요하다는 점이다. 그러나 이러한 기준을 설정할 수 있는 정보가 정책 관련 법령 등에 명시되어 있지 않은 한, 이는 사회적 합의가 필요한 부분이다. 모든 종류의 사회적 위험을 정책적으로 보호해야 하는 것은 아니며,

보호의 필요성이 있는 사회적 위험에 대해서도 100%를 모두 지원해야 하는 것은 아니기에, 적정성 평가 차원 및 지표별로 기준점(reference point)을 설정하는 것은 본 연구의 범주를 벗어난다고 판단된다. 다만, 추후 각 차원별 지표 산출이 시계열적으로 축적된다면, 기준점에 대한 판단 근거를 제시할 수 있을 것이며, 제도의 개편 등이 확연히 이루어진 경우에는 개편 전후의 평가 차원 및 지표 값을 비교함으로써, 정책 목표 달성에 있어 최소한 어떤 방향으로 변화되었는지 여부는 판단해 볼 수 있을 것이다.

〔그림 2-4〕 다차원적 적정성 분석 기본 수행틀

1단계	선행연구에 기반하여, 분석 대상 사업의 output-outcome 파악, 분석 대상 사업 설계, 운영 과정상의 쟁점 사항 파악
2단계	선행연구, 달성하고자 하는 정책 목표에 기반하여 일차적으로 적정성 판단 차원과 지표 발굴
3단계	전문가 집단 대상 델파이 조사를 통해, 수정·보완한 적정성 판단 차원 및 지표, 점수부여 방안 도출
4단계	분석 대상 사업의 궁극적 목표 달성 측면에서, 도출된 적정성 판단 차원 및 지표의 중요도(가중치)에 대해 AHP 조사 실시
5단계	적정성 차원 및 지표별 가중치 적용, 산출

제3장

근로장려금에 관한 문헌 연구

제1절 근로장려금 제도 개관
제2절 선행연구 기반 제도의 주요 쟁점 사항 고찰
제3절 소결: 적정성 판단 차원에 대한 시사점

제3장 근로장려금에 관한 문헌 연구

제1절 근로장려금 제도 개관

 2008년부터 시행된 근로장려세제는 "저소득자의 근로를 장려하고 소득을 지원하기 위하여(조세특례제한법 제100조의2, 2023)" 도입된 환급형 세액공제제도로, 근로에 기반하여 소득을 지원하는 제도이다. 조세체계를 통해 세금 환급의 형태로 운영되는 근로장려금 지급은 과세 연도의 소득을 기준으로 결정되므로, 실질적인 첫 신청과 지급은 2009년(소득귀속연도 기준 2008년)도에 이루어졌다.

 근로장려금은 기본적으로 일을 통해 번 소득(earned income)이 있는 경우에만 신청할 수 있으며, 2024년 기준 이에 해당하는 소득은 근로소득, 사업소득(전문직 제외), 종교인소득이다. 해당 소득이 있는 가구는 추가적으로 ① 총소득요건과 ② 재산요건을 충족하는 경우, 근로장려금을 받을 수 있다. 총소득요건은 가구유형별로 기준이 상이한데, 단독가구는 배우자, 부양자녀, 70세 이상 직계존속이 모두 없는 가구이며, 홑벌이 가구는 배우자(총급여액 등이 3백만 원 미만)나 18세 미만 부양자녀 또는 70세 이상 직계존속(각각 연금소득금액이 1백만 원 이하)이 있는 가구, 맞벌이 가구는 신청인과 배우자 각각의 총급여액 등이 3백만 원 이상인 가구로 정의된다. 여기서 '총급여액 등'은 근로소득(총급여액), 사업소득(총수입금액×업종별 조정률), 종교인소득(총수입금액)만 합산한 금액으로 정의되며, 자격요건은 총소득요건에 의해 결정되지만 근로장려금 지급액은 '총급여액 등'만 고려하여 결정된다. 한편, 재산요건의 경우, 재산합계액이 2억 4,000만 원 미만이나 1억 7,000만 원 이상인 경우, 총급여액 등에 따라 산정된 근로장려금의 50%만 지급한다. 다만, 총소득요건과 재산요건을 충족한다 하여도 대한민국 국적 보유자가 아니거나(대한민국 국적 보유자와 혼인한 경우, 대한민국 국적의 부양자녀가 있는 경우 가능). 다른 거주자의 부양자녀이거나, 거주자(배우자 포함)가 전문직 사업을 영위하고 있는 경우에는 근로장려금을 신청할 수 없다.

〈표 3-1〉 근로장려금 신청자격요건

요건	내용
총소득 요건	▪ 2023년(소득귀속연도 기준) 부부합산 연간 총소득이 가구원 구성에 따라 정한 아래 총소득기준금액 미만일 것 - 단독가구 2,200만 원, 홑벌이가구 3,200만 원, 맞벌이가구 3,800만 원 ※ 총소득이란?: 근로소득(총급여액), 사업소득(총수입금액 × 업종별 조정률), 종교인소득(총수입금액), 기타소득(총수입금액 - 필요경비), 이자·배당·연금소득(총수입금액)을 합한 금액
재산요건	▪ 2023년 6월 1일 현재, 가구원[1] 모두가 소유하고 있는 주택·토지·건물·예금 등 재산 합계액이 2.4억 원[2] 미만 ▪ 주택·토지·건축물(시가표준액), 승용자동차(시가표준액, 영업용제외), 전세금[3], 금융자산·유가증권, 회원권, 부동산을 취득할 수 있는 권리 1) 1세대(가구)의 범위 - 2023.12.31. 현재 거주자와 다음의 ①, ②, ③에 해당하는 자가 구성하는 세대 ① 배우자 ② 거주자 또는 그 배우자와 동일한 주소 또는 거소에 거주하는 직계존비속 ③ 부양자녀 2) 재산가액에서 부채는 차감하지 않음 3) 주택은 간주전세금(기준시가×55%)과 실제 전세금 중 작은 금액, 상가는 실제 전세금으로만 평가. 신청자와 그 배우자의 직계존비속(그 배우자 포함)으로부터 임차한 주택은 실제 전세금과의 비교없이 간주전세금(주택가액의 100%)으로만 평가

출처: "근로·자녀장려금 신청자격," 국세청, n.d., https://www.nts.go.kr/nts/cm/cntnts/cntntsView.do?mi=2452&cntntsId=7783

근로장려금의 산정 구조는 총급여액 등의 수준에 따라 지급액이 증가하는 점증 구간, 최대지급액이 산정되는 평탄 구간, 지급액이 감소하는 점감 구간으로 구성되어 있다([그림 3-1] 참조).

[그림 3-1] 근로장려금 지급 가능액(2023년 소득귀속연도 기준)

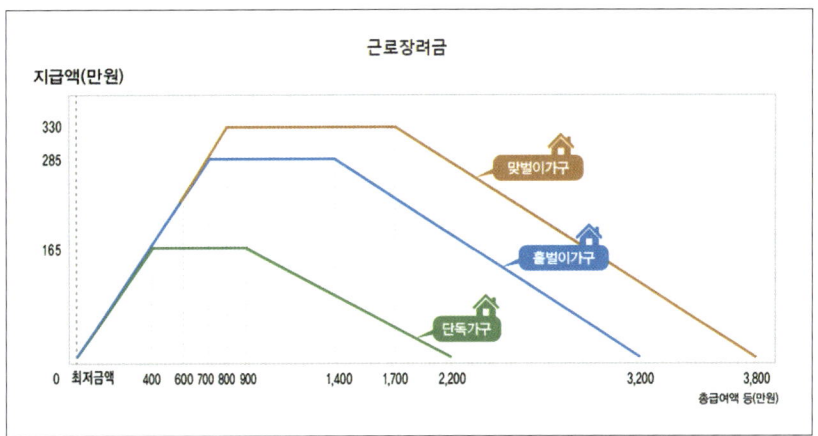

출처: "근로장려금 소개," 국세청, n.d., https://www.nts.go.kr/nts/cm/cntnts/cntntsView.do?mi=2450&cntntsId=7781

⟨표 3-2⟩는 소득귀속연도를 기준으로, 근로장려금 신청 자격요건 항목별로 최근까지의 변화내용을 정리하여 보여준다. 우선, ⟨표 3-2⟩에 제시되어 있지는 않으나, 근로장려세제 최초 도입 당시, 총소득요건은 부부합산 1,700만 원 미만, 부양자녀는 2명 이상, 세대주 및 세대원 모두 무주택이어야 하며, 재산합계액 1억 원 미만, 최대지급액은 80만 원으로 설계되었었다. 그러나 2008년 글로벌 금융위기로 인해 경기가 침체하면서, 2008년말 선제적으로 제도를 확대하는 법개정을 시행하였다. 이에 따라, 실질적으로 시행된 제도(2009년 신청)에서 부양자녀는 1명 이상, 시가 5천만 원 이하 소규모주택까지 무주택으로 간주하였고, 최대지급액은 120만 원으로 증액되었다.

세부 항목별로 제도 변화내용을 간략히 보면, 가장 기본적인 대상자의 경우, 제도 도입 초기에는 소득 파악의 어려움 등으로 인하여, 근로소득이 있는 자만을 대상으로 하였으나, 고용 형태의 다양화, (영세)자영업자 비중이 높은 노동시장 상황 등을 고려하여, 점차 대상자가 확대되었음을 볼 수 있다. 현재는 사업소득자(자영업자)뿐만 아니라 종교인소득이 있는 자도 대상 범위에 포함되어 있다.

다음으로 총소득요건의 경우, 최근으로 올수록 소득 기준이 점차 확대되어 왔는데, 근로장려금 산정방식의 변화로 인해 총소득요건 적용 방식도 변화하여 왔다. 즉, 제도 초기에는 미국의 EITC(Earned Income Tax Credit) 제도를 표방하여, 배우자나 부양자녀가 있는 가구만을 대상으로 하였고, 부양자녀수(0~3명 이상)에 따라 근로장려금이 차등적으로 산정되는 구조였으며, 이에 따라 총소득요건도 부양자녀수에 따라 상이하게 적용되었다. 이후 2013년(소득귀속연도 기준)부터는 맞벌이 부부의 근로유인 제고를 위해 부양자녀수 대신 가구유형별(단독, 홑벌이, 맞벌이) 근로장려금을 차등 산정하는 방식으로 변화함에 따라, 총소득요건 또한 가구유형별로 달리 적용되었다. 그리고, 가구유형을 배우자 및 부양자녀(또는 부양부모) 유무, 맞벌이 여부에 따라 단독, 홑벌이, 맞벌이로 구분하면서, 배우자나 부양자녀, 부양부모가 없는 단독가구도 대상으로 포함되었다. 이때, 초기에는 단독가구의 나이에 제한을 두면서 대상으로 포함하였는데, 고령층부터 포함한 것은 한국의 인구구조 변화상 노인가구의 빈곤 문제가 심각한 상황을 반영한 것으로 이해된다. 이후 2018년(소득귀속연도)부터는 단독가구의 연령 제한 요건이 폐지되어, 대상자가 청년층까지 크게 확대되었다.

주택요건을 보면, 제도 도입 초기에는 세대주 및 세대원 모두 무주택자여야 했으나, 실질적 시행단계에서는 시가 5천만 원 이하의 주택 한 채는 무주택으로 간주되었다. 이후 주택 가격 요건은 계속 완화되었으며, 주택요건과 재산요건이 중복적이라는 의견 등에 따라 결과적으로 주택요건은 2016년(소득귀속연도 기준) 폐지되었다. 현재는 재산합계액 요건만 활용되고 있으며, 가구원 모두가 소유하고 있는 주택을 포함한 토지, (비영업용)자동차, 전세보증금, 금융자산 등을 합산하여 산출한다. 재산합계액 기준은 지속적으로 상향 조정되어 왔으며, 이러한 증액과 함께 재산합계액 상한 기준 내에서 합계액이 일정 수준 이상인 가구에는 근로장려금을 감액하여 지급하고 있다.

기타사항으로는 기초생활보장급여 수급자에 대한 근로장려금 적용 여부를 살펴볼 수 있는데, 이는 근로장려세제 도입 단계에서부터 지속적 논의가 있었으나, 초기에는 제외하는 것으로 결정되었다. 이는 2015년 7월 이전에는 기초생활보장제도가 통합급여체계, 보충급여 방식으로 운영되어 탈수급 유인이 미미했고, 이러한 상황에서 상대적으로 높지 않은 근로장려금 지급이 기초생활보장급여 수급자에 근로유인을 제공하기 어렵다고 보았기 때문이었다(최현수, 이서현, 2010, p. 142).

전반적으로 근로장려금은 지속적으로 대상과 지급액 수준을 확대하여 왔으며, 확대 시점 등에 있어서는 차이가 있으나, 이러한 확대 방향은 제도 도입 단계에서부터 논의되었던 사항으로 보인다(조선주 외, 2008, p. 59). 다만, 무자녀 가구에 대한 적용은 확대 단계 중 마지막 단계였음에도, 중고령층 및 청년층 중 취업 취약계층에 대한 정책적 지원의 필요성이 지속적으로 제기되면서 상대적으로 빠르게 무자녀 가구를 제도의 대상으로 포괄하게 되었다. 최근에는 근로장려금에 대한 체감도, 적시성 등을 높이고자 근로소득자에게 한해서는 반기별 신청·지급을 시행하고 있으며, 인터넷 활용이 어려운 고령층 등에는 안내 문자 발송을 통한 자동신청제도를 운영하고 있다.

〈표 3-2〉 근로장려금 제도 변화(소득귀속연도 기준)

구분		2008~2010	2011	2012	2013	2014	2015	2016	2017	2018	2019	2020	2021	2022	2023
대상		-	\+ 보험모집인, 방문판매원 자영업자만 포함			\+ 보험모집인, 방문판매원, + 사업소득이 있는 가구 (단, 고소득 전문직 사업자(배우자 포함) 제외)				\+ 보험모집인, 방문판매원, + 사업소득이 있는 가구(배우자 포함) 제외), +종교인소득이 있는 가구 (단, 고소득 전문직 사업자(배우자 포함) 제외)					
소득 요건		부부 합산 1,700만 원 미만	부양자녀수별 부부합산 소득 1,300(0명)~ 2,500만 원 미만 (3명 이상)			단독가구: 1,300만 원 홑벌이가구: 2,100만 원 맞벌이가구: 2,500만 원			가구유형별 부부합산 소득 기준	:2,000만 원 :3,000만 원 :3,600만 원			:2,200만 원 :3,200만 원 :3,800만 원		
가구 요건		배우자 또는 18세 미만 자녀				배우자가 있거나 부모 부양가구 우자녀가구 포함 (2017년부터 70세 이상 부모 부양가구 우자녀가구로 포함)			배우자나 또는 18세 미만 자녀가 있는 가구(장애인 연령 제한 없음). 2020년 부양부모 장애인일 경우 연령 조건 미적용)						
						단독가구: 만 60세 이상	만 50세 이상	만 40세 이상	만 30세 이상	단독가구 연령 조건 폐지(30세 미만 포함 모든 연령)					
주택 요건		모두 5천만 원 이하주택 한 채	모두 6천만 원 이하 주택 한 채				모두 주택 한 채 보유 (가격기준 폐지, 2015년 개정)		무주택자			주택요건 폐지			

구분	2008~2010	2011	2012	2013	2014	2015	2016	2017	2018	2019	2020	2021	2022	2023
재산 요건	소규모주택 포함 재산합계액 1억 원 미만				재산합계액 1억 4천만 원 미만 (단, 1억 원 이상은 50% 감액 지급)				2억원 미만 (1.4억 원 이상 50% 감액 지급)				2억 원 4천만 원 미만 (1.7억 원 이상 50% 감액 지급)	
최대 지급액	120만 원	자녀수에 따라 70(0명)~200만 원 (3명 이상)			단독가구: 70만 원 홑벌이가구: 170만 원 맞벌이가구: 210만 원		:77만 원 :185만 원 :230만 원	:85만 원 :200만 원 :250만 원	가구유형별	:150만 원 :260만 원 :300만 원			:165만 원 :285만 원 :330만 원	
기타	3개월 이상 생계, 주거, 교육급여 수급자 제외			신청연도 3월에 생계, 주거급여 수급자 제외	근로장려금으로 국세체납액 충당 조항 신설				기초생활수급자 제외 요건 폐지			근로소득자 반기지급 신청 가능해짐		

출처: "조세특례제한법 제10절의2 근로 장려를 위한 조세특례," 2008~2023, 내용을 토대로 재구성.

근로장려금은 제도 시행 초기 부양자녀수에 따라 차등하여 지급액을 산정하였으나, 장려금의 산정방식을 가구유형(단독, 홑벌이, 맞벌이) 단위로 변경하면서, 자녀장려금을 추가로 도입하게 되었다. 자녀장려금은 "저소득자의 자녀양육비를 지원하기 위하여(조세특례제한법 제100조의27, 2023)" 도입되었는데, 신청 자격요건의 대부분을 근로장려금 요건에 준용하여 운영하고 있다. 즉, 자녀장려금 또한 일하여 번 소득인 근로소득, 사업소득, 종교인소득이 있는 가구에서 신청할 수 있으며, 현재 자녀장려금은 18세 미만의 부양자녀가 있는 경우 근로장려금 신청시 자동으로 함께 신청된다.

자녀장려금 제도를 간략히 살펴보면, 신청 자격요건은 근로장려금의 자격요건을 활용함에 따라, 총소득요건, 주택요건, 재산요건 등이 있었으나, 최근 2023년(소득귀속연도 기준)에는 총소득요건, 부양자녀요건, 재산요건만 남아있다(〈표 3-3〉 참조). 재산요건은 근로장려금 자격요건과 같으며, 총소득요건의 상한 기준은 '자녀양육비'를 지원한다는 목적에 따라 근로장려금보다 높다. 2022년(소득귀속연도 기준)까지는 총소득요건이 4,000만 원 미만이었으나, 최근에는 7,000만 원 미만으로 크게 상향 조정되었다. 다만, 최대 자녀장려금이 지급되는 평탄구간의 '총급여액 등' 기준은 이전과 동일하여(홑벌이 가구 2,100만 원, 맞벌이 가구 2,500만 원) 변화 이전보다 점감 구간이 길게 확대되었다.

한편, 근로장려금과 달리 자녀장려금 지급액 산정 구조는 평탄 구간으로 시작하여, 총급여액 등이 일정 기준을 넘어서면 지급액이 감소하는 구조로 구성된다. 그리고 근로장려금과 달리, 총급여액 등이 상한 기준에 근접하더라도 부양자녀 1명당 지급되는 금액이 최소 50만 원이 되도록 점감률이 조정되고 있다. 부양자녀 1명당 지급되는 최대지급액은 제도 시행 초기 50만 원에서 계속 상향 조정되어, 최근에는 자녀 1당 최대 100만 원(최소 50만 원)이 지급된다.

〈표 3-3〉 자녀장려금 제도 변화(소득귀속연도 기준)

	2014	2015	2016	2017	2018	2019	2020	2021	2022	2023
대상	근로소득이 있는 가구									
	+ 보험모집인, 방문판매원, + 사업소득이 있는 가구(단, 고소득 전문직 사업자(배우자 포함) 제외)			+ 보험모집인, 방문판매원, + 사업소득이 있는 가구(단, 고소득 전문직 사업자(배우자 포함) 제외), +종교인소득이 있는 가구						
총소득 요건	부부합산 소득 기준									
	4,000만 원 미만								7,000만 원 미만	
가구 요건	18세 미만 부양자녀가 있는 가구(중증장애인 자녀는 연령 제한 없음)									
주택 요건	무주택자 또는 주택 한 채 보유			주택요건 폐지						
재산 요건	재산합계액 1억 4천만 원 미만			2억 원 미만					2억 4천만 원 미만	
최대 지급액	가구유형(홑벌이, 맞벌이)별 최대지급액 구간 상이, 평탄구간으로 시작하여 점감구간으로 이어짐									
	부양자녀수×50만 원			부양자녀수×70만 원					부양자녀수×80만 원	부양자녀수×100만 원
기타	신청연도 3월에 기초생활보장급여 전부 또는 일부 수급자 제외			기초생활보장급여 수급자 제외 요건 폐지						
	자녀세액공제와 중복 적용 안됨									

출처: "조세특례제한법 제10절의4 자녀 장려를 위한 조세특례," 2008~2023, 내용을 토대로 재구성.

본 연구에서 적정성 모형의 적용 사업으로 근로장려금을 고려한 이유 중 하나는 사업의 시행 초기에 비해 대상과 규모가 상당히 크게 확대되어 왔기 때문이다. [그림 3-2]에서 근로장려금 신청 및 지급 가구 추이를 보면, 2018년 세법개정이 이루어진 이후 대상 가구가 상당히 증가하였음을 볼 수 있다. 2023년 소득귀속연도 기준, 근로장려금 지급 가구는 약 410만 가구로 2009년 지급 가구(약 59만 가구) 대비 약 7배 증가하였다. 신청 가구 대비 지급 가구 비율은 연도별로 변화가 있으나 전반적으로는 소폭 증가해온 추이를 보인다. [그림 3-3]은 연도별 근로장려금 총 지급액과 가구당 지급액을 보여주는데, 지급액 규모 또한 2018년 개편 이후로 크게 증가하였다. 2017년 소득귀속연도 기준 총 지급액은 약 1조 2,808억 원이었으나, 2018년 약 5조 3,156억 원 규모로 증가하였으며, 제도 시행 초기인 2009년 지급액 규모(약 4,537억 원)와 2023년을 비교하면, 약 10배 정도 총 지급액 규모가 증가하였다.

[그림 3-2] 근로장려금 신청 및 지급 가구 추이

(단위: 가구, %)

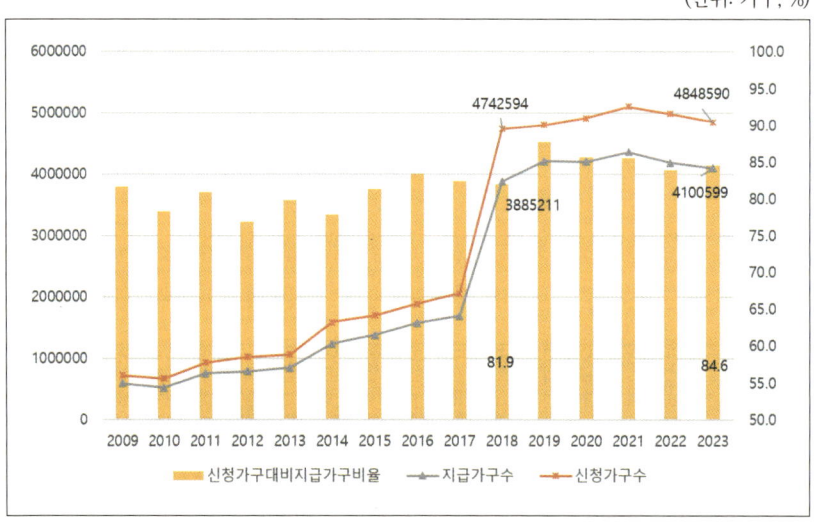

주: 연도는 소득귀속연도 기준이며, 가구수는 왼쪽 축을, 신청가구 대비 지급가구 비율은 오른쪽 축을 기준으로 작성되었음
출처: "14-1-1. 근로·자녀장려금별 신청·지급 현황(주소지)," 국세통계포털, 2009~2023(소득귀속연도 기준), 공표값을 활용하여 저자 작성, https://tasis.nts.go.kr/websquare/websquare. html?w2xPath=/ui/ep/e/a/UTWEPEAA02.xml&sttPblYr=2024&sttsMtaInfrId=20240103N01202440219.

[그림 3-3] 근로장려금 지급액 추이

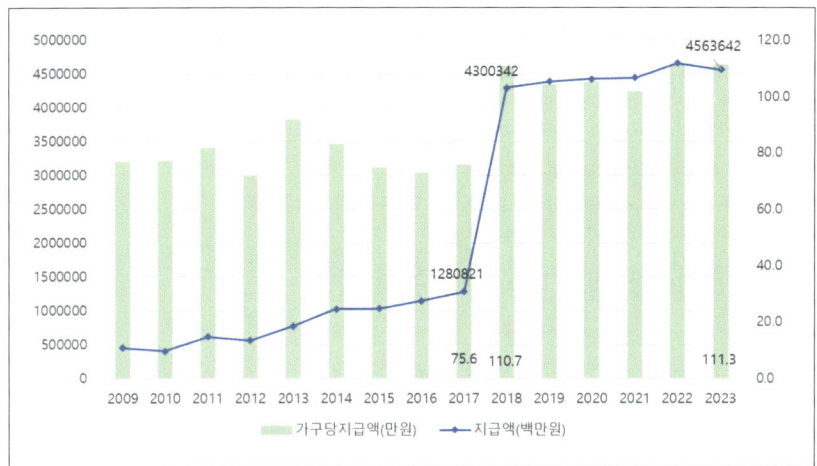

주: 연도는 소득귀속연도 기준이며, 지급액(백만 원)은 왼쪽 축을, 가구당 지급액(만 원)은 오른쪽 축을 기준으로 작성되었음
출처: "14-1-1. 근로·자녀장려금별 신청·지급 현황(주소지)," 국세통계포털, 2009~2023(소득귀속연도 기준), 공표값을 활용하여 저자 작성, https://tasis.nts.go.kr/websquare/websquare.html?w2xPath=/ui/ep/e/a/UTWEPEAA02.xml&sttPblYr=2024&sttsMtaInfrId=20240103N01202440219.

이처럼 근로장려세제 도입 이후 지속적 개편으로 대상자 및 예산 규모가 확대되고 몇 차례 실증분석 중심의 심층 평가가 이루어졌으나, 사후적 관리 측면에서는 조세제도에 기반한 사업 특성으로 인해, 산출물 단위의 성과 지표를 통한 점검은 미흡했던 것으로 판단된다. 세금 환급형 제도인 근로장려금은 조세지출로, 예산사업(재정지출)과 비교할 때, 간접적 지출로 사업의 효과를 파악하기 어려운 측면이 존재하여, 성과 지표를 통한 평가가 부적절하다고 보는 견해가 있을 수 있다. 다만, 세금혜택을 통해 달성하고자 하는 목표는 분명히 존재하므로, 정책 목표 달성 측면에서 사업 운영 현황을 점검하는 것은 필요하다고 판단되며, 이때 정책 시행 결과를 나타내는 1~2가지의 성과 지표보다는 본 연구에서 제시하고자 하는 다차원적 지표가 더욱 유용하게 활용될 수 있다고 생각된다.

제2절 선행연구 기반 제도의 주요 논의 사항 고찰

본 절에서는 근로장려세제 도입 이후 이루어진 선행연구를 검토하여 주요 논의 사항을 살펴봄으로써, 제도의 적정성 판단 차원 및 지표 발굴에 대한 시사점을 도출하고자 한다.

1. 근로장려금 제도 내용 주요 논의 사항

1) 근로장려금의 정책 목표 불분명

현행 조세특례제한법(제100조의2)에서 규정하고 있는 근로장려세제는 '저소득자의 근로를 장려하고 소득을 지원하기 위하여' 관련 법령 규정에 따라 근로장려세제를 적용하여 근로장려금을 결정·환급한다고 명시하고 있다. 즉, 이 조항에서는 근로장려금 제도를 시행하는 목표(저소득자의 근로 장려 및 소득 지원)는 명확히 하고 있으나, 이를 통해 달성하고자 하는 성과가 '근로 장려'와 '소득 지원' 중 어디에 더 중점을 두고 있는지는 파악할 수 없다.

'저소득자의 근로 장려 및 소득 지원'이라는 제도의 시행 목적은 근로장려세제가 도입되기 이전, 기초생활보장제도와 사회보험으로 이원화된 한국의 사회안전망이 내포한 문제점과 연결되어 있음을 보여준다. 절대적빈곤 상태에 있는 자에게 최저생활수준을 보장하고자 하는 기초생활보장제도는 수급자의 도덕적 해이(근로능력이 있으나 근로하지 않음), 수급 기간 장기화에 따른 복지의존도 증가 등의 문제점이 지속적으로 제기되는 실정이었다. 반면, 사회보험의 경우, 사회적 위험 발생시 기여자(보험료 납부자)에게만 혜택을 제공하여, 제도권 내로 포함되지 않은 자는 보험의 혜택을 받을 수 없는 사각지대에 놓이게 된다. 즉, 상대적으로 노동시장 지위가 낮거나 불안정한 일자리에서 근로하면서 낮은 시장소득과 사회보험의 사각지대에 있는 경우, 사회적 위험(예: 실업 등) 발생시 쉽게 빈곤층으로 포함될 수 있는 문제점이 존재하였다.

이와 같은 배경하에서 근로장려세제는 기존 사회안전망(기초생활보장제도, 사회보험)에서 소외되었던 차상위계층(근로빈곤층)에 대한 소득을 지원하는 공적부조 역할을 함과 동시에 근로능력이 있는 기초생활보장급여 수급자의 근로의욕 저하 현상을 완화하여 노동공급을 통한 탈수급, 탈빈곤을 도모하고자 하는 장기적 목표가 투영된 제도라 볼 수 있다(조선주 외, 2008, p. 52).[8]

근로장려세제가 '근로 장려'와 '소득 지원' 중 어느 부분에 더 중점을 두고 있는가에 대해 법 조항에서는 명확히 하고 있지 않으나, 제도 도입 단계의 논의, 제도의 변화 과정 등을 보면, 초기부터 2018년 세법개정 이전까지는 상대적으로 '근로 장려'에 보다 초점을 두고 제도가 설계·운영된 것으로 판단된다. 최현수와 이서현(2010, p. 93)에 의하면, 최초 근로장려세제 논의 단계에서는 근로빈곤층에 대한 소득지원 및 빈곤감소효과가 강조되어 '근로소득지원세제'로 명칭하였으나, 입법 및 설계 단계에서는 '근로장려세제'로 명칭이 변경되면서 근로활동을 유인한다는 정책 목표와 제도 성격이 더 강조되었다. 제도 시행 초기 이후, 2013년(소득귀속연도 기준)부터는 근로장려금 급여산정 방식이 부양자녀수가 아닌 단독, 홑벌이, 맞벌이의 가구 유형에 따라 달라졌는데, 이는 가구 내 2차 소득자(주로 여성)의 근로활동을 유인하고자 함이 반영되었다(기획재정부, 2013).

---

[8] 앞서 살펴보았듯이, 근로장려금 도입 초기에는 기초생활보장 급여 수급자는 대상에서 제외되었음. 이는 당시 기초생활보장제도 생계급여 수준이 상당히 높아, 근로장려금이 생계급여 수급자에 근로유인을 제공하여 탈수급을 유도하는 효과가 미미할 것으로 예상되었기 때문임(조선주 외, 2008, p. 60; 남재량 외, 2009, p. 27)

이후 2018년(소득귀속연도 기준)에는 자격요건 중 소득, 재산, 연령(폐지) 요건이 완화되고 최대지급액이 증가하는 등 상대적으로 '소득 지원'에 더 중점을 둔 방향으로 제도가 개편되었다. 2018년 세법개정으로 변화된 근로장려금 산정 구조를 보면, 우선, 근로장려금 최대지급액이 증가하면서 모든 가구 유형에서 점증 구간의 임금률은 상승하였지만, 점증 구간의 범위는 감소하였다. 이론적으로 근로장려세제의 노동공급 확대 효과는 점증 구간에서 나타남으로, 점증률 상승은 '근로 장려'에 더 중점을 둔 것으로 볼 수 있으나, 해당 구간의 범위가 짧아진 것은 이러한 제도 유인이 작용할 수 있는 가구 비중이 감소할 수 있음을 의미하기에, 노동공급에 부정적 영향을 줄 수 있다. 반면, 평탄 및 점감 구간은 크게 확대되었는데(특히 점감 구간), 평탄 구간의 확대는 근로장려금 최대지급액을 받는 가구 비중이 증가할 수 있음을 의미하므로 '소득 지원'에 더 중점을 둔 것으로 볼 수 있다. 그리고 점감 구간의 확대는 기존에 혜택을 받지 못했던 새로운 가구가 대상자로 포함됨을 의미하기에 보다 넓은 범위의 저소득 가구에 소득 지원의 역할을 하게 됨을 의미한다. 하지만 이론적으로는 평탄 및 점감 구간에서 소득효과와 대체효과가 모두 근로유인을 감소하는 방향으로 작용하기에, 노동공급에는 부정적 영향을 미칠 수 있다(권성오, 홍우형, 2021, p. 43).

'근로 장려'와 '소득 지원' 중 어느 부분에 더 중점을 두어야 하는가에 대해서는 사회경제적 여건과 논의에 기반한 합의가 필요한 부분으로 정해진 방향은 없다. 다만, 최근까지의 제도 변화 사례를 보면, 제도의 목표 중 어디에 더 중점을 두는 가에 따라 제도의 설계와 구성이 영향을 받게 됨을 볼 수 있으며, 제도의 성과 판단 또한 더 중점을 두고 있는 목표와 연계해서 이루어져야 하므로, 이를 명확히 하는 것은 중요하다. 예를 들어, 소득 지원 역할을 강조하는 상황에서 평탄 구간과 점감 구간의 상대적 크기 설정은 소득 지원 기능과 근로유인 저하 정도의 상충관계를 조정하는 문제라 볼 수 있다. 만약, 평탄 구간을 상대적으로 길게 유지한다면, 최대 지급액을 받을 수 있는 소득 지원 필요 대상을 넓게 포괄하는 대신 상대적으로 짧아진, 높은 점감률의 점감 구간은 근로유인 저해 효과를 감수하는 것을 의미한다. 미국과 영국의 경우, 점감 구간의 길이가 점증 및 평탄 구간을 합한 길이와 유사한 반면, 우리나라는 점증 및 평탄 구간 길이의 절반 정도로 점감 구간을 설계하고 있어, 최근의 근로장려금 제도는 근로유인보다는 소득 지원에 더 집중하고 있음을 보여준다(전병목, 신상화, 2018, p. 63).

2) 근로장려금의 목표 집단 적절성

현행법 조항에서는 '저소득자'를 근로장려세제의 대상으로 하고 있으며, 더 구체적인 대상자는 제도의 자격요건에 의해 규정되고 있다. 2018년 세법개정 이후, 모든 연령대의 단독가구도 대상자로 포함되었기 때문에, 현재 총소득요건과 재산요건을 충족하는 근로·사업·종교인소득이 있는 '저소득 가구'가 제도의 적용 대상이 된다.

김재진(2019)에서 2009년과 2018년의 근로장려금 대표 수급 가구를 비교하였는데, 2009년의 대표 수급 가구가 40대, 부부가구였다면, 2018년에는 50세 이상, 단독가구로 나타나, 근로장려금이 목표로 하는 대상 집단에 대한 정책적 판단이 필요하다고 보았다. 이는 2018년 세법개정 후에도 지속되고 있는 현상으로, 가구 유형별 수급 가구 분포를 보면, 단독가구가 가장 많고, 홑벌이, 맞벌이 순서로 나타나며, 가구 유형별 총지급액 규모 또한 동일 순서로 나타난다(〈표 3-4〉 참조).

<표 3-4> 가구유형별 근로장려금 지급 현황

	단독가구			홀벌이 가구			맞벌이 가구		
	가구수	총금액 (백만 원)	가구당 금액 (만 원)	가구수	총금액 (백만 원)	가구당 금액 (만 원)	가구수	총금액 (백만 원)	가구당 금액 (만 원)
2013	142,778	48,198	33.8	627,205	636,017	101.4	76,035	90,277	118.7
2014	194,678	63,921	32.8	887,150	807,318	91.0	150,718	150,443	99.8
2015	417,984	155,144	37.1	828,590	741,254	89.5	132,379	131,651	99.5
2016	646,483	263,801	40.8	806,297	752,139	93.3	117,662	125,666	106.8
2017	795,432	363,454	45.7	796,096	798,695	100.3	102,084	118,672	116.2
2018	2,381,247	2,068,227	86.9	1,230,152	1,831,389	148.9	273,812	400,726	146.4
2019	2,671,439	2,259,795	84.6	1,272,823	1,768,966	139.0	270,015	362,767	134.4
2020	2,736,349	2,382,556	87.1	1,217,393	1,687,343	138.6	253,091	358,743	141.7
2021	2,956,175	2,510,791	84.9	1,166,188	1,604,646	137.6	239,962	329,265	137.2
2022	2,877,204	2,692,366	93.6	1,099,434	1,654,753	150.5	208,507	313,495	150.4
2023	2,865,740	2,698,973	94.2	1,048,639	1,580,191	150.7	186,220	284,478	152.8

주: 연도는 소득귀속연도 기준임. 가구당 금액은 총금액을 가구수로 나눈값임
출처: "14-3-2. 소득종류별 근로장려금 지급 현황Ⅰ(성, 가구유형, 연령, 자녀수)," 국세통계포털, 2013~2023(소득귀속연도 기준), 공표값을 활용하여 저자 작성, https://tasis.nts.go.kr/websquare/websquare.html?w2xPath=/ui/ep/e/a/UTWEPEAA02.xml&sttPblYr=2024&sttsMtaInfrId=20240103N01202440219.

그리고, 2018년 세법개정 이전인 2017년과 최근 시점인 2023년의 가구유형별, 연령별 근로장려금 수급 현황을 보면, 단독가구의 경우, 20대 청년층 비중이 상당히 높음을 볼 수 있으며, 가구 유형에 따라 차이는 있으나, 2017년과 비교시 전반적으로 60세 이상 고령층 수급 가구 비중이 많이 증가하였음을 볼 수 있다(<표 3-5> 참조). 기초생활보장급여 수급자를 대상으로 탈수급 및 탈빈곤에 영향을 미치는 요인을 분석한 이영욱(2018)에서는 근로능력이 있는 가구원이 많을수록 탈수급·탈빈곤 확률이 높아짐을 보여주고 있어, 근로능력이 있는 가구원이 근로활동을 통해 소득을 창출하도록 하는 것이 수급 가구의 자립을 지원하는 중요한 경로일 수 있음을 보여준다. 다만, 공공일자리사업 참여는 탈수급·탈빈곤에 부정

적 영향을 미치는 것으로 나타나, 자활근로와 같은 저소득층 대상 일자리 지원사업이 정책 의도와는 달리 자립 지원으로 이어지지 못할 가능성이 있음을 보여준다(p. 34). 이러한 결과는 근로장려금 수급에 있어서도 노인일자리 사업 등 정부의 직접일자리사업에 참여하여 수급자가 되는 경우, 근로를 통해 빈곤을 벗어나게 하려는 정책 목표가 적절한가에 대한 의문을 남긴다.

〈표 3-5〉 가구유형별·연령별 근로장려금 지급 현황

	전체		단독가구		홑벌이 가구		맞벌이 가구	
	비중 (%)	가구당 금액 (만 원)	비중 (%)	가구당 금액 (만 원)	비중 (%)	가구당 금액 (만 원)	비중 (%)	가구당 금액 (만 원)
2017년								
30세 미만	1.8	93.8	0.8	45.9	2.6	102.9	3.8	120.4
40세 미만	16.5	74.3	18.7	48.5	14.3	102.5	17.4	110.3
50세 미만	23.6	85.5	17.5	49.6	29.2	104.2	27.3	108.7
60세 미만	25.6	78.5	26.5	49.6	23.9	104.6	31.5	113.8
70세 미만	17.7	78.2	18.3	47.2	17.2	104.4	16.4	134.1
70세 이상	14.8	51.1	18.3	32.0	12.8	75.3	3.5	138.6
2023년								
30세 미만	28.7	111.3	39.4	91.3	4.0	150.5	3.4	129.3
40세 미만	12.3	93.6	13.2	90.9	9.5	145.6	14.1	129.0
50세 미만	12.0	103.7	8.6	94.2	19.9	150.2	19.4	135.4
60세 미만	14.8	121.1	12.5	95.5	19.5	153.3	24.0	142.0
70세 미만	16.9	118.5	13.7	97.9	23.8	158.3	27.6	170.3
70세 이상	15.3	125.0	12.7	101.1	23.3	143.3	11.5	198.3

주: 연도는 소득귀속연도 기준임. 가구당 금액은 총금액을 가구수로 나눈값임
출처: "14-3-32. 가구유형별 근로장려금 지급현황(연령, 주소지)," 국세통계포털, 2017년 및 2023(소득귀속연도 기준), 공표값을 활용하여 저자 작성, https://tasis.nts.go.kr/web square/websquare.html?w2xPath=/ui/ep/e/a/UTWEPEAA02.xml&sttPblYr=2024 &sttsMtaInfrId=20240103N01202440294

이러한 논의는 근로장려세제가 '근로 장려'라는 목적을 명시하고 있음에도 불구하고, 대상자 범위가 소득, 재산, 가구 유형에 따라 정해짐에 따라, 대상자의 노동시장 특성은 직접적으로 고려되지 못함에 따라 발생한다. 윤희숙 외(2016, pp. 82-85)에서는 '근로 장려' 정책 목표의 경우, 표적 집단 자체뿐만 아니라, 근로의욕이 낮은 장기실업의 심각성 여부 또한 불분명함을 지적하면서, 기초생활보장 생계급여 수급자의 탈수급, 차상위층의 2차 소득자, 자발적 단시간 근로자, 자발적 간헐적 근로자 중 표적 집단이 누구인지에 따라 제도 설계의 보완이 필요하다는 의견을 제시하였다. 근로장려금의 역할이 확대됨에 따라, 해당 제도가 달성하려는 목표에 대해 사회적 공감대를 모으는 것이 필요하다고 제시하면서, 간헐적, 시간제 등 노동시장과의 결합이 약한 저임금·저소득 근로자 가구, 유자녀 저소득 가구가 집중적인 대상이 될 필요가 있다고 보았다. 예를 들어, ① '전일제 근로 1인 + 시간제 근로 1인 + 2자녀'로 이루어진 가구가 빈곤선 아래에 위치하지 않도록 근로장려금으로 보조, ② 주 20시간 일하는 저임금 중고령자가 빈곤선 아래에 위치하지 않도록 하는 것을 정책의 목표로 설정한다면, 이에 맞추어 제도의 설계 방향이 달라질 수 있음을 제시하였다.

3) 가구원수 미고려에 따른 문제점

근로장려금 제도 도입 초기에는 부양자녀수에 따라 총소득요건과 근로장려금 지급액을 결정하였으나, 2013년(소득귀속연도 기준)부터 단독, 홑벌이, 맞벌이 등의 3가지 가구 유형으로 구분하여 총소득요건과 근로장려금 지급액을 산정하면서, 가구원 수에 따른 가구 규모가 고려되지 못하게 되었다. 일반적으로, 가구 내 가구원 수가 많아질수록 필요한 소비지출(또는 소득수준)이 증가하기에, 복지정책에서 주로 활용되는 기준중위소득은 가구원 수별로 산정하고 있으며, 빈곤 측정 시에도 개인단위로 균등화된 가구소득을 활용한다. 근로장려금 제도에서 가구 규모를 고려하지 못함에 따라 나타나는 문제는 단독가구보다는, 가족 가구의 형태인 홑벌이와 맞벌이 가구에서 나타날 수 있으며, 이는 가구 유형 간의 형평성 논의를 야기할 수 있다.

우선, 근로장려금 신청 자격요건 중 총소득요건을 살펴보면, 현행 제도는 가구원 수를 반영하지 않기에 홑벌이 가구와 맞벌이 가구는 가구원 수(또는 자녀 수)가 많을수록 필요소득(기준중위소득)은 증가하지만, 각각 단일한 소득 기준을 적용받는다. 즉, 2인 홑벌이 가구와 3인 홑벌이 가구에 적용되는 소득 기준이 동일함에 따라, 후자는 근로장려금의 총소득요건을 충족시키지 못할 수 있다. [그림 3-4]는 가구 유형별 근로장려금 총소득요건(2018년 기준)과 가구 유형별 가구원 수에 따른 기준중위소득의 100%, 120% 금액 수준을 보여준다. 홑벌이 및 맞벌이 가구의 경우, 가구원 수가 늘어날수록 근로장려금의 총소득요건을 충족시키기 더 어려워짐을 볼 수 있다.

[그림 3-4] 가구유형별 가구 규모에 따른 기준중위소득과 근로장려금 소득기준

(단위: 만 원)

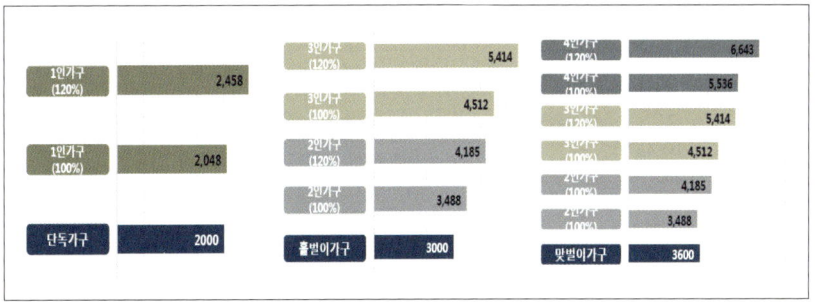

출처: "근로장려세(EITC) 저소득가구 근로자 근로유인제고방안," 김재진, 2019, p. 31

안종석 외(2017, p. 212)에서는 중위소득 대비 근로장려금의 소득 기준을 1인 가구와 3인 가구를 예시로 보여주고 있는데, 〈표 3-6〉은 해당 보고서에서 제시하고 있는 값과 추가로 동일한 방식으로 2023년(소득귀속연도 기준)에 대해 산출한 값을 보여준다. 가구 유형별 최대지급액 소득 상한 기준은 홑벌이 및 맞벌이 가구에 대해 상향 조정되었음을 볼 수 있고, 대상자 소득요건 상한 기준은 모든 가구 유형에 대해 확대되어 왔음을 볼 수 있다. 다만, 2023년에도 단독가구에 대한 소득 기준이 상대적으로 후하게 설정되어 있음을 볼 수 있다.

〈표 3-6〉 중위소득과 근로장려금 소득기준 비교(2017년, 2023년)

(단위: 천 원, %)

중위소득 가구 구분		2017년			2023년		
		1인 가구	3인 가구	3인 가구	1인 가구	3인 가구	3인 가구
근로장려금 가구 구분		단독가구	홑벌이 가구	맞벌이 가구	단독가구	홑벌이 가구	맞벌이 가구
중위소득		19,835	43,691	43,691	24,935	53,218	53,218
근로장려금	최대급여 소득 상한	9,000	12,000	13,000	9,000	14,000	17,000
	(중위소득 대비 비율)	(45.4)	(27.5)	(29.8)	(36.1)	(26.3)	(31.9)
	지급대상 소득 상한	13,000	21,000	25,000	22,000	32,000	38,000
	(중위소득 대비 비율)	(65.5)	(48.1)	(57.2)	(88.2)	(60.1)	(71.4)

주: 연도는 소득귀속연도 기준임. 2017년 값은 아래 출처 보고서의 표를, 2023년 값은 동일한 방식으로 자료를 업데이트하여 저자 산출함. 중위소득은 기준중위소득에 12개월을 곱하여 산출
출처: "[2016 조세특례 임의심층평가] 근로·자녀장려금제도 성과분석 및 운용방안 연구," 안종석 외 2017, p. 212; "기준중위소득," 보건복지부, https://www.mohw.go.kr/menu.es?mid=a10708010900

가구원 수 규모 미고려에 따른 형평성 문제는 근로장려금 최대지급액 수준에서도 유사하게 나타난다. 〈표 3-7〉을 보면, 자녀장려금 최대지급액을 포함하더라도, 홑벌이 및 맞벌이 가구의 경우 가구원 수가 증가함에 따라 가구 규모별 기준중위소득 40% 대비 근로·자녀장려금 최대지급액 수준이 감소함을 볼 수 있다. 윤희숙 외(2016, p. 76)에서는 당시 근로장

려금 제도 내용을 바탕으로, 홑벌이 가구의 경우, 최저임금 풀타임 일자리를 가정할 때, 2인 가구는 근로장려금을 포함하여 중위소득 50% 수준의 소득에 도달할 수 있지만, 3인 가구만 되어도 자녀장려금을 포함한다고 할지라도 중위소득 50% 수준의 소득에 미달하게 됨을 지적하였다. 이러한 논의는 근로장려금의 대상이 되는 저소득자들이 주로 최저임금 일자리에 있을 가능성이 큼을 고려할 때, 가구원 수를 고려하지 않은 근로장려금 지급이 '소득 지원'의 역할을 할 수 있는가에 대한 검토가 필요함을 시사한다.

〈표 3-7〉 2019년 지급기준 근로·자녀장려금 가구유형별 최대지급액 수준

	점증률(%)	근로·자녀장려금 최대지급액(만 원)	기준중위소득 40% 대비 최대지급액 비율(%)
단독가구	37.5		
1인 가구		150	18
2인 가구		150	11
홑벌이가족가구	37.14		
2인 가구(배우자포함)		260	19
3인 가구(자녀1명)		310	17
4인 가구(자녀2명)		360	16
맞벌이가족가구	37.5		
2인 가구(배우자포함)		300	22
3인 가구(자녀1명)		350	19
4인 가구(자녀2명)		400	18

출처: "근로능력빈공층에 대한 소득지원정책 개선방안 연구," 이영욱, 2018, p. 63.

4) 자격요건 중 소득 기준 관련 사항

근로장려금은 총소득요건을 만족하는 경우, 총급여액 등에 따라 지급액이 결정되는데, 여기서 총소득은 비과세소득을 제외하고 근로소득, 사업소득, 종교인소득, 이자배당·연금소득, 기타소득을 모든 합한 금액을

의미하지만, 총급여액 등은 근로소득, 사업소득, 종교인소득만 해당하므로, 총소득이 좀 더 넓은 범위를 포괄한다. 그럼에도 총소득요건의 상한 기준이 1,000만 원이라면, 지급액을 산정하는 총급여액 등의 상한 기준도 동일하게 1,000만 원으로 설정하고 있다. 즉, 총소득요건과 총급여액 등에 포함되는 소득 종류는 다르지만, 소득 범위(상한)는 동일하다. 이는 저소득가구의 경우, 소득원의 상당 부분이 근로에 의한 소득일 것으로 예상되는 바에 기인한 것으로 보인다.

소득 상한 기준은 앞서 근로장려금 제도 변천 과정에서도 볼 수 있듯이, 매년 정기적으로 변화하지 않으며, 몇 년 단위로 한 번씩 조정되고 있다. 근로장려금의 도입과정에서 논의되었던 급여체계 모형에서는 가구 규모별 최저생계비와 연동하여 소득 기준을 설정하고자 하였으나, 도입 단계에서는 부양자녀 2명 이상의 부부가구에만 최소한의 급여체계로 설계되었다(최현수, 이서현, 2010, p. 113). 2008년 도입 당시 소득 기준 상한인 1,700만 원은 전국 가구 중위소득의 50% 수준으로 OECD 기준에 의한 상대적 빈곤층 기준과 유사하고, 2006년 최저생계비의 120% 수준으로 사회안전망의 사각지대에 있는 차상위계층(최저생계비의 1.2배 이하)을 지원하고자 하는 취지가 반영되었다(강신욱 외, 2015, p. 162). 이처럼 차상위계층(최저생계비 120%) 기준에 맞춘 소득 상한이 한동안 유지되었으나, 소득 기준이 최저임금 인상, 물가상승률, 임금상승률 등을 반영하여 조정될 필요가 있다는 의견이 제시되었다(노대명 외, 2016; 윤희숙 외, 2016). 다만, 최저임금 수준과 소득 기준을 직접적으로 연계하는 것에 대해서는 최저임금보다 낮은 근로계약서를 작성하여 부정으로 수급하거나, 최저임금 이상 급여를 받기 위해 일할 유인이 없어지는 등의 부작용이 있을 수 있다는 우려도 있었다(김재진, 2019). 현재도 소득 기준은 매년 자동으로 조정되지는 않으나, 중위소득의 일정 비율로 규정하고 있다. 중위소득을 기준으로 하는 것은 근로장려금의 소득 기준이 정부 정책의 지원대상을 설정하는 것이고, 중위소득이 상대적 빈곤층을 파악하는 데 주로 사용되는 지표임을 고려한다면 타당한 선택으로 생각된다.

소득 상한 기준 이외에, 근로장려금의 지급액 산정에서 점증 구간, 평탄 구간, 점감 구간을 구분하는 소득 기준은 근로장려금이 보다 중점을 두고자 하는 방향(근로 장려 또는 소득지원)에 의해서도 영향을 받지만, 저소득층을 대상으로 하는 다른 제도와의 연계 측면에서도 영향을 받을 수 있다. 최저임금제의 경우, 2018년 최저임금이 크게 인상됨에 따라, 소득 기준의 조정 없이는 최저임금 일자리에서 풀타임으로 일하는 경우 근로장려금 대상에서 배제되는 경우가 발생하기도 하였다. 유경준(2013)에서는 최저임금제와 근로장려금의 관계에 대해 최저임금 수준이 높아질수록 그리고 근로장려세제의 수급 조건이 되는 소득의 기준이 낮아질수록 두 제도는 보완관계보다는 대체관계가 될 것임을 지적하였다. 전병목과 신상화(2018)에서는 근로장려금의 개편방안을 연구하면서, 근로유인 측면에서 최저임금 근로자의 근로유인을 해치지 않게 소득 기준을 설정할 필요가 있음을 제시하였다. 최저임금 근로자가 상대적으로 비정규직에 많이 분포되어 있다는 가정하에 정규직 근로자 대비 비정규직 근로자의 근로시간 비율을 고려하여, 최대급여 지급구간을 최저임금의 80% 이상 수준으로 설정하는 방안을 제시하였다. 윤희숙 외(2016)에서도 최저임금 근로자를 고려하여, 가구 내 이차소득자의 근로유인 제고를 위해서는 맞벌이 가구의 점감 구간 시작 소득 기준을 높일 필요가 있음을 제시하였다. 이는 주된 소득자가 최저임금 풀타임 근로자일 경우 홑벌이, 맞벌이 가구 모두 근로장려금이 감소하는 점감 구간에 위치하여 이차소득자의 노동공급 유인이 저해될 수 있음을 고려한 것이었다.

최저임금제도 이외에도 근로장려금 지급액 산정 소득 기준에서 고려되는 다른 정책은 기초생활보장제도가 있다. 이영욱(2016)에서는 자산이 없는 홀벌이 가구의 경우, 근로소득이 증가할수록 가구의 총소득이 감소하는 소득역전현상이 관찰되기도 함을 보여주었는데, 이는 근로장려금의 점감 구간 시작 소득이 생계급여 소득 기준보다 낮음에 기인한 것으로, 2018년 근로장려금 개편에서는 이러한 부분이 반영되어 조정되었다(이영욱, 2018, p. 65). 이러한 내용은 전병목과 신상화(2018, p. 59)에서도 제시되었는데, 생계급여 수급자의 소득 역전 현상을 방지하기 위해, 점감 구간 시작 소득 기준(=평탄 구간 소득 상한)은 복지정책 관점에서 기초생활보장제도의 지원대상과 일치하도록 설정하는 방향으로 개편 필요성을 지적하였다. 이는 중위소득의 30~50% 수준을 의미하며, 2018년 당시(소득귀속연도 기준 2017년), 단독가구를 제외하고는 평탄 구간 소득 상한이 중위소득 30% 미만이기에 이를 상향 조절할 필요가 있음을 제시하였다(〈표 3-6〉 참조).

5) 제도 운영 행정 관련 사항

근로장려금은 조세지출을 통한 지원제도로, 조세지출은 소득공제, 세액공제, 우대세율, 과세이연 등 조세특례를 통해 납세자의 세금부담을 덜어주는 지원을 의미한다. 조세지출을 통한 지원은 직접적인 보조금과는 달리 숨은 보조금의 특성을 가지며, 조세 체계상 정부의 수입으로 받아야 할 돈을 받지 않는다는 점에서 정부가 예산을 직접 투입하는 재정지출(예산사업)과는 다르지만, 결과적으로는 국가 세입이 감소해 재정 부담으로 돌아온다는 점에서 재정지출과 유사하다. 특히, 조세특례를 통한 납세 부담 경감 방식 고려시, 면세점 이하 저소득가구(근로자)에 대해서는 추가적인 소득공제나 세액공제 등이 실질적인 소득증가를 가져오지 않음과 달리, 환급형 세액공제제도(refundable tax credit)인 근로장려세제는 납부해야 할 세액을 초과하는 세액공제분을 소멸시키지 않고, 대상자에게 현금 등의 형태로 지급함으로써 실질적 혜택을 제공하게 된다(최현수, 이서현, 2010, pp. 57-58). 즉, 근로장려금이나 자녀장려금 같은 환급형 세액공제는 충분한 과세소득이 없는 저소득가구에도 실질적인 현금을 지원하게 되므로, 재정지출을 통한 소득 이전과 동일한 효과를 가진다(김재진, 2014, p. 2). 다만, 직접적인 현금지원제도와 비교하면, 근로·자녀장려금 제도는 신청 자격요건을 결정하는 소득개념과 지급액 산정에 적용되는 소득개념에 괴리가 있고, 최종적인 과세소득 수준은 가구의 특성에 따라 차이가 있기에, 장려금 신청시 받게 될 금액을 정확히 인지하기 어렵다는 측면이 있다. 또한, 최근에는 근로소득자를 대상으로 반기 지급을 시행하고 있으나, 이외에는 연 1회 주기로 장려금을 지급함으로써, 신청 시점과 지급 시점의 차이 등으로 직접적인 현금지원사업에 비해 수급자의 체감 정도가 낮을 수 있다.

현재 근로·자녀장려금의 지급 업무를 담당하고 있는 국세청은 근로장려세제가 도입된 이후 2009년부터 줄곧 우편물 등을 통해 근로장려금 제도에 대해 안내하고 있으나, 이는 "신청 편의를 위하여 제공"하는 것이며, "신청 자격은 본인 스스로 다시 확인하고 신청해야 함"을 분명히 하고 있다(신상화, 김문정, 2019, p. 73). 이와 같은 안내에도 불구하고, 정부 정책에 대한 접근성이 낮은 취약계층은 해당 정책에 대한 정보를 알지 못하거나, 신청할 시간적 여력이 없거나, 신청할 수 있는 장소까지 가기 어려운 등의 상황이 있을 수 있다. 그리고 자발적인 비신청은 취약계층이든 아니든 마찬가지로 나타날 수 있으므로, 신청주의에 따른 '정책의 접근성' 문제는 개념적으로는 존재할지라도 실증적으로 파악하기는 어려운 측면이 있다(신상화, 김문정, 2019, p. 68). 2017년 기준 신청 안내 가구 대비 실제 신청 가구의 비중은 약 90% 내외 정도로 나타나나, 신청하지 않은 10%의 가구가 실제 수급 요건을 충족함에도 신청하지 않은 것인지, 아니면 수급 요건에 부합하지 않기 때문에 신청하지 않은 것인지는 구분하기 어렵다(신상화, 김문정, 2019, p. 76).

윤희숙 외(2016, p. 83)에서는 한국복지패널 9차 및 10차 자료를 이용하여 2014년 실제 근로장려금 수급 가구를 분석한 결과, 수급 가구의 55.3%가 가구소득 분포상 5분위 이상에 분포한 것으로 나타났다. 대체로 국세청의 안내 고지를 받은 후 근로장려금을 신청하고 있는 상황을 고려한다면, 이러한 표적의 부정확성은 국세청이 저소득근로자(가구)에 대한 소득 파악 능력이 제한되어 있기에 발생하는 것으로 볼 수 있다.[9]

다른 한편으로, 근로장려세제는 조세체계를 통해 운영됨으로써, 예산사업으로 운영되는 다른 소득지원 정책과 비교시, 신청, 검증, 지급 등의 전달체계(delivery mechanism)가 단순하여 수급률(take-up rate)이 높고 운영비용은 낮은 특성을 보인다(조동희 외, 2019, p. 19).

2. 근로장려금의 효과에 관한 논의

근로장려금의 효과에 관한 연구는 주로 노동 공급과 소득지원 효과를 중심으로 이루어져 왔는데, 그중에서도 노동 공급의 효과를 살펴보는 연구가 더 많은 편이다. 최근 제도가 지속적으로 확대되는 과정에서 노동 공급과 소득지원 외에도, 소비, 납세행태 등에 어떠한 영향을 미치는지

---

[9] 근로장려금 도입 초기에는 소득 파악의 문제로 근로소득자만 대상으로 하였다가, 2014년부터 사업소득자를 대상으로 포함하였음. 김재진 외(2012, p. 10)에 따르면 우리나라의 경우, 임금근로자에 대한 소득 파악 수준은 80% 이상이나, 자영업자는 50~60% 내외로 추정됨. 사업소득자에 대한 근로장려세제 적용은 단기적으로는 부작용이 있을 수 있으나, 장기적으로는 자영업자의 소득 파악 능력 제고에 기여할 것으로 기대됨. 근로장려금을 실시하고 있는 주요국의 사례를 보더라도 모두 예외없이 적용대상에서 임금소득자와 자영업자를 구분하지 않고 있음

등으로 연구범위가 확대되고 있다. 이러한 근로장려금의 효과에 관한 연구는 정책에 따른 결과(outcome) 및 영향(impact)을 실증적으로 분석하는 데 중점을 두고 있으므로, 이를 고려하여 산출물(output) 중심의 적정성 분석 차원 및 지표 발굴에 대한 시사점을 얻고자 하며, 여기서는 관련 법에서 명시하고 있는 '근로 장려'와 '소득지원'을 중심으로 최근의 연구를 간략히 살펴보고자 한다.

1) 노동 공급 효과

2018년 세법 개정 전에 이루어진 근로장려금 제도의 노동 공급 효과를 분석한 연구들은 분석 기간, 활용자료, 처치군·대조군 정의 방법 등에 따라서 혼재된 결과를 보이기는 하나, 대체로 외연적 노동 공급(extensive margin)의 효과는 있는 것으로 보고되고 있다. 한편, 2018년 세법 개정 이후 시점을 대상으로 한 연구는 아직은 많지 않은 상황이나, 이들의 결과도 다소 혼재되어 있다. 여기서는 근로장려세제가 가장 크게 확대 개편된 2018년(소득귀속연도 기준) 이후를 대상으로 한 연구를 중심으로 살펴보고자 한다.

우선, 조동희 외(2019)에서는 대표 가구 유형을 설정한 후, TaxBEN 시뮬레이션을 이용하여 한계실효세율(METR, Marginal Effective Tax Rate) 산출하여 근로장려금의 효과를 살펴보았다. 한계실효세율은 총소득 증가분 중 정부 정책에 따라 상실되는 부분의 비중을 측정한 것으로, 근로장려세제의 변화가 노동 공급 증가에 대한 한계실효세율을 높인다면 노동 공급 유인을 저해한다고 해석할 수 있다. 동 연구에서 근로유인 효과는 ① 비경제활동인구가 근로소득을 얻을 때 근로장려세제의 유무에 따른 순소득 증가분의 차이, ② 취업자의 근로소득이 증가할 때 근로장려세제가 METR에 미치는 영향으로 측정하였다. 분석 결과, 한국의 경우

비경제활동인구에 대한 근로유인은 확실히 제공하는 것으로 나타나며, 이미 노동 공급을 하고 있는 저소득가구의 경우, 기존 연구에서 제시되었듯이, 점증 구간에서는 근로유인을 증가시키지만, 점감 구간에서는 저해하는 것으로 나타났다. 특히, 주거급여가 종료되는 소득수준이 근로장려금의 평탄 또는 점감 구간에 위치하여, 근로장려금이 초래하는 부(-)의 노동 공급 영향이 주거급여 종료로 더 악화됨을 보였다. 한편, 유자녀 가구의 경우, 2018년 세법 개정 후 총소득이 0에 가까울 때 한계실효세율이 음수로 나타나는데, 이는 세법 개정 후 자녀장려금의 생계급여 수급자 제외 조항이 폐지되어, 중복수급이 가능해짐에 따른 것이다.

김문정과 김빛마로(2020)에서는 자체 설문조사를 실시하여 이를 기반으로 2018년 세법 개정에 따른 근로장려금 확대 효과를 분석하였다. 분석 결과, 단독가구의 경우, 경제활동참가율 및 주된 일자리에서의 근로시간의 증가가 확인되었으나, 홑벌이 및 맞벌이 가구주, 맞벌이 가구의 배우자에게서는 통계적으로 유의한 노동 공급 효과가 나타나지 않음을 보였다. 근로장려금 산정 소득 구간별 분석에서는 점증 구간에 속하는 가구의 경우, 경제활동참가율과 근로시간이 통계적으로 유의미하게 증가하는 것으로 나타났다. 동 연구에서는 근로장려세제에 대한 인지 여부에 따라서도 분석을 하였는데, 대체로 인지를 더 하고 있다고 하더라도 노동 공급 효과가 통계적으로 유의미하게 변화하지는 않았다.[10]

한편, 권성오와 홍우형(2021)에서는 재정패널을 이용하여 2018년 세법 개정에 따른 노동공급 효과를 분석하였는데, 주소득자에게서는 유의미한 효과가 나타나지 않았으나, 부소득자의 경우 평탄 및 점감 구간에서

---

10) 김문정, 김빛마로(2020, p. 53)에서는 처치집단의 노동공급 증가가 근로장려금 개편으로 인한 것으로 해석하려면, 처치집단이 제도에 대해 인지하고 있어야 한다고 보았음. 제도에 대해 인지하지 않은 집단에서 노동공급이 증가하였을 때, 이에 대해 근로장려금을 지급한다면, 근로장려금은 "근로를 사전적으로 장려하고자 하는 인센티브"보다는 "사후적인 생활 보조금 지급"으로 보는 것이 더 적절하다고 보았음

도 경제활동참여와 근로시간이 통계적으로 유의하게 증가하였음을 보였다. 다만, 처치군(treated group)을 수급 여부가 아닌 자격 요건 충족 여부로 정의하여 분석하였을 때는 통계적으로 유의미한 효과가 관찰되지 않았다.

진성진 외(2022)는 복지패널 자료를 이용하여, 자격요건(eligibility) 충족 여부를 나타내는 변수를 구성한 후, 합성통제집단 이중차분법을 적용하여 노동공급 효과를 분석하였다. 분석 결과, 노동 참여(extensive margin)와 노동시간(intensive margin) 모두 통계적으로 유의하지 않아, 2018년 근로장려금의 개편이 노동 참여를 증진하거나 노동시간을 줄인다는 근거를 발견하지 못하였음을 보였다. 특히, 연령 제한 요건 폐지로 20대의 단독가구는 근로장려금 개편이 아닌 도입의 영향을 받았음에도, 노동 참여 증가 효과가 나타나지 않았다. 이외에 기초생활수급가구에서도 제도 개편에 따른 노동 참여 증가 효과가 관찰되지 않았다.

2) 소득지원 효과

근로장려금의 소득지원 효과는 주로 빈곤 감소와 소득재분배 효과를 중심으로 연구가 이루어졌으며, 대체로 긍정적인 결과를 제시하고 있다. 앞서 언급한 조동희 외(2019)에서는 순소득에서 근로·자녀장려금이 차지하는 비중을 측정하여 소득지원 효과를 살펴보았는데, 분석 결과, 2018년 세법 개정에 따른 근로·자녀장려금 확대로 소득지원 효과가 상당히 커진 것으로 나타났으며, 특히 유자녀 가구의 경우 증가 폭이 더 크게 나타남을 보였다. 이영욱(2018)에서는 가구 유형을 구분하여 분석하였는데, 근로장려금은 유자녀 가구에서 빈곤 개선 효과가 높게 나타나며, 단독가구에서는 상대적으로 작은 효과가 나타남을 보였다.

한편, 근로장려금의 소득지원 효과에 대한 선행연구를 보면, 대체로 제도 그 자체로 빈곤 감소 및 소득재분배 효과가 있음에도, 다른 제도와 비교시, 효과의 크기는 상대적으로 작은 편으로 나타나고 있다. 김현경 외(2020)에서는 소득지원대상을 청년, 핵심 근로 연령층(30~64세), 노인, 아동이 있는 가구로 구분하여 주요 소득보장제도의 효과를 분석하였는데, 근로·자녀장려금의 경우, 아동빈곤율 감소에는 기여도가 크지만, 청년, 핵심 근로 연령층, 노인에 있어서는 기초보장급여의 빈곤 감소 효과보다 낮은 수준임을 보였다. 이처럼 빈곤 완화에 미치는 영향이 크지 않은 것은 대체로 근로·자녀장려금의 수급이 소득 2~3분위에 집중되어 있지만, 중상위 소득분위에도 넓게 분포함에 따른 것으로 보았다. 좀 더 구체적으로 보면, 2018년 개정 이후, 아동이 있는 가구의 2018년 소득계층별 주요 제도 수급률을 보면, 주요 공적이전소득은 근로·자녀장려금과 기초보장급여로 나타나며, 소득분위별로는 주로 중하위 소득계층에서 근로·자녀장려금을 수급한 것으로 나타난다. 그리고 근로장려금보다 상대적으로 지급액이 더 높은 자녀장려금 수급으로, 아동이 있는 가구의 근로·자녀장려금 평균 수급액은 전체 가구보다 다소 높게 난다. 빈곤 완화 및 소득재분배 효과를 대상 유형별로 살펴본 결과에 의하면, 아동이 있는 가구는 중위소득 50%를 기준으로 빈곤선 정의시, 근로·자녀장려금의 빈곤 감소 효과가 가장 크게 나타나지만, 빈곤갭 비율 감소에 있어서는 기초보장급여보다 효과가 낮게 나타남을 보였다. 핵심 근로 연령층의 경우, 근로·자녀장려금의 주된 수급 대상임에도 빈곤 감소 효과는 공적연금이나 기초보장급여에 비해 크지 않게 나타났으며, 노인도 공적연금의 빈곤 감소 효과가 가장 크고, 근로·자녀장려금의 빈곤율 감소 효과는 크지 않음을 보였다. 이는 급여액이 절대적으로 높은 기초생활보장제도의 빈곤 개선 효과가 근로·자녀장려금보다 크게 나타남을 보인 이영욱(2018)과 유사하다.

제3절 소결: 적정성 판단 차원에 대한 시사점

본 절에서는 근로장려세제의 변천 과정과 동 제도와 관련하여 이루어진 선행연구를 개괄적으로 살펴보았다. 근로장려금 제도가 '근로유인'과 '소득 지원'을 정책 목표로 하고 있음에 따라, 정책 효과와 관련한 연구들은 노동공급 및 소득재분배에 미친 영향을 분석하는 데 중점을 두고 이루어졌다. 상대적으로 노동공급 측면에서의 연구가 더 많이 진행되었는데, 제도 도입 이후 여러 차례의 제도 개편, 자료원의 차이, 분석 대상 시점의 차이 등에 따라 분석 결과는 다소 혼재된 모습을 보인다. 소득지원 측면에서는 대체로 빈곤 완화에 정(+)의 효과가 있기는 하지만, 근로장려금의 가구 단위 지급액 규모가 다른 제도에 비해 작음에 따라 효과의 크기는 상대적으로 작은 것으로 제시되고 있다.

이처럼 근로장려세제와 관련한 연구는 주로 정책 효과성 측면에서 정책 목표와 관련한 성과(outcome 또는 impact) 변수를 중심으로 이루어졌고, 일반적으로 복지정책 평가에서 다루는 정책 대상 포괄성, 표적화 정도, 급여 수준의 적절성, 형평성 등에 관한 논의는 시기에 따라 각각의 연구에서 개별적으로 이루어졌다. 다시 말하면, 명시적인 정책 목표에 대한 심층적, 실증적 효과를 분석하는 연구는 다수 진행되었음에도, 제도의 개편·확대 과정에서 제도의 혜택을 보는 집단이 누구인지, 어느 정도의 혜택을 보고 있는지, 정책이 목표한 바를 달성할 수 있을 만큼 그 내용이 구성되었는지 등 정책의 설계, 운영, 산출물 측면에서의 결과 추이를 종합적으로 검토하고 논의하는 과정은 다소 부족했던 것으로 판단된다. 이는 본 연구에서 정의한 '적정성 분석' 개념에서 이를 판단하기 위한 차원과 지표를 구성하여 시계열적으로 추적함으로써, 어느 정도 보완할 수 있을 것으로 생각된다. 관련된 차원 및 지표들을 시계열적으로 지속 산출하여 추적, 관찰함으로써 정책 성과 제고를 위해 추가적인 논의가 필요한 부분에 관해 사후적 피드백을 제공하고자 하는 것이 본 연구의 '적정성 분석'의 목표 중 하나이기 때문이다.

근로장려금에 관한 선행연구의 논의가 적정성 판단 차원 및 지표 구성에 시사하는 바를 살펴보면, 우선, 차원 및 지표를 정책 목표와 직접적으로 연계되도록 하여 두 개의 큰 정책 목표 중 더 집중하여 달성하고자 하는 목표가 무엇인지 파악할 수 있도록 해야 한다는 점이다. 제도 구조상 근로 장려와 소득 지원이라는 정책 기능 사이에 어느 정도 상충관계가 존재하기 때문에, 궁극적으로 달성하고자 하는 정책 목표를 보다 명확히 할 필요가 있다.

또한, 조세지출 사업이라는 특성상 재정지출로 시행되는 복지사업처럼 대상자 집단을 세밀하게 선별하기 어려운 측면이 존재하나, 그럼에도 최근까지의 제도 수혜 대상을 파악함으로써, 정책 대상 집단이 적절한지, 정책이 필요한 집단을 포괄하고 있는지 등을 파악할 수 있는 지표를 고려해야 함도 시사한다. 다만, 이와 관련한 차원 및 지표는 정책 목표에 따라 다르게 구성될 수 있을 것으로 보이는데, 장려금이라는 현금 급여 지급 특성을 고려하여 '소득 지원' 목표에서 보면, 가구의 특성에 따라 상대적으로 저소득층이 많이 분포한 집단이 잘 포괄되고 있는지를 파악하는 것이 필요할 것이다. 한편, 근로장려금은 기본적으로 일을 하여 번 소득이 있어야 신청할 수 있으나 조세제도에 기반한 제도 특성으로, 노동시장 참여 특성 등 근로 및 사업소득의 질적 영역은 신청·수급자의 자격 요건에서 고려되지 못하고 있다. 이에 '근로 장려' 목표에서의 정책 대상 집단 적절성 관련 지표는 동 제도가 어떠한 방향으로 근로를 장려하고자 하는지를 고려하여 구성될 필요가 있다. 예를 들어, 근로장려금 도입 이후 대상자 자격 요건이 지속적으로 완화되면서, 단독가구, 고령층의 수급 비중이 상당히 증가하였는데, '소득 지원' 목표에서 보면, 상대적으로 저소득

가구가 많은 그룹을 많이 포괄하고 있는 것은 적절하다고 볼 수 있으나, '근로 장려' 목표에서 보면, 고령층의 수급 비중이 높게 나타나는 것은 적절하지 않을 수 있다. 물론, 저소득자에 대한 소득 지원 역할에 더 중점을 둔다면, 수급자의 특성별 분포, 이들의 근로 참여 형태나 유형은 제도의 적정성 판단에서 주된 고려 사항은 아닐 수 있으나, 이는 구성된 차원 및 지표의 중요도 측면에서 판단할 사항으로, 해당 내용이 지표 자체로 포함될 필요가 없음을 의미하지는 않는다. 특히, 근로장려세제 도입 당시의 논의되었던 공공부조로부터의 탈수급을 고려한다면, 노동시장 참여의 질적 측면에 대한 최소한의 상황 파악은 필요하다고 판단된다.

이외에도, 저소득가구를 대상으로 하는 제도 특성상 최저임금제, 기초생활보장제도 등 다른 제도와의 연계 측면을 반영할 수 있는 지표에 대한 검토가 필요해 보인다. 한편, '소득 지원'의 역할을 생각할 때, 현재의 근로장려금 지급액이 적절한 수준인지를 판단할 수 있는 부분도 적정성 판단 차원 및 지표에 포함될 필요가 있다.11)

---

11) 다만, 급여 수준에 있어서 '적정성'의 판단 기준 자체를 세우는 것은 본 연구의 범위를 벗어난다고 생각됨. 보장 범위와 보장 수준이 법이 명시되어 있는 기초생활보장제도와 달리 근로장려세제는 어떠한 합의에 기초하여 소득 보장 수준을 규정한 제도가 아니기 때문임(노대명 외, 2016, p. 9).

제4장

근로장려금 제도 적정성 분석 차원 및 지표

제1절 차원 및 지표 초안
제2절 차원 및 지표 발굴을 위한 델파이 조사 결과
제3절 차원·지표 수정안 및 AHP 조사 결과
제4절 소결

제4장 근로장려금 제도 적정성 분석 차원 및 지표

본 장에서는 앞서 살펴본 적정성 분석 모형 사례와 근로장려금 제도에 대한 최근까지의 쟁점 논의 사항을 중심으로, 근로장려금 제도의 적정성 판단을 위한 평가 차원과 관련 지표 초안을 도출한 후 이에 대해 전문가 대상 델파이 조사를 수행하고자 한다.

제1절 차원 및 지표 초안

근로장려세제(근로장려금 제도)는 공공부조(기초생활보장제도)와 사회보험으로 이원화되어 있던 사회안전망의 사각지대에 있는 근로빈곤층, 차상위가구 등의 저소득가구를 지원하기 위해 2008년 도입된 제도로, 그간 지속적으로 대상자 규모와 지원 금액을 확대하였다. 2009년 근로장려금 지급액은 약 4,537억 원 규모였으나, 2023년에는 약 4조 5,636억 원으로 약 10배가량 증가하였다(국세청, 2024). 조세제도에 기반하여 운영되는 근로장려금은 그간의 운영 과정에서 몇 차례 심층평가를 진행하였으나, 이 외에는 근로장려금 수급 가구 및 지급액 규모 정도의 산출물 지표만으로 성과관리를 하면서, 동 제도가 사회적 요구가 있는 대상 또는 정책 목표에 기반한 대상에 잘 지원되고 있는지, 제도를 통해 의도한 결과가 실질적으로 나타나고 있는지 등을 지속적으로 점검해 오진 못하였다.

본 연구에서 '적정성(Adequacy) 분석'은 '개별 사업이 정책 목표를 달성할 수 있도록 구성되어 운영되고 있는가?'를 검토하는 것으로 정의하였으며, 이에 따라 적정성 검토 차원과 지표는 정책의 목표와 직접적으로 연계하여 발굴·구성하고자 하였다. 이러한 차원과 지표는 정책 수행단계를 기준으로 볼 때 정책 설계(design)-과정(process)-산출물(outputs) 단계에 중점을 두게 되며, 이를 통해 사후관리적 측면에서 검토 및 피드백을 제공할 수 있도록 하여 정책의 목표 달성도를 높이고자 하는 것이 본 연구에서 정의한 '적정성 분석'의 궁극적 목표라 할 수 있다.

본 절에서는 이러한 '적정성 분석' 개념 하에, 제2장에서 소개한 국제사회보장협회(ISSA)의 적정성 모형을 참조하여 근로장려금의 정책 목표와 연계하여 적정성 차원을 크게 다섯 가지로 고려하였다. 근로장려세제는 관련 법 조항에서 '저소득자의 근로를 장려하고 소득을 지원하기 위해' 시행하고 있음을 명기하고 있기에, 정책 목표는 크게 '소득 지원'과 '근로 장려'로 규정하였다. 적정성 판단 차원의 선정은 각각의 정책 목표 달성을 통해 근로장려금 제도가 궁극적으로 달성하고자 하는 사회적 성과를 고려하면서 검토하였다. 다음절에서 후술할 전문가 대상 델파이 조사에서 이에 대한 의견을 함께 조사하였는데(〈표 4-1〉 참조), 대체로 노동시장 참여(노동공급 확대)에 기반한 소득 증대, 중장기적으로는 이러한 근로소득에 기반하여 복지정책에 의존하는 상황에서 벗어나 경제적 자립을 이룰 수 있도록 하는 것을 궁극적인 사회적 성과로 인식하고 있는 것으로 나타난다.[12]

---

[12] 이외에도 복지정책 수혜로부터의 자립은 저소득층 또는 근로빈곤층의 빈곤 탈피, 사회이동성 제고, 정부의 복지부담 감소 등으로도 제시되고 있음. 한편, 궁극적인 사회적 성과에 대한 세부적인 의견 기술 내용을 보면, 근로장려세제의 정책 목표에서 '소득 지원'을 명기하고 있음에도, 소득지원적 성격의 급여로 보기에는 낮은 장려금 수준에 따라 소득지원 자체는 보충적 역할로 보는 경향이 나타나며, 노동시장 참여 및 근로활동을 더욱 강조하여 보는 경향이 관찰됨

〈표 4-1〉 근로장려세제가 달성하고자 하는 궁극적인 사회적 성과에 대한 의견

주요 의견사항
▪ 노동시장 참여(노동공급) 확대를 통한 (가구)소득 증대
- 노동시장 참여로 인한 인적자본 향상 및 이를 통한 가구소득 증대
- 저소득가구 근로자의 노동공급 증가를 통한 가구 소득 개선
▪ 중장기적으로 복지정책으로부터의 경제적 자립 유도
- 복지 정책 사각지대에 위치할 확률이 높은 가구 지원하여 사회적 분배 효과성 제고, 취약계층의 복지정책 수혜 탈피 인센티브 부여
- 차상위계층 및 중저소득 계층의 근로의욕을 고취(노동공급 증대)하고 소득 지원을 통해 이들의 자립을 돕는 것.(이를 통해 이들에 대한 생애 관점에서의 정부 재정 부담이 다소 완화되는 효과가 발생하는 것도 기대)
- 1차적으로 빈곤탈피, 2차적으로 지속 노동시장 참여를 통한 사회적 역할 제고, 3차적으로 조세 기반 사회보장을 통한 정부정책에 대한 신뢰성 제고
- 저소득 근로자가구가 일을 통해 빈곤에서 벗어나 경제적으로 자립할 수 있도록 하는 데 궁극적인 목적이 있다고 할 수 있음
- 저소득자가 근로를 통해 소득을 얻는 행위를 장려하여 스스로 저소득 상태에서 벗어날 수 있도록 정부가 지원함으로써 개인의 근로의욕을 고취하는 동시에 그렇지 않을 경우 국가나 사회가 부담하게 될 비용을 줄이는 것임
- 저소득 근로자가 저소득임에도 불구하고 노동시장에서 계속 일을 지속하는 기간을 늘림으로써 궁극적으로 안정적 소득을 벌어들이는 단계로 이동하는 과정을 지원
- 근로를 통한 소득증가로 정부 복지부담 감소
▪ 취약계층 보호, 사회통합, 지속가능한 복지체계 구축 등
- 궁극적으로 달성하고자 하는 사회적 성과는 취약계층의 보호라 생각함. 이를 달성하기 위해 해당 제도에서 취하는 수단적인 방식은 각 경제 주체의 자발적 의지에 따른 행동 개선으로 금전적 인센티브에 반응할 것이라는 것을 그 전제로 하고 있음
- 근로장려세제는 저소득 가구의 경제적 안정성 강화, 노동시장 참여 촉진, 사회적 안전망 역할(복지 사각지대 해소, 취약계층 보호), 사회적 통합과 안정성 제고(사회적 박탈감 해소, 경제적 자립 촉진) 등 다양한 사회적 성과를 달성하는 중요한 정책이라고 생각함
- 궁극적으로는 저소득층을 사회에서 배제하지 않는 사회통합을 목적으로 한다고 봄

각 정책 목표와 궁극적인 사회적 성과 목표를 연계하여 적정성 판단 차원은 크게 다섯 가지로 초안을 구성하였는데(〈표 4-2〉 참조), 우선, '소득 지원' 목표에서는 소득 지원이 필요한 저소득 근로(자)가구를 대상 범위에 잘 포함하고 있는지(보장 범위), 이들이 빈곤 상태에 놓이지 않게 적절한 급여를 제공하고 있는지(급여 수준)를 고려하였다. '근로 장려' 목표와

관련하여서는 근로 능력이 있음에도 근로하지 않고 복지정책에 의존하고 있는 자에게 근로유인을 제공하고 있는지(유인제공), 그리고 궁극적으로 복지정책으로부터 경제적 자립할 수 있는 방향으로 근로활동이 이루어지고 있는지(근로유형)를 파악할 수 있도록 차원을 구성하였다. 마지막으로 정책이 목표한 바가 잘 이루어지려면 사업의 운영 과정, 즉 행정적 측면도 잘 지원되고 있는지 파악해야 하므로, 이를 하나의 차원으로 구성하였다.

〈표 4-2〉 근로장려금 적정성 판단 차원

궁극적 달성 목표	정책목표	적정성 차원	
▪ 차상위계층에 대한 소득지원으로 소득격차 완화 ▪ 근로능력이 있는 자의 탈수급/탈빈곤 ▪ 근로소득 증대에 기반하여 경제적 자립 지원	소득지원	보장범위	누구를 대상으로 하는가
		보장수준	충분한 급여를 제공하는가
	근로장려	유인제공	일할 유인을 제공하는가
		근로유형	근로소득 기반 소득증대가 가능한 일자리로 노동공급이 이루어지고 있는가
	정책전반	행정적 측면	신청 및 지급 절차 등이 잘 이루어지고 있는가

각 차원별 지표 초안은 〈표 4-3〉에 제시되어 있으며, 개별 지표 및 측정 방안에 대해서는 제2절에서 델파이조사 결과와 함께 논의하고자 한다. 후술하겠지만, 적정성 판단 차원 및 지표 초안은 상대적으로 정책 수행단계 중 설계 단계의 항목을 다수 포함하였는데, 이들 지표의 경우 제도 내용과 매우 구체적으로 연결되어 있어, 이를 기술통계량 정도의 값으로 정량화하는 데 어려움이 있었다. 이에, 제3절의 수정안에서는 이러한 설계 부문 지표는 가급적 산출물 단위의 지표로 변환하고자 하였다.

〈표 4-3〉 근로장려금 적정성 판단 차원별 지표 및 측정방안 초안

정책목표	차원	지표	측정방안	정책수행단계
소득지원	보장범위	적절한 소득기준이 설정되어 있는가	가구유형별 소득상한기준과 통계자료에 기반한 가구유형별 차상위가구 평균 시장소득 비교	설계
		적절한 재산기준이 설정되어 있는가	재산요건 기준과 통계자료에 기반한 차상위가구의 평균 재산수준 비교	설계
		저소득층 포괄 수준	가구유형별 차상위가구수 대비 수급가구 비율	산출물
		취약계층 포괄 여부	특정 취약계층(청년, 노인, 유자녀가구) 수급 비율	산출물
		제도 설계의 소득지원 중점 여부(소득구간길이)	점증구간 대비(평탄+점감) 구간 비율	설계
		소득지원 중점 구간의 수급자 분포	가구유형별(평탄+점감) 구간 수급가구 비중	산출물
	보장수준	최대 지급액 수준	가구유형별 1인당 GNI 대비 최대지급액 수준 범위	설계
		평균 지급액 수준	수급가구 전체 및 가구유형별 평균지급액	산출물
		부양자녀수에 따른 지급액 형평성	홀벌이 가구의 부양자녀수별 빈곤선 대비 최대지급액 수준(자녀장려금 최대지급액 함께 고려)	설계
		빈곤가구 지급 수준	근로장려금 총 지급액 대비 빈곤선 기준 이하 가구에만 지급된 금액 비중	산출물
근로장려	유인제공	실질적 근로유인을 제공하는가	근로장려금 수급가구와 미수급가구의 가처분소득 수준 비교	산출물
		제도 설계의 근로장려 중점 여부	점증구간의 점증률	설계
			(평탄+점감) 구간 대비 점증 구간 비율	설계
		근로장려 중점 구간의 수급자 분포	가구유형별 점증 구간 수급가구 비중	산출물
		이차 소득자 근로 가구 비중	수급가구 중 맞벌이가구 비중	산출물
		생계급여 수급 고려시 근로유인을 제공하는가	생계급여 소득기준과 근로장려금 점감구간 시작 소득 수준의 비교	설계
			생계급여 수급 가구 중 근로장려금 수급가구와 미수급가구의 가처분소득 비교	설계

정책목표	차원	지표	측정방안	정책수행단계
	근로유형	최저임금 수준 고려시 맞벌이 유인을 제공하는가	근로장려금 수급 가구 중 외벌이 최저임금 가구의 가처분소득과 맞벌이 최저임금의 가처분소득 비교	설계
		공공부문일자리 비중	수급가구 내 취업자 중 공공일자리 종사 비중	산출물
		단시간일자리 비중	수급가구 내 취업자 중 단시간 근로 비중	산출물
		간헐적일자리 비중	수급가구 내 취업자 중 연간 근로개월 수 6개월 이하 비중	산출물
행정적 측면		소득 파악력	신청안내 가구 중 수급가구 비중	과정
			부정수급 모니터링 및 파악 여부(정도)	과정
		정책 체감도	반기 지급 이용 가구 비중	산출물
			신청후 지급까지 평균 소요 기간	과정
			이용자 만족도(신청절차, 진행과정 등)	과정

제2절 차원 및 지표 발굴을 위한 델파이 조사 결과

본 절에서는 〈표 4-3〉에서 제시한 적정성 차원 및 지표 초안에 대한 전문가 그룹 델파이 조사 결과를 제시하고자 한다. 델파이 조사는 근로장려금 관련 선행 연구를 토대로 근로장려세제에 관한 연구 경험이 있는 연구자를 대상으로 하였으며, 총 23명의 전문가에게 응답을 받았다. 전문가 그룹의 주된 연구 분야에 대한 응답을 보면, 사회보장제도 전문연구자 7인, 정책평가 관련 전문연구자 16인으로 나타난다. 설문은 각각의 차원 및 지표 전체에 대해 서술형 방식으로 진행되었으며, 설문조사지는 부록에서 확인할 수 있다.

1. 「보장 범위」 차원의 지표 및 측정방안

'보장 범위' 차원은 소득 지원 정책 목표와 연계된 것으로, 근로장려금이 필요한 대상을 잘 포괄하고 있는지를 파악하기 위해 고려하였다. 대상의 포괄 정도와 관련하여, 현재 근로장려금 제도의 자격 요건 중 가장 큰 두 가지 축은 총소득요건과 재산요건이므로, 이를 반영하여 처음 두 가지 지표는 이러한 자격 요건 기준이 필요한 대상을 잘 포괄할 수 있는 범위로 설정되어 있는지 살펴보기 위한 지표로 구성하였다. 그리고 현재 설계된 제도하에서 어느 정도의 가구가 장려금을 받고 있는지 살펴보기 위해 저소득가구 대비 수급률, 사회적 취약계층의 수급률을 산출물 단위의 지표로 포함하였다. 마지막 두 가지 지표는 현재의 근로장려금 제도가 '소득 지원'과 '근로 장려'라는 정책 목표 중 어느 역할을 더 고려하고 있는지를 파악해 보고자 포함한 것으로, 근로장려금 산정 구조상 평탄(최대지급액 지급 구간) 및 점감 구간의 특성을 반영해 보고자 하였다.

1) 설정된 소득기준의 적절성 지표 관련 의견

	지표	측정방안
①	적절한 소득기준이 설정되어 있는가	가구유형별 소득상한기준과 통계자료에 기반한 가구유형별 차상위가구 평균 시장소득 비교

보장 범위의 적절성 판단 지표 중 하나로 "설정된 소득기준의 적절성" 지표 자체에 대해서는 대체로 적절하다고 보는 의견이 다수였던 반면, 해당 지표를 실질적으로 측정하는 방식에 대해서는 다양한 의견이 제시되었다. 이와 관련한 의견을 보면, 시장소득과 제도상 설계되어 있는 소득상한기준을 비교하는 것 자체는 적절하다고 보는 의견이 다수 있었으나, 통계자료 활용시 '소득' 측정의 정확성에 대한 우려를 제시하였고, 통계

자료보다 과세자료 활용 검토를 제안하는 의견도 있었다. 다만, 과세자료의 경우, 기본적으로 세금신고 단위로 구성됨을 고려할 때, 근로장려금 제도 내용에 따른 가구 유형 구분에 어려움이 있을 것으로 보인다. 또한, 근로장려금의 소득기준은 부부의 소득을 대상으로 하기에, 실질적인 산출 단계에서는 비교 소득변수(평균 시장소득)를 산출하는 과정에서도 다른 가구원의 소득이 포함되지 않아야 한다는 의견도 제시되었다. 이외에도 '차상위가구'에 대한 정의가 모호하다는 의견,[13] 비교대상 소득변수의 평균값보다는 중위값 활용 의견 등도 제시되었다. 추가로, 현재 제시한 방식으로 지표를 측정하더라도 산출된 값이 적절한지 판단하는 것은 주관적이라는 의견이 있었다. 물론, 이는 더 논의가 필요한 부분이지만, 동 지표를 시계열적으로 산출하여 추이를 보면, 적절한 수준을 판단하는 데 있어 고려할 수 있는 정보를 제공할 수 있을 것으로 생각된다.

〈표 4-4〉 설정된 소득기준의 적절성 지표 측정방안 관련 의견

주요 의견사항
▪ 소득변수 측정의 정확성 관련
- 통계자료의 소득변수 정확성 정도
- 과세자료의 활용 가능성 검토 제안
- 근로장려금 소득기준은 부부의 소득에 대한 것인만큼, 차상위가구의 평균 시장소득에서도 부부를 제외한 다른 가구원의 소득이 포함되지 않아야 보다 정확한 비교가 될 수 있으리라 생각
▪ 차상위가구에 대한 정의 관련
- 측정방안에 있어 "차상위 가구의 시장소득"의 모호함. 차상위 가구의 선정기준은 시장소득이 아닌 경상소득을 기준으로 함
- 차상위가구란 어떤 가구를 의미하는지 정의가 필요해 보임

---

13) 본 연구에서는 공공부조의 혜택을 받을 수 없으나 빈곤 상태로 변화되기 쉬운 저소득층을 넓게 지칭하는 용어로 사용하였으나, 기초생활보장법에서 '차상위가구'를 정의하고 있음에 따른 혼선으로 이해됨

주요 의견사항
▪ 추가 의견
- 시장소득의 '중간값'도 대안으로 고려해 볼 필요
- 평균 시장 소득과 비교하는 방식은 개별 가구의 특수성을 충분히 반영하지 못할 수 있음. 예를 들어, 동일한 소득 수준이라도 주거비나 의료비 등 지출 구조가 다른 경우 지원의 적절성이 떨어질 수 있음.
- 가구유형에 따라 시장소득이 낮은 경우, 그 집단 내 차상위집단의 소득과 비교는 적절한 지표인지 재검토가 필요해 보임
- 적절함에 대한 기준 주관적. 투입되는 예산 고려 필요. 2023년 기준 450만여 가구가 수급하고 있어, 이미 상당히 많은 저소득 가구를 포괄하고 있는 것으로 생각됨

2) 설정된 재산기준의 적절성 지표 관련 의견

	지표	측정방안
②	적절한 재산기준이 설정되어 있는가	재산요건 기준과 통계자료에 기반한 차상위가구의 평균 재산수준 비교

'재산기준 적절성' 지표에 관한 의견을 살펴보면, 제도상 설정된 재산기준과 제도의 주요 대상 집단의 재산 수준을 비교하는 것은 필요하다는 의견이 주로 나타났다. 다만, 제도 설계 측면에서 재산기준은 소득기준에 대한 보완적 역할을 하는 정도로 인식하는 경향이 나타난다.[14]

근로장려금 자격 요건 중 재산기준은 거주자를 포함한 1세대 가구원 모두의 재산을 합산한 금액('23년 소득귀속연도 기준 2억 4천만 원)으로 설정되어 있으며, 소득귀속연도 6월 1일을 기준으로 가구원 모두가 소유하고 있는 주택·토지·건축물(시가표준액), 승용자동차(시가표준액, 영업용 제외), 전세금, 금융자산·유가증권, 회원권, 부동산을 취득할 수 있는 권리 등이 재산에 포함된다. 여기서는 '재산합계액' 수준에 초점을 두고 지표 및 측정 방식을 제안하였는데, 소득기준과 유사하게 자료의 정확성 확보, 중

---

14) 재산을 소득으로 전환이 가능한 '축적된 소득'의 하나로 이해한다면, 소득수준이 낮아도 재산이 많은 가구까지 정책 지원 대상으로 포함되는 것을 배제하기 위해 보완적으로 활용하는 자격 요건 기준으로 인식하고 있음

위수 활용 필요성에 관한 의견이 제시되었다. 그러나 제도에서 규정하고 있는 재산합계액이 일반적인 통계자료에서 조사된 자산 관련 변수와 완벽히 일치될 수는 없는 것은 참작해야 할 한계점으로 보인다. 한편, '차상위가구' 용어 활용에 대한 검토가 필요해 보이는 의견도 제시되어,[15] 추후 지표의 수정안 도출시 소득기준의 적절성 판단 지표 측정과 유사하게 중위소득을 기준으로 저소득가구를 정의하는 방식을 검토하고자 한다.

〈표 4-5〉 설정된 재산기준의 적절성 지표 측정방안 관련 의견

주요 의견사항
▪ 비교를 위한 재산변수 측정 관련
- 실제 근로장려금 요건을 판단할 때 어떻게 계산되는지에 따라 정확한 비교가 되지 않더라도 그나마 가장 근접하게 산출하여 비교
- 재산수준도 '평균'으로만 하기보다는 '중간값'으로 할 필요도 있음. 평균은 이상치(outlier)에 의해 크게 좌우될 수 있기 때문
- 재산산부문은 소득과 달리 상속 등으로 소득은 저소득인데 재산은 많은 경우가 있을 수 있으므로 재산에 대해서는 평균에만 의존해서는 안 되고, 중앙값 등이 고려되어야 한다고 생각함
▪ 차상위가구에 대한 정의와 연관된 의견
- 차상위 가구재산은 소득인정액 방식으로 계산하도록 되어 있는 반면 근로장려세제의 재산은 소득인정액 방식이 아니므로 측정방법이 상이함. 따라서 소득인정액으로 할지 단순 재산으로 볼지에 대해 명확히 설정할 필요가 있음
- 차상위 가구 정의의 모호성으로, 차상위 가구의 평균 재산 수준이 어떻게 산출되었는지 명확히 공개되지 않으면, 비교 대상의 신뢰도가 떨어질 가능성 있음. 차상위 가구 정의가 정책적 의도에 따라 달라질 수 있으므로 재산 기준 설정 시 명확한 산출 방법 필요
▪ 추가 의견
- 단순 차상위가구의 재산 수준과 비교보다는 근로세대 차상위가구의 재산 수준과 비교하면 좋겠음
- 어떻게 구체적으로 측정할 것인지에 대한 세부측정산식이 제시가 안된 측면이 있어 이에 대한 보완이 필요

---

15) 현행 기초생활보장법에서 정의하는 차상위가구는 재산의 소득환산액을 산출하여 최종적으로 소득인정액(=소득평가액+재산의 소득환산액)에 재산을 반영하고 있음

3) 저소득층 포괄 수준 지표 관련 의견

지표	측정방안
③ 저소득층 포괄 수준	가구유형별 차상위가구수 대비 수급가구 비율

'보장 범위' 차원의 지표로써 '저소득층 포괄 수준' 지표는 의미 자체로는 적절하다는 의견이 다수였는데, 이는 정책 시행에 따른 산출물(output) 측면에서 실제 저소득층을 얼마나 포괄하고 있는지 파악할 필요가 있기 때문이다. 다만, 최근까지 근로장려금 신청 자격 요건 기준이 상당히 완화되어 옴에 따라 동 지표로 산출되는 포괄 수준은 그 자체로 상당히 높을 것으로 예상된다는 의견도 제시되었다. 지표의 의미를 반영한 측정 방식에 대해서는 적절하다는 의견과 부적절하다는 의견이 거의 5:5 비율로 제시되었는데, 부적절하다는 의견을 중심으로 살펴보면, 대체로 측정 방안에서 분모로 고려되는 차상위가구에 대한 정의, 차상위가구로 대상 집단을 한정할 필요성 등에 대한 의견이 제시되었다.

앞서 자격 요건 기준 지표에서도 언급하였듯이, 기초생활보장법령에 따른 차상위가구는 소득인정액을 기준으로 '기준 중위소득' 50% 이하의 저소득층에 해당하지만 고정재산이나 부양가능한 가구원이 있어 기초생활보장제도의 수급권자가 되지 못하는 상대적 빈곤층으로 정의된다. 근로장려금의 '저소득층 포괄 수준' 지표를 측정하는 데 있어, 이와 같은 '법정' 차상위가구를 기준 집단으로 고려할 경우, 근로장려세제와 차상위가구의 대상 가구 선정 기준의 차이, 근로장려세제 관련 법령에서 명시적으로 이러한 '법정 차상위가구'를 대상으로 하고 있지 않는 등의 이유로, 해당 지표가 정책의 포괄 정도를 적절히 대변하기 어려워 보인다는 의견이 제시되었다.

이러한 의견을 고려할 때, '차상위가구'의 용어가 활용된 다른 지표들과 유사하게 대상자 포괄성 지표에서도 '차상위가구' 용어보다는 좀 더 일반적인 관점에서 소득분위를 기준으로 저소득가구를 규정하는 방향을 검토할 필요성이 있어 보인다. 또한, 저소득층 가구 중 장애 등의 이유로 노동시장 참여가 불가능한 가구도 존재할 수 있으므로, 보완적 지표로, 근로능력이 있다고 응답한 가구원이 1인 이상 존재하는 가구 대비 근로장려금 수급 가구 비율도 고려해 볼 수 있겠다.

〈표 4-6〉 저소득층 포괄 수준 지표 측정방안 관련 의견

주요 의견사항
▪ 차상위가구 개념에 기반한 의견
- 차상위가구를 선정하는 기준과 근로장려세제 대상가구를 선정하는 기준이 세부적으로 상이하기 때문에 적절한 지표가 아닌 것으로 판단함. 특히, 지역에 따라 재산수준이 달라지거나 부채를 다루는 방식에서 두 제도에 상당한 차이가 존재하여, 이 지표를 사용하게 될 경우 지역간 격차가 있는 차상위가구 기준과 전국적으로 동일한 기준을 갖는 EITC 제도의 차이가 반영되게 될 것임
- 가구유형별로 기초수급자가 아닌 저소득계층(차상위계층)의 수급가구 비율은 기초수급자 대상요건의 변동에 따라 쉽게 영향 받을 가능성이 높음. 저소득층 포괄 수준이 얼마나 되어야 하는가에 대한 적정 수혜대상 사이즈를 판별하기에는 적절한 기준인지 명확한 답을 내리기 힘들어 보임
- 근로장려세제의 소득 및 재산기준은 차상위 기준을 넘어서기 때문에 차상위가구와의 비교는 적정하지 않은 것 같음. 근로장려세제가 근로빈곤층을 포괄하고 있으므로 저소득층을 광의로 해석하여 포괄하면 좋을 것 같음
- 연구를 위해 차상위계층과의 비교하는 것은 적절하지만 차상위계층이 근로장려금의 목표가 되어야 할 절대적인 이유는 없고 그 자체가 이상적인 기준 또한 아니므로 근로장려금 정책에 대한 평가로 직결될 필요는 없음
- EITC는 저소득층에 대한 지원이기는 하지만 차상위 가구만을 위한 지원제도는 아님. 또한 EITC는(소득, 재산 요건만을 고려한 기타 복지 성격의 제도와 달리) 소득이 있는 경우 수급이 가능한 특징이 있는데 차상위 계층 중 노동시장참여가 애초에 불가능한 가구도 다수 존재할 것으로 보이므로 차상위가구 숫자 대비 EITC 수급가구 비율은 적정성 판단 지표로 적절하지 않다고 판단됨
- 차상위라는 표현은 그 자체로 모호한 개념임. 차라리 중위소득의 50%~80% 등 좀더 구체적인 제안이 어떨까 함
- 가구유형별 차상위가구수 대비 수급가구 비율에 있어 가구유형별을 어떻게 분류해 설정하고 측정하며, 가구유형별로 가중치(중요도)는 어떻게 설정할 것인지 등 보다 구체적인 측정방안이 설명될 필요가 있음

주요 의견사항
- 차상위가구를 중위소득 대비 세분화하여 분석하면 수급 비율이 더 현실적으로 평가될 수 있음. 또한 차상위가구 중 근로 가능 가구와 비근로 가구를 구분하여 평가하면, 보다 정확한 근로가능성을 분석할 수 있을 것
▪ 추가 의견
- 현재 가구단위로 설계됨에 따라 가구유형별 차상위가구 대비 수급가구 비율로 측정할 수밖에 없겠으나, 근로장려의 대상은 엄밀히 '가구'가 아니라 '개인'임을 고려할 때 저소득근로자 대비 수급자 비율 등 보완적 측정방식도 고려하면 좋겠음

4) 취약계층 포괄 여부 지표 관련 의견

	지표	측정방안
④	취약계층 포괄 여부	특정 취약계층(청년, 노인, 유자녀가구) 수급 비율

'보장 범위' 차원에서 '취약계층 포괄 여부' 지표를 고려하는 것에 대해서는 근로장려금 제도를 바라보는 시각에 따라 적절성에 대한 의견이 나뉘지는 것으로 보인다. 소득 지원 기능 근로장려금을 복지정책에 가까운 시각으로 본다면, 취약계층이 어느 정도 포괄되고 있는지 살펴보는 동 지표가 의미 있다고 보지만, 소득 지원 역할이 있더라도 부(-)의 소득세라는 시각이 더 큰 경우, 제도의 적정성 판단에서 취약계층을 별도로 고려할 필요는 없다는 의견이 제시되었다. 상대적으로 단순화된 기준을 활용할 수밖에 없는 조세제도의 특성상 취약계층 포괄은 제한적일 수밖에 없으며, 이러한 한계를 감안하면 동 지표가 근로장려금에 대한 적정성 평가에서 주된 고려요인은 아니라는 의견이었다.

한편, 지표 자체는 적정성 분석에서 고려할 필요성이 있다고 보더라도, 특정 취약계층을 대상으로 수급 비율을 산출하는 측정 방식에 대해서는 부적절하다고 보는 의견이 다수 제시되었는데, 이는 대체로 취약계층의 범주 자체가 모호함에 기인하고 있다. '취약계층'은 사회적, 경제적 약자를 표현하는 용어로 사용되고 있으나, 어떤 관점에서 사회·경제적 어려움을 보는가에 따라 다양하게 정의될 수 있기 때문이다.16) 근로에 기반한 소득 지원 측면을 고려한다면, 취업과 관련한 취약계층을 고려하는 것이 타당할 것으로 생각되나, 인구학적 요인(연령 등) 이외에 노동시장 측면의 요소로 취약계층(비정규직 등)을 정의할 경우, 이들의 근로장려금 수급 여부를 파악할 수 있는 자료원은 일부 패널조사 자료에 한정되어, 산출된 지표값의 대표성에 한계가 있을 것으로 생각된다. 이에 지표의 수정안 도출시 '포괄성' 측면에서 고려할 수 있는 취약계층 범주에 대한 재검토와 '취약계층' 용어보다는 유형별 범주(예: 가구주 연령, 가구주의 종사상지위 등)를 지표명에 명시적으로 활용하는 방향으로 검토하고자 한다.

〈표 4-7〉 취약계층 포괄 여부 지표 및 측정방안 관련 의견

주요 의견사항
▪ 지표 자체가 적절하다고 보는 의견
- 취약계층을 정책대상자로 포괄하고 있는지 여부는 소득지원이라는 정책목표에 부합하는 지표로 생각됨
- 소득 외에 취약성을 강화시키는 특성을 추가적으로 고려하여 제도에 대한 평가하는 것은 필요함
▪ 지표 자체가 부적절하다고 보는 의견
- EITC 제도는 복지제도가 아닌 근로유인을 위한 부(-)의 소득세로 보는 것이 타당함. 동 지표는 복지제도를 평가하는 기준이 될 수는 있으나 EITC를 평가하는 지표로는 적절하지 못함.
- 단순화된 기준을 활용할 수 밖에 없는 조세제도의 특성상 취약계층 포괄은 제한적일 수 밖에 없음. 이러한 한계를 감안하면 동 지표가 주된 고려요인은 아님
- 근로장려금은 근로능력이 있는 가구를 대상으로 지원하는 정책이므로 여러 가지 이유로 일하는 것이 어려운 취약계층의 포괄 여부를 측정하는 것은 바람직하지 않음
- 노동공급 여부가 제도 수혜에 직접적으로 영향을 주며, 취약계층의 경우 기타 정부 지원의 수혜를 받을 가능성이 높음. 제도 설계(규정) 상 취약계층을 적절히 포괄하고 있다면 굳이 별도의 지표를 설정하는 것의 실익이 크지 않을 수 있음

---

16) 이준섭(2012)에서는 취약계층의 정의 유형을 크게 3가지로 제시하였는데, ① 소득을 고려하여 빈곤계층을 취약계층으로 보는 경우, ② 취업과 관련하여 통상적인 조건에서 취업이 어려운 계층(청년, 장애인, 노령자 등)을 취약계층으로 보는 경우, ③ 인적 특성에 기반하여 여성, 여성가구주, 고령층, 저학력층, 장애인, 소수인종자, 이민자, 북한이탈주민, 교도소 출소(예정)자 등의 인구학적 집단을 취약계층으로 보는 경우 등이 해당함

주요 의견사항
▪ 지표 측정시 취약계층 범주, 대상 취약계층 선정 등과 관련한 의견
- 특정취약계층이 어느 범주에 누가 속하는지가 모호함
- 이 제도에서 취약계층은 노동시장에서의 취약계층으로 접근해야 할 것 같음. 가령, 일을 함에도 저소득상태인 불안정노동자, 단기근로자가 취약계층이지, 노인이 아닌 것 같음
- 취약계층으로 설정된 집단의 범위와 설정의 이유가 적절해야 할 것 같음. 비정규직 근로자, 장애인 등에 대해서는 왜 설정하지 않는지 등 특정 취약계층에 초점을 맞출 경우 정의되지 않은 다른 취약계층이 정책에서 배제된다고 생각할 수 있기 때문에 적절한 집단설정과 근거가 필요
- 노인, 청년, 유자녀 외에도 취약계층에 해당할 수 있는 집단(예: 장애인, 1인가구 등)을 포괄하지 못함
- 근로에 진입을 시작하는(혹은 진입하기 어려웠던) 청년, 근로생활을 연장하기 위해 다시 일자리로 돌아오는(혹은 돌아오기 힘든) 노인을 근로장려금 제도의 취약층으로 설정하는 것은 타당하다고 봄. 그러나 자녀유무의 기준은 제외할 수 있다고 봄
▪ 추가 의견
- 기초생활수급가구 중 참여율이 취약계층 포괄 여부를 측정하기에 더 적합하다고 생각함
- 특정 취약계층의 수급 비율은 취약계층이 자발적으로 본 제도 수혜를 요청하기에 장애요건이 없다는 가정하에 적절하다 사료됨. 만약 취약계층이 본 제도의 수혜를 요청하기까지 어려움이 존재한다면, 본 사업의 취약계층 수급비율은 해당 어려움을 포함한 통계량이므로 측정방안에 개선이 필요하다 사료됨

한편, 추가 의견으로 제시된 '기초생활수급가구 중 근로장려금 수급률'은 근로장려금의 도입 목적을 고려할 때, 소득 지원 정책 목표보다는 근로 장려 정책 목표와 더 연계된 항목으로 판단되며, 후자의 정책 목표와 연계한 적정성 판단 차원에서 추가로 검토하고자 한다.

5) 제도 설계의 소득지원 중점 여부 지표 관련 의견

	지표	측정방안
⑤	제도 설계의 소득지원 중점 여부(소득구간길이)	점증구간 대비 (평탄+점감) 구간 비율

'제도 설계 측면에서 소득지원 중점 여부' 지표는 근로장려금 제도가 개편, 확대되는 과정에서 변화의 방향성, 즉 소득 지원 역할과 근로 장려 역할 중 무엇에 더 강조를 두고 있는지 확인하고자 하는 기초 지표로써

포함되었다. 우리나라 근로장려금 제도는 도입 당시부터 지급액 산정 구간을 점증(근로소득에 증가에 따라 장려금 증가), 평탄(최대 금액 지급), 점감(근로소득 증가에 따라 장려금 감소) 구간으로 구분하여 설계·운영되었다. 이론적으로 노동공급에 대한 정(+)의 효과는 점증 구간에서만 발생할 수 있으며, 평탄 및 점감 구간에서는 부(-)의 효과만 발생하게 된다. 이에 따라, 평탄 및 점감 구간의 확대는 상대적으로 더 많은 장려금을 받는 가구 증가와 이전에는 제도의 혜택을 받을 수 없었던 소득수준의 가구도 대상 가구로 포함하면서 소득 지원의 기능을 강화할 수 있다. 다만, 조사에서 제시된 의견처럼, 어느 산정 구간에 속하든지 근로장려금은 근로 및 사업소득을 기반으로 산출됨으로, 모든 구간에서 근로유인을 완전히 배제하고 있다고 볼 수는 없으며, 한계적 효과(marginal effect) 측면에서 구간별 노동공급에 미치는 영향에 차이가 있다고 보아야 할 것이다.

　소득 지원 정책 목표와 연계된 지표로 동 지표를 활용하는 것에 대한 의견은 긍정적, 부정적 의견이 공존하는데, 긍정적 측면에서는 단순하게라도 근로장려금의 정책이 어떤 목표에 좀 더 중점을 두고 변화하고 있는지 추적·관리하는 차원에서 동 지표가 의미를 갖는다고 보았다. 반면, 지표 자체가 갖는 의미는 긍정적으로 보더라도, 해당 지표를 현재 제시된 방식(점증구간 대비 (평탄+점감) 구간 비율)으로 측정하는 것에 대해서는 부적절하게 보는 시각도 존재한다. 이는 예산 제약하에서 점증, 평탄, 점감 구간별 길이, 점증률, 점감률 등이 유기적으로 결정되고 있음에 기인한 것으로 판단된다. '근로 장려' 목표 관련 차원에서도 점증률, 근로장려금 산정구간별 상대적 길이 지표가 고려되고 있어, 수정안 도출시 동 지표의 활용 방향을 조정하고자 한다.

〈표 4-8〉 제도 설계의 소득지원 중점 여부 지표 관련 의견

주요 의견사항
▪ 지표 및 측정방식이 적절하다고 보는 측면의 의견
- 제도가 두 가지 목표를 동시에 추구하므로 본 지표와 근로유인 증대 관련 지표를 함께 트래킹하는 것은 필요함. 두 정책목표 중 현 EITC 제도가 어느 목표에 상대적으로 더 집중하고 있는지 파악하는 지표로 적절하다고 판단됨.
- 근로장려금이 근로유인과 소득지원 중 어느 것에 중점을 둘 것인지는 논의의 여지가 있는 주제임. 소득지원 기능이 강화되고 있는지는 중요한 평가 지표로 포함하는 것이 바람직하다고 생각함. 측정방식 관련하여 근로장려금의 평탄과 점감구간의 길이가 근로유인보다 복지제도로의 진입을 억제하는 측면이 있는 것은 사실임. 다만, 평탄과 점감구간이 노동을 줄이지 않고 계속하게 하는 효과가 있다는 점에서 근로유인 기능을 완전히 배제하는 것은 아닐 것임
▪ 지표 및 측정방식이 부적절하다고 보는 측면의 의견
- 소득구간길이가 어떤 성과를 측정하는 지표인지 불분명함. 점증구간 대비 (평탄+점감) 구간 비율이 높거나 낮은 모든 경우에 각각의 장단점이 있을 것임. 노동시장 참여를 장려하기 위해서는 점증구간이 확대되고 점증률 또한 높은 것이 바람직하지만 이는 조세지출 부담이 증가하는 단점이 있으며, 평탄 및 점감 구간이 길면 제도 수혜가구의 범위를 넓힐 수 있지만 노동공급을 감소시킬 우려가 존재함.
- 점감구간이 존재하는 것은 EITC 제도 도입의 목적인 근로유인에 반하는 효과가 발생할 수밖에 없는 경계점 부근의 부정적 효과를 차감하기 위해서임. 이를 제도의 소득지원 중점 여부로 판단할 수는 없을 것임
- 구간의 길이 비중보다는 점증구간의 점증율, 점감구간의 점감율(한계세율) 목표를 고려할 필요

6) 소득지원 중점 구간의 수급자 분포 지표 관련 의견

	지표	측정방안
⑥	소득지원 중점 구간의 수급자 분포	가구유형별 (평탄+점감) 구간 수급가구 비중

 동 지표는 '제도 설계의 소득지원 중점 여부' 지표의 산출물 측면에서 고려한 지표로, 다섯 번째 지표에 대한 의견과의 연장선상에서 제시된 의견이 다수였다. '소득지원 중점 구간의 수급자 분포' 지표 및 측정 방식에 대해 부적절하다고 판단한 의견을 중심으로 살펴보면, 근로장려금의 점증, 평탄, 점감 구간별 수급 가구 분포는 거시경제적 상황 등에 따라 변동

될 여지가 큼에 따라, 현재 제시된 측정 방식이 소득 지원에 더 중점을 둔 정책 변화에 따른 산출물로서 의미를 갖기 어려울 수 있다는 점이 지적되었다. 또한, 근로장려금 제도에서 장려금 산정 구간은 근로 및 사업소득 수준으로 결정되므로, 각 구간별 수급자 분포가 엄밀하게 제도 설계 방향에 따라 변화하는 수치라 보기 어렵다는 의견도 제시되었다.

간단히 예를 들어 살펴보면, 소득귀속연도 기준 2018년의 근로장려금 확대 개편은 결과적으로 점증 구간은 상대적으로 짧게, 평탄 및 점감 구간은 길어지도록 변화시켰고 이는 점증률의 증가와 점감률의 감소를 가져왔다. 〈표 4-9〉에서 소득귀속연도 기준 2017년, 2019년, 2023년의 근로장려금 수급 가구 중 장려금 구간별 수급 가구 비율을 보면, 2018년 개정 이후 점증 구간 수급 가구 비율은 감소하고 평탄 및 점감 구간의 수급 가구 비율은 증가했음을 볼 수 있다. 그러나 2019년과 2023년은 산정 구간별 수급 가구 비율에 큰 차이를 보이지는 않고 있어, 상당한 수준의 제도 변화가 있어야만 해당 지표의 값이 변할 것임을 예상해 볼 수 있다. 이에 지표의 수정안 도출 시, 동 지표에 대해 제시된 의견과 소득 구간의 상대적 길이 지표와의 연계를 고려하여, 근로장려금 구간별 수급자 분포가 갖는 함의를 재검토함으로써, 지표로의 포함 여부를 판단하고자 한다.

〈표 4-9〉 연도별 근로장려금 수급가구의 장려금 산정구간별 비율

연도 (소득귀속연도)	점증구간 수급가구 비율	평탄구간 수급가구 비율	점감구간 수급가구 비율	합계
2017년	0.49598	0.17110	0.33291	1
2019년	0.31224	0.22872	0.45904	1
2023년	0.32126	0.22406	0.45469	1

〈표 4-10〉 소득지원 중점 구간의 수급자 분포 지표 관련 의견

주요 의견사항
▪ 지표 자체가 부적절하다고 보는 의견 관련
- 5번 지표를 통해 제도 정책목표의 상대적 중요성(혹은 상대적 중요성의 이전 대비 변화)이 파악이 가능하며, 6번 지표의 경우 해당 연도의 거시경제적 상황 등에 따라 변동될 여지가 클 것으로 생각됨. 1번 지표(적절한 소득기준 설정)에서 점감 구간의 상한액(EITC 수급이 가능한 가구유형별 소득상한액)이 적절히 설정된 것인지 추가로 트래킹한다면 1번과 5번 지표를 통해 어느 정도 원하는 바를 파악할 수 있을 것으로 보임
- 점감구간이 존재하는 것은 EITC 제도 도입의 목적인 근로유인에 반하는 효과가 발생할 수밖에 없는 경계점 부근의 부정적 효과를 차감하기 위해서임. 이를 제도의 소득지원 중점 여부로 판단할 수는 없을 것임. 다만, 실제 자료를 통해 구간별 수급가구의 수를 살펴보는 것은 정책도구로 참고할 수 있을 것임.
- 구간별 수급자 분포는 제도설계로 인해 수치가 달라지는 것이 아니라 수급자의 소득에 따라 연동되므로 이 지표를 제도의 적정성이라고 보기 어려울 것 같음
▪ 지표의 의미와 측정방식 간의 괴리 관련
- 구간별 수급자 분포 및 가구비중을 파악하는 것은 중요함. 하지만 소득지원 중점 구간이라는 지표 의미에 동의하지 않음
- 평탄 및 점감 구간의 수급가구 비중을 살펴보는 것은, 추후 제도 설계 단계에서 해당 구간 설정의 적절성을 검토하는 데 참고자료로 활용될 수 있다는 의미를 가질 수 있음. 그러나 이를 지표로 설정하고, 평탄 및 점감 구간에 수급가구 비중이 높을수록 긍정적인 평가를 부여하는 것이 과연 적절한 판단 기준인지에 대해서는 명확한 근거와 타당성이 부족하다고 판단됨
▪ 추가 의견
- 가구유형별 구간 수급가구 비중보다는 수급가구의 변동성을 측정해 볼 것을 권함. 점증 구간에서 평탄구간으로 이동하는 가구 비중, 평탄구간에서 점감 구간으로 이동하는 비중 등을 조사하면 근로장려금 본연의 성과를 달성하는가를 설명하는데 도움이 되는 지표가 될 수 있다고 생각함
- 가구유형별이라는 의미를 유형별 다 합쳐 하나로 처리한다는 것인지 각각에 대해(가중치를 두어) 구분해 나누어 측정을 한다는 것인지가 명확하지 않아 이런 면을 좀 보완할 필요가 있음

2. 「보장 수준」 차원의 지표 및 측정방안

'보장 수준' 차원은 소득지원 정책목표와 연계된 것으로, 근로빈곤층이 빈곤 상태에 놓이지 않도록 근로장려금이 적절한 혹은 필요한 만큼의 급여 수준을 제공하고 있는지 파악하기 위해 포함되었다. 해당 차원에서 첫

번째 및 두 번째(최대지급액, 평균 지급액 수준) 지표는 급여의 충분성 정도를, 세 번째 지표는 제도 설계 측면에서 가구원수 미고려에 따른 급여 수준 형평성을 파악하기 위한 것이다. 마지막 지표는 지급액 규모 측면에서 근로빈곤 상태에 있는 가구에 얼마만큼의 급여가 지급되고 있는지 살펴봄으로써 빈곤개선 효과가 나타날 수 있는 방향으로 제도가 운영되고 있는지 파악하고자 포함하였다.

1) 최대지급액 수준 지표 관련 의견

	지표	측정방안
⑦	최대 지급액 수준	가구유형별 1인당 GNI 대비 최대지급액 수준 범위

'보장 수준' 차원 지표 중 하나인 '최대지급액 수준'은 기본적으로 제도 설계 내용을 반영한 것이며, 해당 지표에 대해서는 직관적으로 이해할 수 있기에 대부분 적절하다는 의견을 제시하였다. 다만, 지표의 측정 방식에 있어서는 현재 분모에 들어가는 변수로 제시된 '1인당 GNI' 대신 다른 소득변수가 여러 가지 제안되었다. 초안으로 제시한 '1인당 GNI'는 국가 단위에서의 소득 수준을 나타내는 변수로, 국가간의 근로장려금 제도의 비교 측면에서 유용성을 고려하여 제시한 측면이 있다. 그러나 현재의 적정성 분석모형 틀을 국내에서의 근로장려금 정책 현황 변화에 중점을 두고 활용하고자 한다면, 과반의 응답으로 제시된 가구(평균)소득을 고려하는 것이 두 번째 지표(평균지급액 수준)와의 일관성 측면에서도 더 나은 선택일 수 있다고 판단된다. 이외에도 분모에 활용할 수 있는 변수로 가구소비 수준, 저소득근로자의 평균 임금, 빈곤선(최저생계비, 또는 중위소득 대비 비율 등) 등이 제시되었으며, 다른 한편으로는 명목 금액에 더해 '실질 최대지급액'을 고려하는 것에 대한 의견도 제시되었다.

〈표 4-11〉 최대 지급액 수준 측정방식 관련 의견

주요 의견사항
▪ 1인당 GNI 대안 변수 관련
- 근로장려세제는 가구단위로 지원하는 제도이므로 가구유형별로 가구 평균 소득 대비 최대지급액을 측정하는 것이 바람직하다고 생각함
- 근로장려금의 지급단위가 가구이므로 1인당 국민소득보다 가구소득이나 가구소비 등이 조금 더 적절한 비교가 되지 않을까 생각함
- 가구유형별 1인당 GNI가 기준이 아니라 저소득근로자의 평균 임금 대비로 설정하는 것을 제안
- 가구 유형별 GNI 대비 최대지급액이 아니라 일반적으로 사용되는 통계청의 가구평균 소득액 최대 지급액수준을 설정할 필요가 있음
- 근로장려금을 가구소득을 사용해도 무방할 것임. 통계층 가계금융복지조사 자료도 한 방법
- 가구 유형별 빈곤선을 기준으로 책정하는 것이 적절하다고 판단됨
▪ 추가 의견
- 가구유형별 1인당 GNI는 가계 수입과 연관이 있는 지표로 보는 시각에서는 어느 정도 가정하에서는 합리적일 수 있으나 소득지원이라는 측면에서는 부적절
- 제도의 지급액만으로 가구의 소득을 온전히 보장하는 것이 목표는 아니므로, 제도 지급액을 적절한 물가지표(저소득 가구의 소비패턴을 반영할 수 있는)로 실질화한 "실질 최대 지급액"을 지표로 고려해볼 수 있을 것으로 보임
- 결국 세수대비 지출 수준을 고려해야하기 때문에 세수에 직접적으로 영향을 주는 gdp를 기준으로 주요국과 비교하는 것도 적절할 수 있음
- GNI를 기준으로 삼을 경우, 지역별 경제적 격차를 충분히 반영하지 못할 가능성

2) 평균 지급액 수준 지표 관련 의견

	지표	측정방안
⑧	평균 지급액 수준	수급가구 전체 및 가구유형별 평균지급액

앞서 살펴본 '최대지급액 수준'은 제도 설계 측면에서의 지표였다면, '평균 지급액 수준'은 산출물 측면 지표로 포함되었다. 동 지표에 대한 의견을 보면, 소득지원 측면에서 총지출액이 아닌 가구의 평균적인 지급액 수준에 대한 추적이 필요한 것에는 대체로 동의하는 의견이 나타났다. 다만, 근로장려금 제도의 구조상 점증 구간에서는 근로 및 사업소득이 증가

할수록 산정되는 급여 수준이 증가하지만, 점감 구간에서는 반대로 급여 산정액이 감소하게 되므로, 수급가구 전체 또는 가구유형별로만 평균 지급액을 살펴보면, 산출된 값이 증가 또는 감소할 때 이를 보장 수준의 적절성 측면에서 해석하기 어렵다는 의견이 제시되었다. 근로장려금 산정 방식에서 발생할 수 있는 이러한 한계점을 고려할 때, 보완책으로 데이터의 활용가능성에 따라 점증 및 점감 구간에서의 평균지급액 수준을 함께 사용하는 것을 추가로 고려할 수 있어 보인다. 다만, 과세자료를 직접 이용하지 않는 경우, 점증 및 점감 구간을 나누는 '총급여액 등'의 변수가 조사자료에서 그대로 구현되기 어려운 점을 감안한다면, 수급가구의 소득분위별 평균지급액을 살펴보는 것도 대안적인 방안으로 고려해볼 수 있다.

한편, 절대적 값으로 산출하는 현재의 측정 방식보다는 가구소득 대비 지급액 비율 또는 저소득근로자의 중위임금 대비 평균지급액 비율과 같이 비율 변수를 보는 것이 더 적절하다고 보는 의견도 제시되었다. 급여 수준의 충분성 개념에서 본다면, 가구소득 중 근로장려금이 어느 정도의 비중을 차지하는지 살펴보는 것 또한 적절하다고 판단된다. 이에 추후 지표 수정안에서 첫 번째 지표와의 비교 측면에서 절대적 금액으로 산출한 지급액 이외에도 가구의 평균(시장)소득 대비 평균 근로장려금 비율을 추가로 고려해보고자 한다.

〈표 4-12〉 평균 지급액 수준 지표 및 측정방안 관련 의견

주요 의견사항
▪ 소득구간별 장려금 산정 방식 미고려 관련
- 최대 지급액에 이어 평균지급액을 보는 것이 적절하긴 하지만, 수급자의 점증과 점감의 분포와 구성에 따라 평균액이 달라질 수 있을 것 같음. 수급자 구성에 따라 수치가 달라질 때 이를 보장수준이라고 보기 어려울 수도 있을 것 같음
- 평균지급액 수준을 본다면, 점증, 평탄, 점감 구간에 속한 비율에 따라 달라질 것인데, 지급액의 수준이 높아질수록 좋은 것이라면 평탄구간에 속한 경우가 많을 때 지표가 긍정적으로 나타날 것임. 만약, 근로소득이 높아져 점감구간에 속한 비율이 높아진다면 이때 지표가 부정적으로 가는 것이 적절할 것인지 의문임
- 가구유형-소득구간별로 더 세분화하여 살펴보는 것도 좋을 것임
▪ 측정방안 산출방식 관련 의견
- 지급액이 전체 가구소득에서 어느 정도 비중을 차지하는지 보는 것이 적정성의 기준이 되어야 할 것임. (최대 급여액 등 급여액의 적정성은 소득과 비교되어야 한다고 생각됨)
- 제도 지급액에 대한 트래킹은 필요함. 앞서 응답한 바와 같이 제도 지급액을 적절한 물가지표(저소득 가구의 소비패턴을 반영할 수 있는)로 실질화한 "실질 평균 지급액"을 보완적으로 고려해볼 수 있음.
- 근로세대 저소득근로자의 중위임금 대비 평균지급액으로 측정해도 좋겠음
- 평균값은 극단값(지나치게 높은 값 또는 낮은 값)에 영향을 받을 수 있으므로, 중위값 등 추가적인 지표와 병행 필요
- 평균 지급액만으로는 수급 가구 간 지급액의 분포와 불균형을 파악하기 어려우며 추가적으로 중위값, 표준편차 등을 분석해야 정책의 균형성을 판단할 수 있을 것임
▪ 추가 의견
- 비수급가구를 포함하여 전체 가구 소득 대비 평균지급액의 비율을 보는 것이 더 바람직할 수도 있다고 생각함
- 평균 지급액은 수급 가구 내부의 효과를 잘 보여주지만, 전체 소득분포에서 어떤 효과를 발휘했는지 이해하려면 비수급 가구와의 소득 변화 비교도 필요함

3) 부양자녀수에 따른 지급액 형평성 지표 관련 의견

	지표	측정방안
⑨	부양자녀수에 따른 지급액 형평성	홀벌이 가구의 부양자녀수별 빈곤선 대비 최대지급액 수준(자녀장려금 최대지급액 함께 고려)

'부양자녀수에 따른 지급액 형평성' 지표는 근로장려금 제도 도입 이후 최근까지 논의된 사항에 기반하여, 제도 설계 측면에서 부양자녀수(또는 가구원수)를 고려하지 않음에 따라 나타날 수 있는 형평성 이슈를 다루고자 포함하였다. 해당 지표에 대한 의견 사항들을 보면, 약 3분의 1정도는 근로장려금의 적정성을 판단하는데 동 지표는 부적절하다는 의견을 제시하였다. 이에 대한 이유로 현행 근로장려금이 부양자녀수에 따라 지급액을 차등하여 산정하고 있지 않다는 점, 자녀장려금 제도가 별도로 운영되고 있다는 점 등을 들고 있다.[17] 동 지표의 측정방안과 관련된 의견을 보면, 현재 홑벌이를 기준으로 제시되어 있으나 맞벌이 가구도 함께 고려할 필요성,[18] 최대급여액 수준을 상대적으로 나타내기 위해 활용하고자 했던 빈곤선에 대한 정확한 정의 필요성 등이 제시되었다. 전반적으로 제시된 의견을 종합적으로 고려할 때, 동 지표의 간결한 산출은 상당한 어려움이 있을 것으로 예상되어 지표로써의 활용도에 대한 재검토가 필요하다고 판단된다.

〈표 4-13〉 부양자녀수에 따른 지급액 형평성 지표 및 측정방안 관련 의견

주요 의견사항
▪ 지표 자체의 적절성에 관한 의견
- 현재의 근로장려세제는 부양자녀수에 따른 지급액 차등이 없으므로 이를 지표로 설정할 필요는 없다고 생각함
- EITC 제도와 더불어 자녀장려세제 또한 함께 도입되어 부양자녀수에 따른 지급은 다른 제도로 이관된 상황임. 이를 기준으로 EITC를 평가할 수는 없음.
- 자녀장려금이 있지만 여전히 가구원수는 근로장려금에서 고려되어야 한다고 생각됨-가구원수에 따른 형평성 필요

---

17) 근로장려금 도입 초반에는 부양자녀수에 따라 소득 기준 및 근로장려금 지급액에 차이가 있었으나, 현재의 가구유형별 산정방식으로 전환하면서 자녀장려금 제도가 도입됨.
18) 실질적으로 맞벌이 가구의 경우, 총소득요건 기준이 완화되었음에도, 여전히 제도 내에 포괄되기에는 소득 수준이 높은 가구가 더 많을 것으로 판단되어 홑벌이 가구를 기준으로 설정하였으나, 향후 추가적인 검토는 가능할 것임

주요 의견사항
- 자녀장려 부분을 고려하기 위한 보장수준이라면 순수하게 〈부양자녀수에 따른 지급액 수준〉으로 명명하는 것이 낫다고 보여짐. 〈형평성〉이라는 이름은 가령, "동일노동에 종사했음에도 소득의 차이가 왜 나는가?"의 형평성 등과 같은 가치적인 측면이 있고, 그 기준을 부양자녀수로 한다는 것은 적절하지 않다고 봄. 만약 〈형평성〉을 강조하고 싶다면 소득과 관련한 〈지급액 형평성〉이라는 지표로 하는 것이 더 나아 보임
▪ 측정방안 관련 의견
- 자녀장려금까지 포함하여 포괄적으로 판단할 필요
- 맞벌이 가구에 대해서도 살펴볼 필요성
- 최근 맞벌이가 증가하고 있음을 고려할 때, 맞벌이를 포함하여 모든 가구 부양자녀수별로 설정하는 게 더 적절한 것으로 판단됨
- 빈곤선을 어떤 정보로 활용할지 불분명함. 보건복지부의 기준중위소득인지, 통계청의 중위소득인지 모호함. 통계청의 중위소득은 가구원수별로 산출되는 것이 아닌 개인단위로 발표되는 것이라 정확한 용어정의가 필요함
- '부양자녀수별 빈곤선' 의미가 무엇인지? OECD 가구균등화 지수에서 사용한 방법(즉 가구원 중 성인과 아동의 생계비를 다르게 계산하는 방법)을 말하는 것인지, 만약 그렇다면 나름 적절한 평가방식이라고 말할 수 있음. 하지만 국내의 복지제도에서 이를 별도로 추정하지 않고 있음
▪ 추가 의견
- 부양자녀수에 따른 지급액 산정을 측정한다면 양육비 산정기준표 및 표준양육비 등을 참고하는 것은 어떠한지 의견

4) 빈곤가구 지급 수준 지표 관련 의견

	지표	측정방안
⑩	빈곤가구 지급 수준	근로장려금 총 지급액 대비 빈곤선 기준 이하 가구에만 지급된 금액 비중

'보장 수준' 차원의 지표로 '빈곤가구 지급 수준'을 고려하는 것에 대해서는 대체로 적절하다고 보는 의견이 많았으나, 지표가 갖는 의미 자체의 적절성에 동의하더라도 해당 지표의 측정 방안에 대해서는 부적절하게 보는 의견도 다수 제시되었다. 우선, 지표 자체를 적절하다고 보는 의견은 근로장려금 제도가 빈곤층만을 직접적으로 표적하고 있지 않으나, 저소득층의 경제적 자립을 유도하고자 함을 고려할 때, 빈곤가구(혹은 소득

취약계층)에게 적절히 배분되고 있는지를 파악하는 것이 필요하다는 관점에 기반하고 있다. 반면, 지표 자체를 부적절하다고 보는 의견은 근로장려금 제도를 복지정책의 관점에서 판단하는 것이 적절하지 않으며, 근로 활동에 연계되어 장려금이 결정되기 때문에 빈곤가구에 대한 지급 정도를 지표로 고려하는 것은 적절하지 않다고 보았다. 또한, 빈곤가구의 경우 근로장려금 이외 복지 성격의 정책 지원을 많이 받고 있으므로, 근로장려금 제도의 적정성 파악을 위한 측면에서 동 지표를 고려하는 것은 실효성이 크게 없어 보인다는 의견도 제시되었다.

지표의 측정 방안과 관련하여 전체 지급액 대비 빈곤가구에 대한 지급액 비중은 빈곤가구에 재원이 얼마나 배분되었는지를 보여주기에 일반적으로 이해되는 보장 수준(benefit level)의 개념과는 다소 맞지 않아 보인다는 의견이 있었음을 고려할 때, 현재 제시된 지표 및 측정 방안은 보장 범위 차원의 지표로 이해될 가능성이 높아 보인다. 이에 지표 수정안 도출시 기술통계량 수준에서 산출할 수 있는 '근로장려금 수급 전후에 따른 상대빈곤율 변화' 등으로 대체하는 방향을 검토하고자 한다.

〈표 4-14〉 빈곤가구 지급 수준 지표 및 측정방안 관련 의견

주요 의견사항
▪ 지표 자체가 부적절하다고 보는 의견
- 복지제도로 EITC를 평가하는 것은 적절하지 않음
- 근로활동에 연계된 제도이므로 빈곤가구 지급수준을 지표로 설정하기에는 부적절
- 근로장려금의 정책 설계상 빈곤가구 내에서도 소득수준에 따라 지급액이 많을 수도 있고(평탄구간 포함시) 적을 수도 있어서(점증구간 포함시) 빈곤가구 지급수준을 가지고 근로장려금 정책의 보장 수준을 논하는 것은 사회보장제도의 잣대로 근로장려금을 비교한다는 인상을 주기 때문에 바람직한 비교가 아니라고 생각함. 보장 범위의 지표인 포괄범위로 갈음할 수 있다고 생각함
- 저소득층에게 지급된 금액의 비중으로 근로장려금이 목표로 한 저소득층에게 지급되었는가를 평가하려는 의도로 생각됨. 이것이 보장수준 하위 항목이 맞는지, '빈곤가구 지급 수준'이라는 지표명이 적정한지 의문이 있음

주요 의견사항
- 지표의 이름과 측정기준이 다른 의미를 갖고 있음. 지표는 지급수준인데, 측정기준은 근로장려금 중 빈곤층에게 지급된 재원 비중을 의미한다는 점에서 일치하지 않음
- 빈곤가구에 대해서는 복지 성격의 기타 지원이 많기 때문에 EITC 단독으로 해당 지표를 측정하는 것은 실효성이 다소 떨어질 것으로 보임.
▪ 측정방안 관련 의견
- 제시된 측정값은 전체 근로장려금 지급액 중에 빈곤선 이하 가구에게 지급된 금액의 비율만 알 수 있으므로 이 값으로 빈곤가구 지급수준을 평가하기에 한계가 있음. 빈곤선 기준 이하 가구의 평균 가구소득 대비 이들 가구의 평균 지급액 비율을 측정하는 것이 더 바람직할 수 있음
- 빈곤가구 지급 수준을 측정하는 방안으로 금액을 제시하고 있는데, 이보다는 수급 가구 가운데 빈곤선 이하 가구 비율을 살펴보는 것이 보다 적절할 것 같음
- 분모를 총지급액으로 정하면 점감구간의 비중이 증가할 때 오히려 수치가 줄어들 수 있을 것 같음. 총지급액 대비 빈곤선 기준 이하 가구에게 지급된 금액 비중보다 빈곤선 기준 금액 대비 월단위로 환산한 평균 지급액으로 측정해도 좋을 것 같음

3.「유인제공」차원의 지표 및 측정방안

'유인제공' 차원은 근로 장려 정책목표와 연계된 것으로, 저소득가구에 근로유인을 제공하는 방향으로 정책이 운영되고 있는지 파악하기 위해 포함하였다. 대체로 제도 설계 측면의 지표로 구성하였는데, 근로하지 않을 때보다 일을 할 때 더 높은 소득을 얻을 수 있는지, 그리고 이론적으로 노동 공급이 확대될 수 있는 점증 구간의 특성 관련 지표, 근로장려금과 노동 공급 측면에서 연계될 수 있는 기초생활보장제도(생계급여), 최저임금제와의 관련 지표 등을 제시하였다.

1) 실질적 근로유인 제공 지표 관련 의견

지표		측정방안
①	실질적 근로유인을 제공하는가	근로장려금 수급가구와 미수급가구의 가처분소득 수준 비교

실질적 근로유인 제공 지표에 대한 응답 결과를 보면, 근로유인의 제공 여부에 대한 지표를 고려하는 것에 대해서는 대부분 적절하다는 의견이었으나, 해당 지표를 측정하는 방식에 대해서는 부적절하다는 의견이 다수로 나타났다. 초안의 측정 방안은 시장소득뿐만 아니라 사적·공적 이전소득, 세금 등을 모두 고려한 가처분소득이 실질적으로 더 높아야 근로유인을 제공할 수 있다고 판단하여 제시하였으나, 가처분소득을 근로유인 강화에 대한 명확한 근거로 보기 어렵다는 의견이 다수 제시되었다. 다만, 일부 의견에서는 가처분소득이 갖는 한계점에도 불구하고, 뚜렷한 대안이 없어 보이기에 제시된 바대로 측정하는 방안, 수급 가구와 미수급 가구의 조건을 유사하게 설정하여 산출할 필요성 등을 제시하였다. 소득을 기준으로 근로유인 제공 여부 판단시, 가처분소득 이외에 '근로유인'과 보다 명시적으로 연결되는 시장소득(근로+사업소득) 변화, 수급가구의 t년도 대비 t+1년도의 시장소득 변화를 고려하는 의견도 제시되었다.

한편, 근로유인 측면과 관련하여서는 산출물 단위의 지표로 파악하기에는 한계가 있고 정교한 분석이 필요하므로, 해당 지표를 고려하는 것이 크게 의미 있어 보이지 않는다는 의견도 있었다. 전반적으로 제시된 의견을 종합할 때, 가구소득과 노동시장 관련 변수를 함께 파악할 수 있는 것은 현재 패널자료에 국한되며, 시장소득만으로 근로유인을 파악하기에는 일하지 않는 경우 시장소득이 발생하지 않기에 지표의 의미를 반영하지 못할 것으로 판단되어, 동 지표 및 측정 방안은 제외하는 방향으로 수정안을 검토하고자 한다.

〈표 4-15〉 실질적 근로유인 제공 지표 및 측정방안 관련 의견

주요 의견사항
▪ 적절하다는 의견 관련
- 유사한 조건을 기준으로, 수급가구와 미수급 가구의 가처분 소득 파악 필요
- 가처분소득 수준 비교는 소득 분포의 차이를 보여줄 수는 있지만, 이러한 차이가 근로장려금이 실제로 근로 유인을 강화했는지에 대한 명확한 근거를 제공하지 못함. 그러나 이 지표를 측정할 수 있는 적합한 측정방안을 제시하는데 한계가 있다는 점을 고려하면 대안이 없는 상황에서 제시한 측정방안을 부적절하다고 말하기 어려울 것 같음
▪ 다른 소득 변수 활용 관련
- eitc가 근로유인을 한다는 것을 평가하기 위해서는 시장소득, 특히 근로소득의 변화를 평가해야함. 가처분소득은 이전소득들이 포함되어 실제로 근로시간 및 참여로 인한 것인지 판단하기 어려움.
- 측정기준은 시계열적으로 t와 t+1의 근로소득/사업소득 증가에 국한하는 것이 더 타당하다고 생각됨
- 근로유인 효과의 측정방식을 가처분소득으로 하는 것은 문제가 있다고 보여짐. 가처분소득에는 근로소득 외에도 불로소득 역시 포함되어 있기 때문임. 가처분소득이 아닌 순수하게 근로소득으로 수준을 비교하는 것을 대안으로 추천함
▪ 노동시장 관련 변수 활용
- 이 제도로 노동공급이 증가했는지 평가해야 하므로 수급가구와 미수급가구 간 근로시간의 차이를 비교하는 것이 더 적절하다고 생각함
- 가처분소득 수준보다 산출지표인 노동참여율이나 근로일수를 비교해야 한다고 생각함.
- 추가로 실제로 유인된 총근로시간을 살펴보는 것도 좋겠음
- 근로유인을 측정하는데 가처분소득 수준을 비교하는 것은 적절하지 않으며 구직활동건수나 취업여부, 평균 취업기간등을 고려해 볼 수 있음
▪ 지표 자체가 부적절하다는 의견 관련
- 근로유인효과는 실제 분석을 통해 제시되어 할 것이며 단순한 요약통계량으로 살펴보는 것은 불가능함
- 근로장려금 수급가구와 미수급가구에 대한 분석은 표본선택(sample selection)에 따른 편의(bias)가 발생할 우려가 있음. 박지혜, 이정민(2018)에서 소개된 수급자격여부에 따른 노동선택 반응을 경제학적 방법론으로 비교하는 것이 대안이라 할 수 있겠음
- 이미 근로활동 여부에 따른 선택 편의가 있음
- 대안적으로, 노동 공급 결정에 대해 보다 직접적인 측정(정기 설문조사, 실증분석 등)이 더 적절하다고 보임. 다만, 이러한 지표는 도출하는 데 많은 시간이 필요하고 그 신뢰성에 의문이 제기될 수 있음

주요 의견사항
▪ 추가 의견
- 가처분소득 수준 비교가 근로유인을 제공하기 위해서는 수급 금액의 차이가 엄청나서 누구나 근로를 희망하게 만들어야 가능한 부분이라 생각됨. 다만 이를 만족하기 위해서는 전체적인 저소득층에 대한 특성 고려가 필요함. 저소득층의 경우 고숙련 노동자가 적은 계층이며, 고용률도 상대적으로 낮기 때문에 자율적으로 노동공급을 증가시킬 수 있는 상황이 아닐 가능성이 높음. 따라서 노동공급탄력성이 높은 상황에 부합하는지 여부를 먼저 확인하는 작업이 선행될 수 있는 측정방식이 적절하다고 사료됨
- 근로유인은 수급자가 참여 전후 근로시간 혹은 근로기간이 늘었는지를 평가하는 것임. 다른 미수급가구의 비교는 적절하지 않은 것 같음. 미수급가구의 경우 여러 대상과 계층, 다른 환경적 요인 등에 의해 영향을 받을 수 있어 정확한 근로유인 효과를 측정하기는 쉽지 않을 것 같음
- 근로장려금 수급가구와 미수급가구의 가처분 소득수준 비교는 근로유인 효과 판단과 논리적으로 잘 연결되지 않는 것 같음. 종단 분석 성격이라 번거로울 수 있지만 수급자의 노동시장 진입과 유지, 이행의 내용을 확인한다면 근로 유인 효과를 파악할 수 있지 않을까 제안해 봄

2) 제도 설계의 근로장려 중점 여부 지표 관련 의견

	지표	측정방안
②	제도 설계의 근로장려 중점 여부	점증구간의 점증률
		(평탄+점감) 구간 대비 점증 구간 비율

제도 설계 측면에서 근로 장려 중점 여부 지표는 소득 지원 정책목표 측면의 '소득 지원 중점 여부' 지표와 매칭되는 지표로 포함되었다. 근로장려금 산정 구간에서 점증 구간은 실질적으로 근로 유지, 확대보다는 노동시장 진입(외연적 노동공급 확대, extensive margin)의 효과를 기대할 수 있는 구간으로, 동 지표를 고려하는 것에 대해서는 대체로 적절하다는 의견이 많았으나, 지표명을 더 직접적으로 이해할 수 있는 표현으로 바꿀 필요가 있다는 의견이 제시되었다.

지표의 측정 방안으로 점증 구간의 점증률과 '평탄+점감' 구간 대비 점증 구간 길이 비율을 제안하였는데, 점증률을 보는 것에 대해서는 대체로 적절하다는 의견이 많았으며, 이는 이론적으로 점증 구간에서 노동공급에 정(+)의 효과가 나타날 수 있음에 기인한 것으로 판단된다. 다만, 점증률, 점감률, 산정 구간별 소득 범위 등은 제도 지원 대상의 규모와 지원액에 따라 상대적으로 결정되기에 점증률만으로 '제도 설계'를 평가하는 것은 적절하지 못하다는 의견도 제시되었다. 두 번째로 제시한 상대적 소득 구간 길이 비율의 경우, 추가로 고려할 필요가 없다는 의견도 있었으나, 소득 구간 길이를 다르게 정의하는 방안도 제시되었다. 후자 의견과 관련하여 소득 구간 길이보다 점감률이 근로유인(근로유인 저해 효과 완화 측면)을 보여주기에 더 나은 지표라는 의견이 있었고, 점감 구간(점감률)의 특성을 고려한다면, 점감 구간이 너무 길거나 가파른 것은 지양해야 하므로, 상대적인 소득 구간 길이를 '점증+평탄' 구간과 점감 구간으로 보는 것을 제시하였다. 여러 의견을 종합적으로 고려할 때, 장려금 산정 구간에 따른 상대적 소득 길이를 어떻게 정의하여 고려할지에 대한 검토가 필요해 보인다.

〈표 4-16〉 제도 설계의 근로 장려 중점 여부 지표 및 측정방안 관련 의견

주요 의견사항
▪ 지표명 관련
- 소득지원과의 균형감을 고려할 필요. 하지만 제도 설계에서 근로장려 여부는 고려되어야 한다고 생각됨. '중점' 대신 '고려'를 사용하는 것을 제안함
- 제도 설계의 근로장려 인센티브 수준 등 보다 직접적인 워딩으로 전환할 필요가 있음
▪ 지표 측정방안 중 점증률 관련
- 대체로 적절하다는 의견이 다수
- 점증률과 점감률은 제도 지원 대상의 규모와 지원액의 규모에 따라 상대적으로 결정되기에 점증률만으로 제도설계를 평가하는 것은 적절하지 못하다고 생각함
▪ 지표 측정방안 중 소득구간 길이 적절 여부 관련
- 근로유인은 점증구간에서만 나타나므로 점증률과 점증구간의 크기만 평가하면 된다고 생각함. 평탄+점감 구간의 크기는 재원의 크기에 달려있으며, 이 구간은 근로유인 제고 효과가 없으므로 굳이 이를 평가할 필요는 없다고 생각함

주요 의견사항
- 부적절하다기 보다는 "점증구간의 점증률"로 대체가능하다고 판단됨
- 평탄+점감구간의 길이와의 비교가 근로장려 '중점'이라고 말할 수 있는지는 의문임. 이 어지는 지표 3~4번째 등이 이를 보완하는 기능을 하는 것으로 충분하지 않을지
- 상대적 구간 비율이 근로유인 효과를 반영한다고 보기 어려움
▪ 지표 측정방안 중 소득구간 길이 대안 관련
- 점감구간이 너무 길거나 가파른 것은 지양할 필요가 있음. 따라서 점증+평탄 구간 길이 대비 점감구간의 길이 정도로 살펴보는 것이 좋을 것 같음.
- 이론과 달리 실제 노동시장에서는 근무시간을 유연하게 조정할 수 없다는 점, 그리고 정책에 대한 이해가 있는 사람들은 최대지급액 수급을 감안하고 노동 결정을 한다는 측면에서 (점감) 구간 대비 (점증+평탄) 구간 비율을 추가로 보는 것도 의미가 있겠음
- 정확하게 무엇을 의미하는지 다소 모호하나, 설계상 사다리꼴 총 면적 중 평탄, 점감 면적 대비 점증구간 면적을 의미한다고 고려할 때, 점증의 기울이가 클수록, 면적이 좁을수록 최단시간 노동자의 근로장려 수준이 높다고 할 수 있으므로 적절해 보임
- 전체 구간에서 점증구간의 크기가 어떤 경제적 의미를 갖는지 알 수 없음. 점감률이 나은 지표
▪ 추가 의견
- 이 지표의 두 가지 측정방안은 서로 연계되어 있다고 생각함. 점증률이 높을수록 점증구간이 짧아지는 구조라고 생각함. 그래서 두 지표 중 하나만 선택해도 좋다는 의견이며, 둘 중 고른다면 평탄및점감구간 대비 점증구간의 비율이 보다 제도 설계를 잘 반영한 측정방안이라 생각함

3) 근로 장려 중점구간의 수급자 분포 지표 관련 의견

	지표	측정방안
③	근로장려 중점 구간의 수급자 분포	가구유형별 점증 구간 수급가구 비중

근로 장려 중점구간의 수급자 분포 지표는 기본적인 산출물 단위 지표로, 근로장려금 수급 가구 중 점증 구간에 속하는 수급 가구 비율을 측정 방식으로 제시하였다. 응답 결과를 보면, 대체로 동 지표를 고려하는 것은 적절하다고 보았으나, 약 3분의 1 정도 부적절하다는 의견도 제시되었다. 구체적으로 점증 구간의 수급 가구 비중만으로 제도의 근로유인 '중점' 정도를 판단하기 어렵다는 의견, 수급자 분포는 거시경제적 상황에

따라 변동 여지가 클 수 있고, 이미 앞서 제시된 제도 설계 측면 지표로 정책목표의 상대적 중요성 정도는 파악할 수 있다는 의견 등이 제시되었다. 측정 방안과 관련한 의견으로는 외연적 노동 공급 확대 효과 파악을 점증 구간과 평탄 구간을 모두 포함하여 수급 가구 비중을 살펴봐야 한다는 의견이 있었다. '23년 기준 가구 유형별 평탄 구간의 소득수준(단독: 400~900만 원, 홑벌이: 700~1,400만 원, 맞벌이: 800~1,700만 원)을 고려할 때, 노동시장 참여시 바로 평탄 구간으로 진입할 가능성도 높으므로, 이를 함께 고려할 필요성이 있어 보인다.

한편, 수급 가구 분포가 근로유인 측면에서 의미를 갖는 지표로 활용되기 위해서는 모든 사람이 근로장려금 지급액의 결정 구조에 대해 잘 이해하고 있는 전제가 있어야 한다는 의견이 제시되었다. 일반적으로 임금근로자는 자신의 근로 시간을 변화시키기 어렵기는 하나, 근로장려금 지급액 결정 구조에 대한 인지 여부는 정책의 전반적인 효과에도 유의미한 영향을 미칠 수 있다고 판단되어, 해당 항목을 수정안에서 별도의 지표로 포함하고자 한다.

〈표 4-17〉 근로장려 중점구간의 수급자 분포 지표 및 측정방안 관련 의견

주요 의견사항
▪ 지표 자체에 대한 부적절 관련
- 이 측정기준 하나만으로 근로유인 중심이라고 평가하기는 힘들 것이나, 측정방안은 지표에 상응한다고 판단
- 앞 지표를 통해 제도 정책목표의 상대적 중요성(혹은 상대적 중요성의 이전 대비 변화) 파악이 가능함. 3번 지표의 경우 해당 연도의 거시경제적 상황 등에 따라 변동될 여지가 클 것으로 생각됨
- 단순히 가구유형별 점증 구간 수급가구 비중으로만 측정할 때 점증구간에 실제 노인가구가 많이 분포해 있으므로, 노인일자리 참여자가 많아지면 점증구간 비중도 늘어날 수 있음
- 점증 구간의 비중만으로는 전체 정책 효과를 평가하기 어려움. 예를 들어, 점증 구간 내 비중이 높더라도, 실제 지급액이 낮거나 빈곤선 이하 가구가 소외되었다면 정책 효과는 제한적일 수 있기 때문임

주요 의견사항
▪ 측정방안 관련
- extensive margin 확인을 위해 (점증+평탄) 구간 까지 포함할 필요
▪ 추가 의견
- 이론적으로 근로 유인이 발생하는 지점에 초점을 맞춰서 수급자 분포를 살펴보는 것이 적절하겠으나, 이는 모든 사람이 근로장려금의 지급액 결정 구조에 대해 소상히 이해하고 있다는 전제가 이루어져야 함. 그러나 실제로는 근로장려금을 수급했더라도 전반적인 구조(일을 하면 받을 수 있는 지원금이 있음) 정도만 파악하고 실제 지급액은 국세청의 알림을 통해 알게 되는 경우가 많은 것을 감안했을 때 점증 구간의 수급자 분포 지표가 근로 유인에 대한 반응으로서의 의미만 전달할지 의문임. 대안이라면 앞서 언급했던 정책 인지에 대한 지표가 우선되어야 한다고 생각함
- 점증 구간의 수급자 비중을 단기적으로 확인하는 것뿐 아니라, 장기적인 변화를 관찰하여 정책의 지속 가능성을 평가할 필요 있음.

4) 이차 소득자 근로가구 비중 지표 관련 의견

	지표	측정방안
④	이차 소득자 근로 가구 비중	수급가구 중 맞벌이가구 비중

이차소득자 근로 가구 비중 지표의 경우, 근로장려금 제도가 가구 유형별(단독, 홑벌이, 맞벌이) 구조로 변경된 이유 중 하나였던 맞벌이 가구 증가에 역할을 하고 있는지를 살펴보기 위해 포함한 항목이다. 동 지표 및 측정 방안에 대해서는 적절하다는 의견과 부적절하다는 의견이 5:5 정도로 나뉘어 나타났다. 우선, 지표 및 측정 방안이 부적절하다는 의견을 보면, 다른 지표에서 가구유형별 수급가구 비중을 활용하고 있는 가운데 추가로 동 지표가 갖는 의미가 없어 보인다는 점, 근로장려금이 중하위 소득자를 대상으로 하고 있기에 맞벌이 유인이 낮아 현재 제시된 측정방안이 유의미한 경제적 시사점을 제시하기 어렵다는 점, 실제 근로장려금 수급가구 내 맞벌이 가구의 형성이 근로장려금 정책으로부터 발생했는지 등은 정밀한 분석에 기반해야 한다는 점 등이 제시되고 있었다. 한편, 지표 및 측정 방안이 적절하다는 의견을 보면, 가구유형별 노동공급 영향

측면에서 전체 가구 중 맞벌이 가구 비중을 추적할 필요가 있다는 점, 홑벌이에서 맞벌이로의 전환을 직접적으로 보여주지는 않으나 노동시장 참여 촉진의 간접적 지표로 활용될 수 있다는 점 등을 의견으로 제시되고 있었다.

제시된 의견을 종합할 때, 기존에 제안한 방식으로 측정한 값(근로장려금 수급 가구 중 맞벌이 가구 비중)은 가구유형별로 산출하는 다른 지표들과 차별화된 의미를 제공하지 못할 것으로 판단된다. 하지만, 저소득, 빈곤 가구에서 이차소득자가 갖는 의미를 고려하여, 현재 제시한 형태보다는 저소득 가구 내 전체 가구원수 대비 취업가구원수 비율 등을 활용하여, 전반적으로 취업 가구원수에 변화가 나타나는지를 살펴보는 방향으로 동 지표의 전환을 고려하고자 한다.

〈표 4-18〉 이차 소득자 근로가구 비중 지표 및 측정방안 관련 의견

주요 의견사항
▪ 지표 및 측정방안이 부적절하다는 의견 관련
- "이차 소득자"는 가구 유형(맞벌이 가구 등)으로 통제할 수 있으므로 별도의 지표가 필요할지는 의문임
- 중하위소득자 대상이므로 이차소득자 근로가구 비중은 근로장려와 연관성 낮아 유의미한 경제적 시사점을 제공하지 않음
- 근로장려금 정책의 존재로 인해 이차 소득자가 발생하는 경우에 '근로장려' 정책 목표에 연계된다고 할 수 있을텐데 실제 근로장려금 수급가구 내 맞벌이 가구의 형성이 정책으로부터 발생했는지 의문이 있음. 맞벌이에 대한 정책 변화가 있던 시점에 수급자격이 있는 홑벌이 가구가 어떻게 반응했는지 엄밀한 연구가 필요한 수준이라 대안적인 단순한 지표가 있다고 말하기 어려움
- 이차 소득자로 경제활동을 유인하는 효과 여부를 파악하기 위한 것으로 보임. 여기서 홑벌이 가구와 맞벌이 가구의 지급금액 차이를 살펴볼 필요가 있는데, '23년 기준 총소득기준이 3,200만 원, 3,800만 원으로, 월 50만 원 수준(연간 600만 원)의 차이임. 홑벌이에서 맞벌이로 근로 유인 효과가 있는지 묻기에는 급여 기준, 급여 수준의 차이가 적음

주요 의견사항
▪ 지표 및 측정방안 대안 의견 관련
- 수급가구 중 맞벌이 가구 비중은 기술적 데이터로는 의미가 있을 수 있으나, 이차 소득자의 유무보다는 이차 소득자의 소득이 가구 소득 전체에서 차지하는 비중을 측정하면 근로 유지 확대(의 의지)와의 관계를 좀 더 설명할 수 있지 않을까 제안해 봄
- 수급가구 중 맞벌이가구 비중은 적절하긴 하지만, 다른 유형의 가구가 증가하거나 줄어들 때 수치가 달라질 수 있음. 전체 저소득 맞벌이 추정치 대비 맞벌이 수급자 비중도 같이 고려하면 좋겠음
- 이차소득자의 반응을 평가할 수 있는 직관적인 방안이라고 생각함. 다만 제도의 변화가 없으면 추이를 보는 것만으로는 이차소득자에게 미친 영향을 평가할 수 없으므로 다른 방안을 고민해볼 필요가 있음
- 맞벌이가구 비중도 적절한 측정기준이나, 시계열적으로 이차소득자의 소득변화가 더 중요한 평가지표 아닌지 제안함

5) 생계급여와의 연계 정도 지표 관련 의견

지표	측정방안
⑤ 생계급여 수급 고려시 근로 유인을 제공하는가	생계급여 소득기준과 근로장려금 점감구간 시작 소득 수준의 비교
	생계급여 수급 가구 중 근로장려금 수급가구와 미수급가구의 가처분소득 비교

근로장려금 도입 초기, 기초생활보장제도와 중복 수급 허용 여부에 대한 쟁점이 있었으나, 이후 근로장려금뿐만 아니라 자녀장려금도 기초생활보장제도와 중복 수급을 허용하는 방향으로 제도가 변화하였다. 복지정책에 대한 의존으로부터의 경제적 자립이라는 근로장려금 제도의 궁극적인 사회적 성과 목표를 고려할 때, 생계급여와의 연계 측면 지표를 고려하는 것은 적절하다고 보는 의견이 좀 더 많았으나, 지표의 측정 방안에 대해서는 5:5 정도로 의견이 나뉘었다.

우선, 제안된 지표 자체가 부적절하다고 보는 의견으로 생계급여 대상자의 대부분은 근로 능력이 없는 사람으로 근로장려금의 주요 정책적 대상으로 보기 어렵다는 점, 생계급여 수급이 이미 높은 한계세율을 부과하고 있어 그보다 낮은 수준의 점증률에서 큰 의미가 없을 수 있다는 점, 두 제도의 지원 금액 차이가 크기 때문에 실질적 의미가 없다는 점, 생계급여 수급 가구에 대한 근로소득 공제 경우의 수가 많아 이를 적절히 반영하기 어렵다는 점 등이 제시되었다.

동 지표의 첫 번째 측정 방안은 제도 설계 측면을 반영한 것으로, 생계급여 소득 기준보다 근로장려금 점감 구간 시작 소득(=평탄 구간 상한 소득)이 더 높다면, 근로소득 발생에 따른 소득역전현상에 더 크게 나타날 것임을 고려한 것이다. 이러한 관점에서 해당 측정 방안을 적절하다고 보는 의견도 있었으나, 부적절하다는 의견도 다수 있었는데, 생계급여와 근로장려금에 적용되는 소득 기준이 상이하여 이를 직접 비교하는 것이 적절치 않다고 보는 점, 생계급여는 가구원수에 따라 다르나 근로장려금은 가구 유형별로 지급되기에 현재 제시된 단순한 방식으로 비교하는 것은 적절치 않다는 점 등이 제시되었다. 두 번째 측정 방안과 관련하여서는 근로유인 측면에 좀 더 중점을 둔다면, 가처분소득이 아닌 근로소득, 또는 노동시장 참여와 더 직접적으로 관련된 변수를 고려해야 한다는 의견과 함께, 생계급여 수급 가구 중 근로장려금을 수급하여도 가구원 구성에 따라 공제 정도의 차이, 그에 따른 가처분소득 차이 등으로 단순 비교가 어렵다는 의견이 제시되었다.

제시된 다양한 의견을 종합적으로 고려하여, 여기서는 지표 및 측정 방식을 '근로장려금 수급 가구 중 생계급여 수급 가구 비중'으로 단순화하고자 하며, 해당 지표를 추적함으로써 추가로 심도 있는 분석의 필요성을 고려할 때 동 지표가 활용될 수 있도록 하고자 한다.

⟨표 4-19⟩ 생계급여와의 연계 정도 지표 및 측정방안 관련 의견

주요 의견사항
▪ 지표 자체를 부적절하게 보는 의견 관련
- 국기초의 생계급여 대상자는 대부분 근로 능력이 없는 사람임. 특히 노인, 장애인이 많으며 이들이 eitc의 주요 정책적 대상이 아님. 이에 대한 고려를 한 지표를 개발하는 것이 필요해 보임
- 생계급여 수급이 이미 높은 한계세율을 부과하므로 그 보다 낮은 수준의 점증률에서 큰 의미 없을 수 있음
- 현재 생계급여 수급가구에게 적용되는 근로소득 공제의 경우의 수가 너무 많아서 굳이 이 지표까지 포함하면 적절성 평가가 복잡해질 것 같음
- 지원금액이 크게 차이가 나서 실질적 의미 없음. 행정수요만 유발
▪ 첫 번째 측정방안 관련
- 생계급여 수급기준은 가구원수를 기준으로 하고, 근로장려금은 가구유형을 기준으로 구분하기 때문에 단순히 2개를 비교하기 어려울 것 같음
- 생계급여와 근로장려금 수급 소득 기준(수준)이 다르므로 두 제도의 소득기준(수준)을 비교하는 것은 적절하지 않다고 판단됨
- 어느 소득 수준을 단순비교 하기 보다는 전체 구간에 걸쳐 한계세율을 계산하여 제시하는 것이 필요하겠음
- 생계급여 소득기준과 근로장려금 지급 구간 소득수준 전체를 비교하는 것이 더 적절하지 않나하는 생각이 듬. 굳이 "점감구간"으로 한정할 필요가 무엇인지 분명치 않음
▪ 두 번째 측정방안 관련
- 측정방안으로 적합하다고 보기는 어려우나 간접적인 측정방안으로 고려해볼 만하다는 의견임
- 생계급여 수급가구 중 근로장려금을 수급한다고 하더라도 가구원 구성에 따라 공제 정도가 다르고, 그에 따라 가처분소득이 달라지므로 단순 비교시 왜곡이 있을 수 있음
- 근로유인을 직접적으로 측정할 수 있는 취업활동, 취업유지, 취업동기나 욕구 등을 측정할 수 있는 지표에 대한 검토가 필요함
- 근로장려 수급자와 미수급자를 비교하기보다는 근로장려금 받기 전후를 비교하는 것이 적절할 것으로 보임
- 생계급여 가구 중 근로장려금 수급 가구의 비중을 보는 것도 좋을 것 같음
▪ 추가 의견
- 근로장려금 수급 여부로 비교하는 것은 표본선택의 우려가 있어 적절하지 않다고 생각함. 해당 내용은 데이터와 방법론이 고려된 개별연구에서 이루어져야 한다고 생각함

6) 최저임금 기반 맞벌이 유인 제공 여부 지표 관련 의견

지표	측정방안
⑥ 최저임금 수준 고려시 맞벌이 유인을 제공하는가	근로장려금 수급 가구 중 외벌이 최저임금 가구의 가처분소득과 맞벌이 최저임금의 가처분소득 비교

　최저임금 기반 맞벌이 유인제공 여부 지표에 대해서는 최저임금제와 근로장려금 제도 간의 유기적 연계는 고려되어야 하지만, 이를 맞벌이 가구에 한정하여 추가적인 근로유인 여부를 파악하는 것은 부적절하다는 의견이 다수 제시되었다. 최근까지 근로장려금의 소득 기준 요건이 계속 완화되어 오기는 하였으나, 최저임금 전일제 근로를 유인하는 것과는 다소 거리가 있으며, 맞벌이는 가구 내 다양한 여건에 의해 영향을 받을 수 있는 바, 이를 단순한 지표의 형태로 표현하기는 한계점이 상당히 커 보인다는 의견이 많았다. 최저임금제, 근로장려세제, 맞벌이 세 가지를 한꺼번에 고려하는 것은 지표를 매우 복잡하게 만들 것으로 생각되기에, 홑벌이에서 맞벌이로의 유인에 더 중점을 두고 있다면, 앞서 제시된 이차소득자 관련 지표나 가구 내 취업자수 증가 여부 등을 살피는 것이 더 타당해 보인다는 의견도 제시되었다. 전반적으로 다른 지표에 비해 부적절하다는 의견이 많았던 점과 제시한 측정 방안이 제도의 전반적 현황을 보여주는 '지표'로써의 활용도가 낮을 수 있는 점을 고려하여, 동 지표는 적정성 판단 지표에서 제외하는 방향으로 검토하고자 한다.

〈표 4-20〉 최저임금 기반 맞벌이 유인 제공 여부 지표 및 측정방안 관련 의견

주요 의견사항
▪ 지표 자체가 부적절하다는 의견 관련
- 근로장려금은 시작과 달리 최저임금 전일제 근로에 비해 상대적으로 낮은 소득요건에 머물면서 최저임금 수준 전일제 근로를 유인하는 것과는 거리가 멀게 발전해온 것으로 보임. '근로장려'라는 정책목표의 기준이 다소 낮은 상황에서 최저임금 수준 맞벌이 유인 제공을 지표로 삼고 측정하는 것이 '그렇지 않다'라는 의견을 보이기 위함이 아니라면 큰 의미는 없다고 생각함. 근로장려금은 최저임금 수준 전일제 근로, 그리고 해당 수준의 맞벌이를 유인할 수 있는 역할을 해야한다는 정당성은 정책을 바라보는 시각에 따라 다르게 판단될 수 있다고 생각함
- 최저임금 제도 역시 EITC의 근로 유인 제공 효과에 직접적으로 영향을 줄 수 있는 제도임. 다만, 맞벌이 유인 제공 측면에서만 별도 지표를 설정할 필요가 있는지는 의문임. 가구 상황에 따라 홀벌이가 더 적절한 선택일 수도, 맞벌이가 더 적절한 선택일 수 있으므로 맞벌이 유인 제공이 정책목표와 연계하여 고려되어야 할 지표는 아닐 수 있음
- 맞벌이 유인, 즉 맞벌이 여부에 영향을 미치는 요인은 임금(소득)수준 만이라고 보기 어려움. 자녀의 연령, 가구원의 가치관 등에 영향을 받을 수 있음. 따라서 근로장려의 지표로 보기는 적절하지 않다고 판단됨
- 근로장려금을 감안한 맞벌이 선택을 하면서 동시에 근로시간을 줄이고 임금이 낮은 일자리를 선택하는 등의 변화가 있을수 있기 때문에 직접적인 비교로는 정확히 측정하기 어렵다는 생각이 듬
▪ 추가 의견
- 최저임금 근로자의 경우, 근로시간이 중요한데 이를 고려하기 실질적으로 어려워 한계. 맞벌이 유인에 대한 측정방법이 아님. 전문적 연구가 필요한 분야로 단순 지표로 정리되기 어려움

4. 「근로 형태」 차원의 지표 및 측정 방안

'근로 형태'는 근로 장려 정책 목표와 연계된 차원으로, 근로장려금 제도를 통해 달성하고자 하는 사회적 성과 목표 고려시, 상대적으로 낮은 근로소득을 얻을 수 있는 일자리 유형의 비중이 지속하여 높게 나타나는지는 추적할 필요가 있다고 생각되어 포함하였다.

1) 공공부문 일자리 비중 지표 관련 의견

지표		측정방안
⑦	공공부문일자리 비중	수급가구 내 취업자 중 공공일자리 종사 비중

조사 응답 결과를 보면, 공공부문 일자리 비중 지표의 경우, 측정 방안에서는 '공공일자리'로 명기하였으나, 지표명에서 '공공부문'이라고 표현함에 따른 의미 전달의 문제가 다소 발생하였음을 확인할 수 있었다. 동 지표는 근로장려금이 근로에 기반한 소득증대를 목표하고 있음을 고려할 때, 시장을 통한 근로보다 정부 재원이 투입되는 일자리 사업을 통해 근로장려금을 수급받는 가구가 어느 정도 규모인지 파악하기 위한 지표로 제안한 측면이 있다. 재정지원일자리사업과 근로장려세제 모두 직·간접적으로 정부 재원이 소요된다는 측면에서 보면, 수급가구 내 취업가구원 중 재정지원일자리사업 참여자 비율을 추적하는 것은 의미가 있다고 판단된다. 다만, 해당 지표를 해석할 때는 제시된 의견처럼 정부의 일자리사업 규모가 외생적으로 변할 수 있음을 고려할 필요가 있다. 추후 수정안에서는 제시된 의견에 따라 지표의 의미를 보다 명확히 하기 위하여, 지표명을 '재정지원일자리 사업 참여자 비중'으로 변경하고자 한다.

<표 4-21> 공공부문일자리 지표 및 측정방안 관련 의견

주요 의견사항
▪ 지표명 및 해석 측면 관련
- 수급가구 전체 취업자 중 공공일자리 종사 비중을 의미하는 것을 보임. 현재 문항은 개별 가구 취업자 중 공공 종사자 비중을 의미하는 것으로 오해받을 수 있을 것
- '재정지원일자리 비중'으로 지표명을 교체하는 것을 제안함
- 근로장려금의 적정성을 평가하기 위한 지표라 하기에는 외생성이 너무 많이 작용할 것 같음. 정부에서 공공일자리를 축소할 경우 근로장려금 제도와 관계없이 수치가 달라질 수 있을 것 같음
▪ 지표가 적절하다는 의견 관련
- 근로취약계층의 하나로써 공공일자리 종사 비중은 정부정책상에서도 관리해봐야 할 지표기 때문에 적절하다고 생각
- 노동시장 불확실성이 커지고 근로장려금 수급가구가 여기에 노출될 위험이 커지면서 근로장려금 수급가구가 공공일자리에 유입되는 비중은 커질 것으로 생각됨. 다만 공공부문 일자리인지 공공일자리 인지 확인 바람. 공공부문 일자리는 안정적인 일자리의 대표임.

2) 단시간일자리 비중 지표 관련 의견

지표	측정방안
⑧ 단시간일자리 비중	수급가구 내 취업자 중 단시간 근로 비중

근로장려금은 기본적으로 근로 및 사업소득이 있으면 신청·지급될 수 있으므로, 근로 형태 유형은 실질적으로 정책 설계상 고려 요소는 아니다. 다만, 근로장려금 제도가 궁극적으로 달성하고자 하는 사회적 성과, 즉 복지정책에 대한 의존적 상황에서 벗어나 근로소득에 기반한 경제적 자립을 이룰 수 있도록 하는 것을 고려한다면, 수급가구 내 단시간근로자의 비중이 지속적으로 높게 나타나는 상황은 지양할 필요가 있다. 그러나 동 지표의 적절성에 대해 제시된 의견을 보면, 적절하다고 보는 의견이 다수임에도 근로장려세제의 정책 목표가 근로유인 제공이므로 근로유형에 대한 관리는 불필요하다고 보는 의견도 존재하였다. 한편, 근로취약계층의 일자리 분포 측면에서 동 지표 및 측정 방안을 포함하는 것의 필요

성이 있다고 보더라도, 단시간근로자 비중이 변화할 때 이를 어떻게 해석할지에 대해서 불분명하다는 의견도 제시되었다. 예를 들어, 소득지원이라는 정책 목표 측면에서 보면, 수급가구 내 단시간근로자 비중이 높은 것은 소득지원이 필요한 저소득근로자를 잘 포괄하고 있는 것으로도 바라볼 수 있기 때문이다. 또한, 지표의 활용성 측면에서 구성 항목에 대한 명확한 정의가 필요하나, 현재 시점의 자료로는 다소 한계가 있는 것도 사실이다. 즉, 현행 근로 관련 법률에서 단시간근로자는 1주 소정근로시간이 같은 사업장의 동일한 업무를 수행하는 통상근로자의 소정근로시간보다 짧은 근로자로 정의하고 있어, 이를 명확히 반영하기 위해서는 근로시간에 대한 정보와 근로장려금 수급에 대한 정보가 필요하나, 현재 가용한 자료 범위 내에서는 두 가지 정보를 모두 파악하기 어려운 실정이다.

〈표 4-22〉 단시간일자리 비중 지표 및 측정방안 관련 의견

주요 의견사항
▪ 지표 자체가 부적절하다는 의견 관련
- 근로장려세제는 근로유인 제공이 정책 목표이므로 근로유형까지 관리할 필요가 없다고 생각함. 지표의 삭제를 권고함
▪ 측정방안에 대한 산출값 해석 관련
- 이 비중을 보는 것은 의미가 있음. 하지만 어떤 의미로 이 비중을 해석할 것인지 의문
- 단시간 근로가 가구 구성원의 선택(예: 돌봄 의무, 학업 등)에 따른 것인지, 아니면 노동시장 구조나 근로 유인의 부족으로 인해 발생한 것인지 구분할 수 있어야 의미가 있을 것임
- 단시간 근로가 주로 청년이나 이차소득원에게 많이 나타나고 있다는 점에서 이들의 비중을 함께 파악하면 더 좋을 것임. 그리고 공공일자리와의 교체검증도 필요해 보임
▪ 추가 의견
- '단시간 근로'에 대한 명확한 개념적 정의를 제시할 필요가 있음

3) 간헐적일자리 비중 지표 관련 의견

지표		측정방안
⑨	간헐적일자리 비중	수급가구 내 취업자 중 연간 근로개월수 6개월 이하 비중

앞서 살펴본 단시간 일자리 비중과 유사하게 간헐적 일자리 유형 또한 근로장려금 제도의 정책 설계상 고려 요소는 아니지만, 근로지속성 측면에서 단기적 근로 후 미취업 상태를 반복하는 것이 근로장려금 제도가 지향하고자 하는 바는 아니라는 판단하에 동 지표를 적정성 판단 지표 중 하나로 포함하였다.

간헐적 일자리 비중 지표와 관련한 의견을 보면, 근로취약계층 측면에서 동 지표를 살펴보는 것이 의미가 있을 수 있다고 보는 의견이 다수 있었음에도, 단시간근로 비중 지표와 유사하게 근로유형의 관리는 불필요하다고 보는 의견, 측정 방안으로 산출된 값의 해석 방향이 불분명하다는 의견 또한 제시되었다. 실질적인 산출 측면을 고려하면, 단시간근로 지표와 유사하게 간헐적 일자리 지표 또한 현재 패널자료(재정패널 또는 복지패널)에서만 산출이 가능한데, 패널자료에서 연간 근로기간 관련 가용한 변수는 근로개월수 정도로만 파악된다. 초안으로 6개월 기간을 간헐적 일자리 기준으로 제시하였으나, 연중 근로 시작 시점에 따라 짧은 근로개월수가 간헐적 일자리를 반영하지 못할 수 있다는 점, 노동시장 특성상 짧은 근로기간이 부정적 지표로만 볼 수 없다는 점 등이 추가적 의견으로 제시되었다.

조사에서 제시된 의견처럼 일자리의 평균 지속 기간 등을 산출하여 간헐적 일자리를 정의할 수 있다면 더 나은 측정 방안이 될 것으로 보이나, 현시점에서 근로장려금 수급 가구에 대해 이러한 값을 산출할 수 있는 자료원은 없는 것으로 파악된다. 사회보장위원회 행정통계를 이용할 경우, 수급가구 내 가구주의 고용보험 가입개월수는 산출할 수 있을 것으로 보이나, 저소득 또는 저임금 가구의 특성상 고용보험의 사각지대에 있을 가능성도 높아, 고용보험 가입개월수가 일자리의 지속성을 대변하기에는 여전히 한계가 있어 보인다.

<표 4-23> 간헐적 일자리 비중 지표 및 측정방안 관련 의견

주요 의견사항
▪ 지표 자체가 부적절하다는 의견 관련
- 근로유형의 관리는 필요없다고 생각함. 측정값의 활용방안이 불분명함
- 단시간 일자리와 마찬가지로 이 일자리 비중을 보는 것은 유의미하다고 생각됨. 다만, 여전히 이 비중을 어떻게 이해해야 하는 지 불분명함
- 간헐적 근로가 반드시 낮은 소득이나 비안정성을 의미하는 것은 아님. 특정 단기 계약직(예: 프로젝트 기반 일자리)은 높은 소득과 안정성을 제공할 수도 있기 때문임
- 연간 근로개월 수를 기준으로 간헐적 일자리 비중을 측정하는 지표는 활용하는 자료에 따라 적합성이 달라질 수 있음. 그러나 연간 근로개월 수가 적은 이유가 반드시 간헐적 근로를 반영하지 않을 수 있다는 점에서 지표로 활용하는 데 한계가 있음. 예를 들어, 하반기에 취업하여 근로 기간이 짧아진 경우나 연초에 퇴직한 경우 단순히 연도별 근로기간을 기준으로 평가하면 간헐적 근로로 잘못 분류될 가능성이 있음
- 노동시장에는 계절적 근로나 프로젝트 기반의 근로와 같이 특정 시기에 집중적으로 이루어지는 고용 형태가 존재함. 이러한 근로 형태는 노동시장에 필수적일 수 있음에도 불구하고, 간헐적 일자리 비중이 높다는 이유만으로 이를 부정적으로 평가하는 것은 부적절할 수 있음. 반대로, 간헐적 일자리 비중이 낮아지는 것이 반드시 긍정적인 결과를 의미한다고 단정하기도 어려움. 결론적으로, 간헐적 일자리 비중을 단순히 연간 근로개월 수 기준으로 평가하는 것은 간헐적 근로의 본질을 충분히 반영하지 못하며, 지표로 활용하기에는 해석과 적용에 있어 불명확성이 존재한다고 판단됨
▪ 측정방안 관련
- 연간 근로개월수 6개월 이하로 선정한 근거 불분명
- 적절할 것으로 보이나, 간헐적 일자리의 기준을 연간 6개월 이하 근로로 파악하는 것이 적절할 것인지는 분명치 않음. 일자리의 연속성에 초점을 맞춘다면 일자리의 평균 지속기간으로 측정하는 것이 좋겠음
- 실업급여 수급조건과 연계하여 180일 기준으로 더 짧은 근로시간을 가지는 취업자를 기준으로 측정하는 것이 합리적이라고 사료됨

5. 「행정 측면」 차원의 지표 및 측정 방안

1) 소득 파악력 지표 적절성

	지표	측정방안
①	소득 파악력	신청안내 가구 중 수급가구 비중
		부정수급 모니터링 및 파악 여부(정도)

소득 파악력 지표 및 측정 방안으로 제시된 항목에 대해서는 대체로 적절하다는 의견이 다수였으나, 측정 방안으로 제시된 항목과 '소득 파악력'이라는 지표명이 직관적으로 연결되지 않는다는 의견도 어느 정도 제시되어, 추후 수정안에서 하나의 지표에 하나의 측정 방안이 대응되도록 지표명 변경이 필요해 보인다. 한편, 첫 번째 측정 방안의 경우, 국세청이 모든 가구에 대한 소득 및 재산 정보를 가지고 있지 않기 때문에 해당 항목이 국세청의 '소득 파악력'을 명확히 보여준다고 보기에는 한계가 있다는 점, 소득을 파악하고 있어도 근로장려금의 운영 구조상 '신청'하지 않으면 수급 가구가 될 수 없다는 점 등으로 해당 항목이 지표명과 연결되기에는 부적절하다는 의견이 있었다. 두 번째 측정 항목의 경우, 필요성에는 공감하나, 이를 정량적으로 어떻게 파악할 것인지에 대해서 더 구체화할 필요가 있다는 의견이 있었다. 부정수급 모니터링과 관련하여서는 정책 운영 측면에서 제도적으로 사후관리가 규정되어 있는지에 대한 정성적 판단 지표와 함께 환수통지금액 대비 회수금 비율 등의 정량적 지표를 수정안에서 고려할 수 있어 보인다.

〈표 4-24〉 소득 파악력 지표 및 측정방안 관련 의견

주요 의견사항
▪ 첫 번째 측정 방안 관련
- 국세청이 수급가구의 모든 재산 정보를 갖고 있지 못하기 때문에 이를 기준으로 삼기 어려울 듯
- 소득파악이 정확하게 되지 않아 신청안내조차 못간 경우를 정확도 측면에서 고려해야 할텐데 따로 식별하기 어렵다보니 한계점으로 남겨두어야 한다는 의견임
- 신청 안내를 한 가구뿐 아니라 실제 신청한 가구 가운데 수급가구 비중을 보는 것도 필요해보임
- 수급대상 선정기준에 부합한 대상에 대하여 안내한다는 전제하에 수급 가구 비중을 파악하는 것은 의미가 있으나, 소득 파악력을 측정하는 도구로는 잘 연결이 안됨. 소득파악이 잘 되었음에도 신청하지 않으면 수급가구가 되지 않기 때문임

주요 의견사항
▪ 두 번째 측정 방안 관련
- EITC 신청을 한 가구에 대한 정보를 국세청이 수집할 수 있기 때문에 이는 적절한 평가 지표가 될 것임
- 부정수급 여부를 살펴보는 것은 적절하나, 측정방안이 보다 구체화될 필요가 있겠음
▪ 추가 의견
- 정책 접근성 확대 측면의 지표도 고려할 필요. 특히, 정보 소외계층(고령자, 디지털 소외 계층)을 대상으로 정책 안내와 신청 지원 방안을 강화될 필요가 있음

2) 정책 체감도 지표 적절성

	지표	측정방안
②	정책 체감도	반기 지급 이용 가구 비중
		신청후 지급까지 평균 소요 기간
		이용자 만족도(신청절차, 진행과정 등)

정책 체감도 지표 및 측정 방안에 관한 의견을 보면, 전반적으로 적절하다고 보는 의견이 다수이나, 앞서 '소득 파악력' 지표와 유사하게, 정책 체감도 지표명과 개별 측정 방안의 연결성이 뚜렷하지 않다는 의견이 있었다. 초안으로 제안한 각 측정 방안들이 별도의 의미가 있음을 고려하여, 수정안에서는 지표를 세분화함으로써 측정 방안으로 제시한 각각의 항목을 별도의 지표로 활용하고, 이러한 지표를 포괄하는 차원을 보다 광의의 개념으로 정의할 필요가 있어 보인다.

첫 번째 측정 방안과 관련한 의견을 보면, 반기 지급 도입 목적이 근로 장려금의 정책 체감도 및 적시성을 높이고자 한 측면이 있기에, 반기 지급 이용 가구 비중을 정책 체감도 측면에서 파악하는 것이 의미있다는 의견이 있는 반면, 반기 지급 이용은 개인의 선호도 또는 상대적으로 긴급한 급여 필요성에 의한 것일 수 있어 정책 체감도 측면에서 볼 수 없다는 의견도 있었다. 두 번째 측정 방안의 경우, 대체로 적절하다는 의견이 많았으나, 이미 충분히 빠르게 신청 후 지급이 이루어지고 있어 실질적으로 추가적인 개선의 여지는 없어 보인다는 의견, 긴급복지지원제도가 아니므로 '신속성'이 제도의 적정성 평가 차원에 포함될 필요가 없다고 보는 의견, 해당 측정 방안은 '정책 체감도'보다는 '행정적 업무 수행의 적정성'과 더 연결되어 있다는 의견 등도 제시되었다. 마지막으로 세 번째 측정 방안인 '이용자 만족도'는 정책 체감도를 가장 직관적으로 보여줌으로 부적절하다고 보는 의견은 없었으나, 이용자 만족도를 추가로 조사할 경우, 조사 항목을 체계화하여 전체적인 만족도뿐만 아니라, 세부 항목별(신청과정, 신청후지급과정, 제도내용 등)로 조사가 필요하다는 의견이 있었다. 동 측정 방안의 경우, 기존 패널자료에서 조사되고 있는 항목을 적극적으로 활용하고, 간헐적으로 제도 이용과 관련한 만족도 조사를 고려할 필요가 있어 보인다.

〈표 4-25〉 정책 체감도 지표의 측정방안 관련 의견

주요 의견사항
▪ 첫 번째 측정방안 관련
▸ 적절하다는 측면
- 반기 지급 도입 목적이기 때문에 적절한 지표임
- 추가로 반기 지급에 대한 만족도를 파악하는 것도 필요할 것으로 보임(국세청의 추가 행정비용 대비 수급자의 만족도가 크지 않다면 반기지급 필요성이 크지 않을 수 있음)
- 반기지급은 근로자에 해당되고, 근로장려금의 적시적재 지급을 확인할 수 있다는 점에서 중요할 것 같음
▸ 부적절하다는 측면
- 반기 지급 이용 가구 비중은 정책체감도라기 보다는 긴급 복지가 필요한 가구 비중임
- 반기 지급 여부는 개인의 선호도이지, 정책체감도나 이용편의성과는 별개로 보임
▪ 두 번째 측정방안 관련
▸ 적절하다는 측면
- 신청후 지급까지 소요 기간이 단축될수록 정책 체감도가 높아질 것임
- 이미 충분히 빠른 상황이기에 개선의 여지가 없으나 살펴볼 필요성은 있을 것임

주요 의견사항
▶ 부적절하다는 측면
- 신청 후 지급까지 소요기간은 이용자 관점에서 편의성과 신속성을 파악하는 척도인데, 근로장려금이 긴급복지지원제도처럼 신속하게 지급되어야 하는 것이 아니므로 굳이 포함하지 않아도 될 것 같음
- 신청후 지급가지 평균 소요 기간이 정책 체감도와 직접적 연결이 되는가, 행정적 업무 수행 적정성 평가와 연결되는 것 같음
▪ 세 번째 측정방안 관련
- 정책 체감도를 가장 직관적으로 평가할 수 있는 방안임
- 이용자 만족도는 근로장려세제가 대상자들에게 얼마나 이해하기 쉽고, 접근 가능하며, 이용 과정에서 편리한지에 대한 직관적인 평가 지표라고 생각함
- 이용자 만족도 조사의 경우 조사설계가 보다 체계적일 필요가 있음
▪ 추가 의견
- 정책체감도 중요한 부분이긴 하지만, 현재 구성된 측정지표를 보면 정책체감도가 아니라 정책이용의 편의성에 더 가까워 보임
- 정책체감도 자체는 비교적 명확하나 측정방안에 연계해서 정책만족도, 정책이행도 등으로 추가적인 지표를 검토할 필요가 있음
- 지표를 세분화해서 지표명과 측정기준이 일치되면 좋을 것임

제3절 차원·지표 수정안 및 AHP 조사 결과

본 절에서는 전문가 설문조사 결과를 토대로 근로장려금 적정성 분석 차원 및 지표 초안을 다음과 같은 방향으로 수정하여 제안하고자 한다. 우선, 지표명과 해당 지표의 측정 방식이 좀 더 직관적으로 연결될 수 있도록 초안에서 제시한 지표를 보다 세분화하였으며, 이 과정에서 여러 지표를 포괄하는 적정성 판단 차원도 추가로 구성하여 하위 구성 항목인 지표들을 포괄적으로 반영할 수 있도록 하였다. 한편, 개별 지표들의 경우, 정책 수행단계에서 설계에 해당하는 부분은 기술통계량으로 산출할 수 있는 범위 내에서만 포함하는 방향으로 전환하였다. 제도 설계 측면에서 다른 정책들과의 연계 부문을 고려하고자 하였으나, 이러한 특성이 기술

통계량으로 나타내기에는 한계가 있다는 여러 의견을 반영하였다. 또한, 정책 산출물 단계에 해당하는 지표들의 경우, 가능한 한 수급 가구를 대상으로 지표를 구성하되, 노동시장과 관련한 변수들의 경우, 근로장려금 수급 가구는 이미 일을 하기로 결정한 선택 편의가 발생함을 고려하여, 미수급 가구를 포함하여 산출하는 등 보다 일반적인 지표로 구성하였다.

좀 더 자세히 살펴보면, 기존의 '보장 범위' 차원은 '대상자 자격요건 적절성' 차원과 '대상자 포괄성' 차원으로 세분화하였다. 전자는 근로장려세제 신청·수급의 가장 큰 자격요건인 총소득요건과 재산요건이 어느 정도 수준에서 결정되고 있는지 파악하기 위한 설계 측면의 적정성 판단 차원이라 볼 수 있다. 후자는 근로장려금이 어느 정도의 대상자를 포괄하고 있는지 파악하기 위한 산출물 측면의 차원으로, 여러 가지 유형으로 수급 가구 비율 지표를 구성하였다.

다음으로 기존의 '보장 수준' 차원은 '급여 수준 충분성' 차원으로 이름을 더 명확히 하였으며, 최대한 산출물 측면의 지표로 구성하였다. 이에 자녀장려금과의 연계 측면, 가구원수 미고려에 따른 이슈 등으로 설계 측면에서 고려하였던 부양자녀수별(가구원수별) 형평성 지표는 수정안에서는 제외하였다. 그리고 '소득 지원' 정책목표 측면에서의 '급여 수준 충분성'을 보다 직접적으로 반영하고자 상대빈곤율 변화, 소득분위 이동 지표를 추가로 포함하여 구성하였다.

기존의 '유인제공' 차원은 '근로유인 제공' 차원으로 명칭을 변경하였으며, 해당 차원은 제도 설계 측면 중심으로 지표를 구성하였다. 기존에 다른 제도와의 연계 측면에서 제시한 지표들은 근로장려금의 전반적 수혜 현황을 보여주는 측면에서는 지표로써의 활용도가 낮다고 판단되어 수정안에서는 포함하지 않았다. 또한, 기존의 '보장 범위' 차원에서 소득 지원 역할 중점 여부를 파악하기 위해 제시한 근로장려금 산정구조 관련 지표들은 '근로유인 제공' 차원과 더 밀접하게 연결되어 있으며, 점증률, 점감률, 소득 구간 길이 등이 유기적으로 연결되어 결정됨을 고려하여, '근로유인 제공' 차원으로 통합하였다.

'근로 형태' 차원은 '노동 공급 확대' 차원으로 명칭을 변경하였으며, 앞서 '유인제공' 차원의 제도 설계 측면 지표 중 산출물 측면으로 측정할 수 있는 항목(예: 근로장려금 수급 가구 중 기초생활보장제도 수급 가구 비율)은 '노동 공급 확대' 차원으로 포함하였다. 그리고 기존에 제시하였던 지표 중 산출 자료원의 확보 가능성을 고려하여, 주요 논의 쟁점이 있었던 일부 지표만 남겨두었다. 이외에 미수급 가구를 포함하여 소득분위별 취업 가구 현황 지표를 추가함으로써, 소득분위별 수급 가구 비율 지표와 연계하여 노동 공급 현황을 파악해 보고자 하였다.

마지막으로 '행정 측면' 차원은 '행정관리' 차원으로 명칭을 변경하였고, 기존에 하나의 지표에 여러 측정 방안을 제시하였던 것을 수정하여, 각각의 측정 방안이 하나의 지표가 되도록 구성하였다. 이중 반기 지급과 관련한 부분은 반기 지급을 도입한 취지를 고려하여 '급여 적시성' 차원으로 분류하여 포함하였다.

〈표 4-26〉 근로장려금 적정성 모형의 차원 및 지표 수정안

평가 축 (정책목표)	평가 차원	차원별 가중치	지표
소득 지원	대상자 자격요건 적절성	0.139	가구유형별 소득상한기준의 적절성
			재산상한기준의 적절성
	대상자 포괄성	0.129	수급가구 비율
			소득분위별 수급가구 비율
			가구유형별 수급가구 비율
			가구주 연령별 수급가구 비율
			가구주 종사상지위별 수급가구 비율
	급여 적시성	0.131	급여지급주기 다양성 여부
			급여지급주기 적용 대상 제한 여부
			반기 지급 이용률
	급여 수준 충분성	0.146	가구소득 대비 최대지급액 비율
			가구소득 대비 평균 근로장려금 비율
			근로장려금 평균 및 중위수 지급액
			근로장려금 수급 전후 상대빈곤율 변화
			근로장려금 수급 전후 소득분위 이동 비율
근로 장려	근로유인 제공	0.178	점증률
			점감률
			'점증+평탄' 구간 대비 점감 구간 비율
			근로장려금 산정구조 인지 여부
	노동 공급 확대	0.163	소득분위별 총가구원수 대비 취업가구원 비율
			소득분위별 취업가구 분포
			수급가구 내 취업가구원의 평균 연간 근로개월수
			수급가구 내 취업가구원의 재정지원일자리사업 참여자 비율
			생계급여 수급가구 비율
			가구유형별 '점증+평탄' 구간 수급가구 비율
정책목표 전반	행정관리	0.113	신청 접근성
			신청 가구 대비 지급 가구 비율
			부정수급 모니터링
			부정수급액 회수율
			신청 후 지급까지의 소요 기간
			정책만족도

주: 가중치는 AHP 조사 결과이며, 일관성 비율(CR, consistency ratio)은 0.0006임

〈표 4-26〉은 적정성 판단 모형의 차원 및 지표의 수정안으로, 세 번째 열의 '가중치'는 수정된 차원 및 지표에 대한 계층분석법(AHP, Analytic Hierarchy Process) 조사 결과 산출된 값이다.[19] 7가지 차원별 가중치를 보면, '근로유인 제공'과 '노동 공급 확대' 차원의 가중치가 상대적으로 높게 나타나, 근로장려금 제도의 적정성 판단에 있어 '근로 장려' 정책목표를 더 중요하게 생각하고 있음이 나타난다. '소득 지원' 정책목표 관련 4가지 차원 중에서는 '급여수준 충분성'과 '대상자 자격요건 적절성'의 가중치가 상대적으로 높게 나타나고 있음을 볼 수 있다. 7개 차원별 쌍대 비교 질문 이전에, 근로장려금의 명시적 정책목표인 '소득 지원'과 '근로 장려' 중 어떤 정책목표가 더 중요하다고 생각하는지에 대한 응답 결과에서도 '근로 장려'에 대한 가중치가 0.565로 나타나. 대체로 근로 장려를 더 중요하게 생각하고 있음을 확인할 수 있었다.

1. 「대상자 자격요건 적절성」 차원 및 지표

해당 차원은 근로장려금 제도의 중요한 자격요건인 총소득요건과 재산요건이 정책목표를 달성할 수 있도록 적절하게 설정되어 있는지 파악하기 위한 것으로 다음과 같이 두 가지의 지표로 구성하였으며, AHP 조사 결과, 소득상한기준의 적절성을 더 중요하게 고려하는 것으로 나타났다.

---

[19] AHP 조사는 1차 델파이 조사 참여 전문가 23인 중 21명이 참여하여 응답하였음

<표 4-27> 대상자 자격요건 적절성 차원 및 지표

지표	지표별 가중치 (CR: 0.0000)	측정 방안
가구유형별 소득상한기준의 적절성	0.547	가구유형별(단독, 홑벌이, 맞벌이) 중위수 시장소득 대비 소득상한기준 비율
재산상한기준의 적절성	0.453	저소득가구의 자산 중위수 대비 재산상한기준 비율

소득상한기준의 경우, 단독, 홑벌이, 맞벌이 가구에 따라 다르게 설정되어 있으므로, 가구유형별 중위수 시장소득(=근로소득+사업소득+재산소득+사전이전소득-사전이전지출) 대비 상한기준소득 비율을 산출하여 그 범위를 파악하는 것을 제안하였다. 재산요건의 경우, 특정 집단의 현재 재산 규모를 산출하는 방식보다는 재산합계액 상한 기준의 수준을 파악하고자, 저소득가구의 가구 총자산 중위수 대비 상한기준 재산액 비율을 산출하고자 한다. 재산요건의 경우, 가구유형별 구분 없이 일괄적으로 적용되므로, 저소득가구(=중위소득 50~80% 이하 가구 대상)의 총자산(=금융자산+실물자산) 규모 대비 상한기준금액을 살펴봄으로써 대상자들을 잘 포괄하고 있는지 살펴보는 지표로 활용하고자 한다. 두 가지 지표 모두 현시점 기준으로는 상대적으로 표본 대표성과 소득 정보의 정확성이 확보되는 가계금융복지조사를 활용하여 산출하는 것이 최선으로 판단된다.

2. 「대상자 포괄성」 차원 및 지표

대상자 포괄성 차원은 근로장려금 제도의 기본적 타당성을 평가할 수 있는 항목이라 볼 수 있다. 제도의 궁극적 목적이 일하는 저소득층의 소득 보전을 통해 근로를 장려하는 데 있는 만큼, 실제로 정책목표에 부합하는 대상에게 제도의 혜택이 도달하고 있는지를 확인하는 것은 필수적이다. 국제사회보장협회(ISSA)의 실업급여 적정성 평가 모형에서도 첫 번째 핵심 평가 차원으로 대상자 포괄성(coverage level)을 제시하고 있으며, 퇴직소득제도 적정성 평가 모형에서도 마지막 평가 차원으로 포괄성(coverage)을 제시하고 있다. 이는 제도가 실제로 보호해야 할 집단을 얼마나 포괄하고 있는지에 대한 정량적 지표이다. 특히 우리나라의 경우 노동시장 이중구조, 불안정·비정형 고용, 가족구성의 다양화 등 구조적 특성이 존재하므로 대상자 자격요건의 소득·재산 기준만으로는 정책 대상 표적을 충분히 포착하지 못할 가능성이 존재한다. 따라서 본 차원의 측정 지표를 통해 제도가 실질적 보호 대상을 얼마나 포괄하고 있는지를 계량적으로 측정하고, 소득·재산 기준 중심의 수급 자격 조건이 실질적 보호 대상과 괴리되어 있지는 않은지, 즉 제도 사각지대를 진단하는 것이 이 차원의 핵심 목적이다. 근로장려금 사업의 대상자 포괄성 차원을 측정하기 위해 다음과 같이 5개의 세부 지표를 설정하여 측정하고자 하며, 제시된 5개 지표 중 소득분위별 수급 가구 비율 지표에 대한 가중치가 상대적으로 높게 나타나고 있음을 볼 수 있다.

〈표 4-28〉 대상자 포괄성 차원 및 지표

지표	지표별 가중치 (CR: 0.0004)	측정 방안
수급 가구 비율	0.184	전체 가구 대비 수급가구 비율
소득분위별 수급 가구 비율	0.248	소득분위별(P10~P50) 가구수 대비 수급가구 비율
가구유형별 수급 가구 비율	0.195	가구유형별(단독, 홑벌이, 맞벌이) 가구 대비 수급가구 비율
가구주 연령별 수급 가구 비율	0.191	가구주 연령별(~34세, 35~54세, 55~64세, 65세 이상) 가구 대비 수급가구 비율
종사상지위별 수급 가구 비율	0.181	가구주 종사상지위별(상용, 임시/일용, 자영업자) 가구 대비 수급가구 비율

개별 지표를 살펴보면, 수급 가구 비율은 근로장려금 제도의 포괄성을 파악하는 데 핵심적인 지표이다. 전체 가구 대비 수급 가구 비율은 제도의 전반적인 보장 범위를 측정하는 지표로서, 근로장려금이 실제로 어느 정도 규모의 가구를 포괄하고 있는지를 보여준다. 이는 제도의 외연을 파악하는 기본적인 지표라 볼 수 있다. 아울러 소득분위별 수급 가구 비율은 소득 하위 50% 가구 내 수급 가구가 차지하는 비중을 확인함으로써, 제도가 저소득층을 얼마나 효과적으로 표적화하고 있는지를 측정하는 데 목적이 있다. 소득 구간별 수급률을 비교함으로써, 중간 소득층 이상의 과포괄 혹은 하위계층 미포괄 문제를 식별할 수 있다.

다음으로 가구 유형별 수급 가구 비율은 단독가구, 홑벌이 가구, 맞벌이 가구 등 근로장려금 제도 설계에서 구분된 기준에 따라 각 유형별로 수급률이 어떻게 나타나는지를 측정하는 지표이다. 이는 제도가 의도한 유형별 기준이 실제 현장에서 유의미하게 작동하고 있는지, 특정 가구 유형이 상대적으로 과소 혹은 과대 포괄되고 있지는 않은지를 확인하기 위한 목적을 가진다. 이를 통해 제도의 설계 적합성과 적용 결과 간 정합성을 살펴볼 수 있다.

가구주 연령별 수급 가구 비율은 청년층, 중장년층, 고령층 등 연령대별 근로장려금 제도가 어느 정도 포괄하고 있는지를 확인하기 위한 지표다. 특히 단독가구로의 제도 확대와 함께, 청년 단독가구나 고령 저소득 단독가구 등 새로운 수급 가능 집단이 제도 안으로 편입되면서, 이들 집단이 실제 제도의 혜택을 받고 있는지를 평가할 필요성이 커졌다. 다음으로 가구주 종사상 지위별 수급 가구 비율은 상용, 임시/일용, 자영업자 등 다양한 종사상 지위 형태에 따라 수급률을 비교함으로써, 근로장려금 제도가 한국 노동시장의 구조적 다양성을 충분히 반영하고 있는지 측정하기 위한 지표이다.

전체 수급 가구뿐 아니라 소득수준, 가구유형별, 연령별, 종사상지위별 수급 가구 비율을 함께 측정함으로써, 각 집단 간 수급률의 차이가 지속되거나 특정한 추세를 보일 경우, 이에 대한 심층 분석의 필요성을 판단할 수 있는 근거를 마련할 수 있다. 이러한 지표 산출을 위해서는 통계청의 가계금융복지조사와 장래가구추계, 국세청의 지급 자료 등을 활용할 수 있다. 다만, 가계금융복지조사의 경우 근로장려금과 자녀장려금 정보를 구분하여 제공하지 않기 때문에, 근로·자녀장려금 수급 가구 중 근로 및 사업소득을 기반으로 근로장려금을 수급하였을 것으로 예상되는 가구를 추정해야 하는 한계가 있다.

3. 「급여 적시성」 차원 및 지표

근로장려금의 '소득 지원' 역할을 고려할 때, '급여적시성' 차원은 소득 변동 대응 측면에서 근로장려금이 소득 불안정성을 완화하는 역할을 할 수 있는가를 살펴보기 위한 항목이라 볼 수 있다. $t-1$기 소득에 대해 t기에 연 1회 일시금의 형태로 근로장려금을 지급하였던 우리나라는 최근 근로소득자에 한정하여 반기 지급을 신청할 수 있도록 제도를 개선하였는데, 이는 급여의 적시성과 정책의 체감도를 높이기 위함이었다. 실제로 근로장려세제를 시행하고 있는 국가마다 환급액의 지급 주기는 다르게 나타나는데, 미국의 경우는 연 1회 일시금 형태로, 캐나다의 경우 분기별로, 뉴질랜드의 경우, 매주 혹은 격주, 또는 일시금으로 선택할 수 있다 (Pelletier, 2024).

해당 차원은 다음과 같이 세 가지의 지표로 구성하였으며, 처음 두 가지 지표는 '예/아니오' 또는 제도의 상세 내용에 따른 정성적 지표로 포함하였다. 세 번째 지표의 경우, 국세청에서 국세통계포털을 통해 공표하는 수급 가구 자료를 이용하여 산출할 수 있을 것으로 판단된다. AHP 조사 결과를 보면, 3가지 지표 중 상대적으로 지급주기의 다양성 지표에 대한 중요도가 높게 나타남을 볼 수 있다.

〈표 4-29〉 급여 적절성 차원 및 지표

지표	지표별 가중치 (CR: 0.0000)	측정 방안
급여지급주기 다양성	0.372	연 단위보다 짧은 지급주기를 선택할수 있도록 제도가 설계되어 있는지 여부
급여지급주기 적용 대상 제한 여부	0.307	지급주기 선택에 있어 제한요건의 존재 여부
반기 지급 이용률	0.321	정기 지급가구 대비 반기 지급가구 비율

4. 「급여 수준 충분성」 차원 및 지표

급여 수준의 충분성 차원은 근로장려금이 수급자의 생활 안정과 노동 유인 및 지속에 실질적인 영향을 미칠 수 있는 수준인지 여부를 평가하는 핵심 항목이다. 사회보장제도 전반에서 급여의 충분성은 제도의 적정성을 평가하는 가장 기본적인 기준으로, 수급자의 기본적인 생계비를 충족할 수 있는지, 근로를 지속하도록 유인하는 구조인지, 시간 흐름에 따른 실질 가치가 유지되고 있는지 등을 종합적으로 검토해야 한다.

근로장려금 또한 제도 설계상 '근로유인을 제공할 수 있는 수준'이면서도 '소득 보전 효과를 체감할 수 있는 수준'이 유지되어야 제도가 목적에 부합한다. 그러나 현실에서는 명목 급여 수준의 상대적 부족, 가구유형별 필요 소득의 차이 반영 미흡 등의 문제가 발생할 수 있어, 급여 수준의 충분성에 대한 정량적이고 정기적인 측정이 필요하다. 장려금 지급구조와 소득 효과 등 급여 충분성에 대한 다차원적 측정을 위해, 가구소득 대비 지급액 비율, 평균·중위수 지급액, 상대빈곤율 변화, 소득분위 이동 등

5개의 지표를 제시하였으며, AHP 결과 상대적으로 산출물에 기반한 결과 지표에 가까운 항목의 가중치가 높게 나타남을 확인할 수 있다.

〈표 4-30〉 급여 충분성 차원 및 지표

지표	지표별 가중치 (CR: 0.0002)	측정 방안
가구소득 대비 최대지급액 비율	0.173	가구유형별(단독, 홑벌이, 맞벌이) 평균 근로+사업소득 대비 최대지급액 비율
가구소득 대비 평균 근로장려금 비율	0.205	수급가구 전체 및 가구유형별(단독, 홑벌이, 맞벌이) 평균 근로+사업소득 대비 평균 근로장려금 비율
근로장려금 평균 및 중위수 지급액	0.197	수급가구 전체 및 가구유형별 근로장려금 평균 및 중위수 지급액
근로장려금 수급 전후 상대빈곤율 변화	0.219	수급가구의 근로장려금 수급 전후의 상대빈곤율 변화
근로장려금 수급 전후 소득분위 이동 비율	0.207	수급가구의 근로장려금 수급 전후 소득분위 이동 변화

가구소득 대비 최대지급액 비율은 제도 설계상 가능한 최대 지원금이 해당 가구의 소득수준 대비 어느 정도인지를 나타내는 지표로, 급여의 보장력(소득보전 수준) 측정과 관련이 있다. 이와 함께 가구소득 대비 평균 근로장려금 비율은 실제 평균 지급액이 소득에서 차지하는 비율 지표로, 수급자가 체감하는 소득 보전 효과를 측정(산출물 측면)할 수 있는 지표로 볼 수 있다. 이러한 지급액 비율을 살펴봄에 있어 가구유형(단독, 홑벌이, 맞벌이)별로 구분하여 파악할 필요가 있다. 제도 설계상 단독, 홑벌이, 맞벌이 유형에 따라 소득수준과 최대지급액 등이 달라지므로, 단일 평균 수치보다는 유형별 지급액 비율 분석이 필요하다. 다음으로 근로장려금 평균 및 중위수 지급액은 제도 내 수급 가구가 실제로 얼마의 급여를 받고 있는지를 측정하는 지표로, 급여 수준의 전반적 분포와 중심값을 파악할 수 있다. 이를 통해 급여 구조가 특정 집단에 편중되어 있지는 않은지, 소득 보전 기능이 평균적으로 어느 수준에 위치하는지를 판단할 수 있다.

제도의 빈곤 완화 효과를 측정하는 데 활용되는 근로장려금 수급 전후 상대빈곤율 변화 지표는 크게 두 가지 방식으로 분석할 수 있다. 첫째, 횡단면 분석을 통해 시장소득(근로·사업소득 등) 대비 근로장려금 수급을 포함했을 때의 상대빈곤율이 얼마나 개선되는지를 파악할 수 있다. 둘째, 패널자료를 활용한 종단 분석을 통해 동일 가구가 수급 전후에 빈곤선 이하에 머무는지 여부의 변화를 살펴봄으로써, 개별 가구 단위의 빈곤 탈피 효과를 보다 정밀하게 측정할 수 있다. 마지막으로, 수급 전후 소득분위 이동 비율은 수급자의 소득분위 구간이 수급 이후 상위 구간으로 이동하는 비율을 통해, 근로장려금이 소득 향상 및 경제적 계층 이동(경제 사다리) 기능을 어느 정도 수행하고 있는지를 측정할 수 있는 지표이다.

이러한 지표들을 산출하기 위해서는 통계청의 가계금융복지조사를 비롯해, 한국복지패널, 재정패널 등 주요 미시패널자료의 활용이 필요하다. 특히 동태적 소득 변화나 가구 단위의 빈곤 지속 여부를 파악하기 위해서는 패널자료가 필수적이다. 또한, 향후 통계청이 제공할 예정인 소득이동 통계 역시 소득분위 변화 및 이동성 분석에 중요한 기초자료가 될 수 있다.

5. 「근로유인 제공」 차원 및 지표

근로 장려 정책목표와 연계된 '근로유인 제공' 차원은 근로장려금 제도가 노동 공급 유인을 제공하도록 설계되어 있는지, 이러한 설계 내용에 대해 수급 가구가 잘 인식하고 있는지를 살펴보기 위해 포함되었다. 앞서 언급하였듯이, 근로장려금 산정 방식과 관련된 변수들은 서로 유기적으로 연결되어 변화되며, 기본적으로 노동 공급 유인을 제공하기 위한 측면과 더 밀접한 관계가 있기에, 근로 장려 정책목표와 연계된 차원에서만 포함하는 것으로 하여 다음 네 가지 지표로 구성을 변경하였다. AHP 조사 결과는 '근로유인 제공' 차원에서 산정구조에 대한 인지 여부와 점증률이 상대적으로 더 중요한 지표라고 인식되고 있음을 보여준다.

〈표 4-31〉 근로유인 제공 차원 및 지표

지표	지표별 가중치 (CR: 0.0008)	측정 방안
점증률	0.264	가구유형별(단독, 홑벌이, 맞벌이) 점증구간의 점증률
점감률	0.219	가구유형별(단독, 홑벌이, 맞벌이) 점감구간의 점감률
'점증+평탄' 구간 대비 점감 구간 비율	0.242	가구유형별(단독, 홑벌이, 맞벌이) '점증+평탄' 구간 대비 '점감' 구간 비율
근로장려금 산정구조 인지 여부	0.275	근로장려금 수급가구의 근로장려금 산정구조(점증, 평탄, 점감) 인지 여부

점증 구간의 점증률은 직접적으로 노동 공급 확대 유인을 제공하며, 점증률이 높아질수록 근로소득 증가에 대한 장려금 지급액도 증가하게 된다. 점감 구간의 점감률은 근로장려금 제도의 혜택을 벗어나게 되는 소득 수준에서 장려금 지급액 감소로 근로유인이 크게 저해되는 효과를 완화하고자 하는 의도가 반영된 것이다. 점증률과 점감률은 현행 근로장려금 구조에서 가장 기초적인 변수이지만, 유사한 제도를 운영하는 국가간 비교에서는 유용하게 활용될 수 있는 지표로 생각된다.

세 번째 지표는 상대적으로 노동 공급 확대 유인이 클 수 있는 '점증+평탄' 소득 구간 길이 대비 '점감' 소득 구간의 길이 비율로, 점증률, 점감률 지표와 함께 장려금 산정구조의 변화 방향을 파악하기 위해 포함하였다. 점증 구간과 평탄 구간을 함께 묶은 것은 구간별 소득 기준 고려시 평탄 구간에서도 외연적 노동 공급 확대가 나타날 수 있다는 점을 고려하여 '노동 공급 확대' 차원의 지표와 연계하여 살펴보기 위함이다. 〔그림 4-1〕은 2018년 근로장려금 세법 개정에 따른 산정구조의 변화를 보여주는데, 상대적으로 평탄 및 점감 구간이 길어지면서 점증 구간은 짧아졌고, 이와 함께 점증률은 증가, 점감률은 감소하였음을 확인할 수 있다.

　네 번째 지표는 근로장려금 수급 가구의 근로장려금 산정구조(점증, 평탄, 점감 등) 인지 여부에 대한 것으로, 정책 인지 정도는 개인의 노동 공급 행태에 영향을 줄 수 있기 때문이다. 다만, 이와 관련하여 현시점에서 가용한 자료는 2019년 조세재정연구원에서 이루어진 설문조사뿐이다. 한국복지패널에서 근로장려세제에 대한 인식 조사를 하고 있지만, 제도를 어느 정도 알고 있는지 오지선다형으로 묻고 있으며, 장려금의 산정구조를 알고 있는지에 대해서 직접적으로 묻지는 않고 있다.

[그림 4-1] 2018년 근로장려금 개정에 따른 산정구조 변화

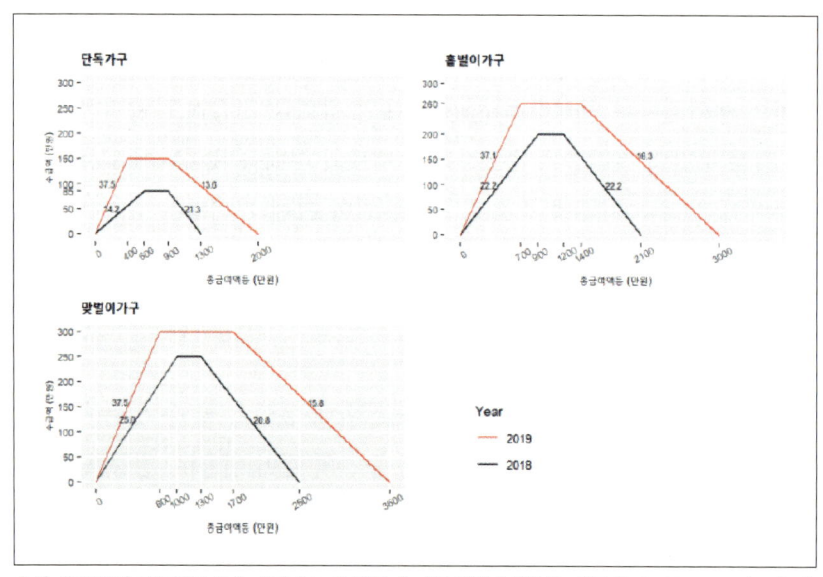

출처: "2019년 근로장려세제 개편이 노동 공급에 미친 영향," 신상화, 김문정, 2023, p. 72 [그림 1].

6. 「노동 공급 확대」 차원 및 지표

근로장려금이 실질적으로 노동 공급의 증가에 기여하고 있는지를 평가하는 것은 제도의 적정성을 판단하는 데 핵심적인 요소이다. 이때 노동 공급 확대는 기존 근로자의 근로시간 또는 근속 유지 증가와 같은 내연적 확대와 비경제활동 인구의 노동시장 진입 증가와 같은 외연적 확대를 모두 포함한다. 즉, 제도의 설계가 단순한 소득 보전 기능을 넘어서, 근로의 양과 참여자 수를 동시에 증가시키는 방향으로 작동하고 있는지를 평가하는 것이 이 차원의 목적이다. 아울러 '근로 장려'라는 제도의 정책목표를 고려할 때, 근로유형이 복지 의존에서 벗어나 경제적 자립으로 이어지는 구조인지에 대한 질적 평가 역시 함께 고려할 필요가 있다. 이를 위해 본 차원에서는 취업가구원 확대, 근로양(근로지속성) 확대, 공공일자리 참여 여부, 기초생활보장제도(생계급여)와의 중복 수급 여부, 제도 설계 구간 내 수급자 분포 등을 종합으로 파악할 수 있는 6개 지표를 제시하였다. AHP 결과를 보면, 대체로 일을 하였는지, 근로기간이 어느 정도인지 등을 나타내는 지표에 대한 가중치가 상대적으로 높게 나타나며, 근로의 내용(유형)에 대한 지표는 상대적으로 가중치가 낮음을 볼 수 있다.

〈표 4-32〉 노동 공급 확대 차원 및 지표

지표	지표별 가중치 (CR: 0.0004)	측정 방안
소득분위별 총가구원수 대비 취업가구원 비율	0.176	소득분위별 가구의 총 가구원수 대비 근로+사업소득 보유 가구원수 비율 평균
소득분위별 취업가구 분포	0.180	소득분위별 가구수 대비 취업가구(가구주 또는 배우자가 근로+사업소득 보유한 가구) 비율
수급가구 내 취업가구원의 평균 연간 근로개월수	0.198	수급가구 내 취업가구원(가구주 또는 배우자)의 평균 연간 근로개월수

지표	지표별 가중치 (CR: 0.0004)	측정 방안
수급가구 내 취업가구원의 재정지원일자리사업 참여자 비율	0.145	수급가구 대상 근로+사업소득 보유 가구주 및 배우자 인원 대비 재정지원일자리 사업 참여 가구주 및 배우자 인원 비율
생계급여 수급가구 비율	0.150	근로장려금 수급가구 중 생계급여 수급가구 비율
가구유형별 '점증+평탄' 구간 수급가구 비율	0.150	가구유형별(단독, 홀벌이, 맞벌이) 수급가구 대비 '점증+평탄' 구간 수급가구 비율 분포

소득분위별 총 가구원 수 대비 취업가구원 비율은 전반적인 취업 가구원 수의 구조와 변화를 파악하고자 하는 지표이다. 특히 저소득층 내 근로 가능 인구 중 실제 취업 인구의 비율을 통해 노동 공급 기반을 진단하고, 동시에 이차소득자의 존재 여부를 간접적으로 파악함으로써, 외연적 노동 공급 확대 효과를 측정할 수 있다. 소득분위별 취업 가구 분포 지표는 소득분위별 전체 가구 수 대비 가구주 또는 배우자가 근로 또는 사업 소득을 보유한 가구 비율을 산출하여, 하위 소득분위 내 취업 가구 비중을 분석함으로써 고용 불균형 구조를 진단하고, 노동시장 참여 유도 효과를 평가할 수 있다. 수급 가구 내 취업가구원의 평균 연간 근로 개월수는 근로장려금 수급 가구 내 가구주 또는 배우자의 평균 연간 근로 개월수를 측정하는 지표로, 근속 유지와 근로기간 등 근로의 양적 확대(근로 지속성)를 통해 내연적 노동 공급 확대 효과를 측정하는 데 활용된다.

다음으로 수급 가구 내 취업가구원의 재정지원일자리사업 참여자 비율은 근로장려금의 '근로장려' 기능과 연계하여 복지정책 의존 상태에서의 경제적 자립 가능성을 지속적으로 추적할 필요성에 의해 제안된 지표이다. 근로장려금이 근로에 기반한 소득증대를 목표하고 있음을 고려할 때, 시장을 통한 근로보다 정부 재원이 투입되는 일자리 사업을 통해 근로장려금을 수급받는 가구가 어느 정도 규모인지에 대한 측정은 필요하다고 판단된다. 이와 더불어 생계급여 수급 가구 비율은 근로장려금 수급 가구 중 생계급여를 동시에 수급하고 있는 가구의 비율을 측정함으로써, 제도의 자립 유도 기능, 복지급여 간 중복 지원 여부, 그리고 제도 간 정합성을 평가하는 지표로 활용된다. 해당 지표들은 근로장려금이 재정지원일자리사업이나 생계급여 등 다른 사회보장제도와 어떻게 상호 작용하고 있는지를 파악하는 데 유용하며, 이를 통해 제도의 기능적 정체성을 보다 구체적으로 진단할 수 있다.

마지막으로 가구유형별 '점증+평탄' 구간 수급 가구 비율은 가구 유형별로 근로장려금 급여 산정구조 상 근로유인 구간(점증+평탄 구간)에 실제로 분포하고 있는 수급 가구 비율을 측정하는 지표이다. 이 지표를 통해 제도 설계에 따른 유인 효과가 수급자 분포에 실질적으로 반영되고 있는지 실증적으로 확인 가능하다. 특히 근로유인 제공 차원의 소득 구간 구조(점증+평탄 구간 길이 대 점간 구간 길이 비율)와 연계하여, 급여 산정 구조 변화와 노동 공급 확대 효과 간의 관련성을 함께 평가할 수 있도록 한 지표이다.

이러한 지표들의 산출을 위해 활용 가능한 주요 자료로는 통계청의 가계금융복지조사, 한국복지패널, 재정패널 등 미시 패널자료와 함께, 사회보장위원회의 사회보장행정통계, 국세청의 근로장려금 수급 가구 자료 등이 있다.

7. 「행정관리」 차원 및 지표

근로장려금 제도의 정책목표 및 성과 달성 지원을 위해 행정 전반이 잘 운영되고 있는지 파악하기 위한 차원으로, 신청주의에 기반하고 있는 제도인 만큼 다양한 접근 방안을 운영하고 있는지, 행정 효율성 측면에서 신청 가구 대비 지급 가구 비율, 부정수급(초과금액 수급 등)을 확인하는 사후관리 제도의 운영 여부, 환수결정금액 대비 회수금액 비율, 수급 가구의 전반적인 정책 만족도 등의 지표로 구성하였다. AHP 결과를 보면, '신청 접근성', '신청 후 지급까지의 소요 기간' 지표 등 정책 수혜의 실질적 체감도를 높일 수 있는 항목에 대한 가중치가 상대적으로 높게 나타남을 볼 수 있다.

〈표 4-33〉 행정관리 차원 및 지표

지표	지표별 가중치 (CR: 0.0000)	측정 방안
신청 접근성	0.180	신청자의 특성을 고려한 다양한 신청 채널(온라인, ARS 등) 운영 여부
신청 가구 대비 지급 가구 비율	0.164	근로장려금 신청 가구 대비 지급 가구 비율
신청 후 지급까지의 소요 기간	0.172	정기, 반기 신청별 신청 후 지급까지의 소요시간
부정수급 모니터링	0.161	사후관리 제도 등의 운영 여부
부정수급액 회수율	0.161	환수결정액 대비 회수금액 비율
정책만족도	0.164	수급가구의 정책 만족도

첫 번째와 네 번째 지표의 경우, 정량적인 측정보다는 정성적 측면에서 관련 내용이 제도 운영 과정에서 잘 구축되어 있는지 등을 파악하기 위해 구성하였다. 두 번째 지표와 관련하여, 현재 국세청에서 근로장려금 대상으로 예상되는 가구에 신청 안내를 하고 있고, 자동신청제도 또한 운영 중이므로, 행정 효율성 측면에서는 신청 안내 가구 대비 지급 가구 비율과 신청 가구 대비 지급 가구 비율을 함께 보는 것이 더 적절할 것으로 판단되나, 공표되고 있는 자료원에서는 후자만 확인이 가능하여 해당 측정 방식만 제안하였다.

세 번째 지표의 경우, 관련 법령에서 신청 기한으로부터 3개월 이내에 지급액을 결정하고, 반기 신청의 경우 지급액 결정일로부터 15일 이내에,

정기 신청의 경우 30일 이내에 환급액을 지급하도록 규정하고 있으나, 실제 신청일로부터 지급일까지의 소요 기간을 파악할 수 있는 자료원은 확인되지 않았다. 연간 자료원이 확인되지 않는 것은 부정수급액 회수율 지표도 포함된다. 오지급 사례의 증가는 행정력의 낭비를 가져올 수 있기에, 이를 추적하는 것은 필요하나, 현재로는 관련 기사로만 확인이 가능하다(최덕재, 2022). 연합뉴스 보도자료(2022.09.16.)에 따르면, 환수결정액은 2017년 33억 7천만 원에서 2019년 27억 8천만 원으로 감소 추이를 보이다 2020년 87억 4천만 원, 2021년 89억 원으로 크게 증가하였다. 반면, 환수집행률은 2017~2019년 사이 80% 이상 수준을 보이다가 2020년 70.6%, 2021년 47.3%(2022년 2월 기준)로 크게 감소하였다. 이는 2018년 세법 개정 이후 대상자 확대와 반기 지급 시행(추정 소득 기반 지급 후 정산) 등으로 행정적 부담이 커지고 있음을 방증한다고 생각된다.

마지막은 수급 가구의 근로장려금 정책만족도 지표로, 정책평가에서 자주 활용되는 지표이나 추가적인 조사가 필요하다는 단점이 있다. 현재 재정패널과 한국복지패널에서 간접적으로나마 정책만족도로 활용할 수 있는 항목을 조사하고 있기에, 이를 활용하되, 제도 개편이 크게 이루어지는 때에는 세부적인 제도 내용별 만족도 조사 시행을 고려할 수 있다.

제4절 소결

본 장에서는 제2장의 적정성 분석 모형 사례와 제3장의 근로장려금 관련 논의 사항을 바탕으로 도출한 근로장려세제의 적정성 판단 차원과 지표에 대해 전문가 그룹의 의견을 조사하고, 관련 의견을 최대한 반영하여 수정안 도출하였으며, 각 차원 및 지표에 대한 상대적 중요도 조사를 수행하였다.

최초 5가지 차원과 26개의 지표는 조정 과정을 거쳐 7개의 차원과 31개의 지표로 수정되었다. 최초 제시한 차원 및 지표의 경우, 근로장려금의 제도 설계 측면에 상세한 부분을 반영하고자 하다 보니, 기술통계량 정도로 표현되는 지표로 구현되기에 다소 부적절하다는 의견이 상당수 제시되었다. 이에 따라, 수정안에서는 기술통계량으로 산출 가능한 범위 내에서만 설계 측면 지표를 포함하는 방향으로 전환하였고, 산출물 단계에 해당하는 지표의 경우, 최대한 수급 가구를 대상으로 산출하는 방식으로 구성하였다. 다만, 노동시장과 관련한 변수들의 경우, 근로장려금 수급 가구의 선택 편의를 고려하여, 미수급 가구를 포함하여 산출하는, 보다 일반적인 지표로 구성하였다. 그리고 지표의 명칭과 측정 방안이 좀 더 명확히 연계될 수 있도록 지표를 세분화하였으며, 이에 따라 여러 지표를 포괄하는 적정성 판단 차원도 좀 더 구분하여 하위 구성 항목인 지표들을 포괄적으로 반영할 수 있도록 구성하였다.

수정안에서 제시한 7가지 차원은 대상자 자격요건 적절성, 대상자 포괄성, 급여적시성, 급여수준 충분성, 근로유인 제공, 노동공급 확대, 행정관리이며, 각 차원별로 최소 2개에서 최대 6개의 지표를 포함하고 있다. AHP 결과에 따른 차원별, 차원내 지표별 가중치를 보면, 근로장려금의 주요 정책목표인 '소득 지원'과 '근로 장려' 중 상대적으로 '근로 장려' 역할을 더 중요하게 고려하고 있음을 확인할 수 있었다.

〈표 4-34〉 근로장려금 적정성 모형의 차원 및 지표별 가중치

평가 차원	차원별 가중치	지표	차원내 지표별 가중치
대상자 자격요건 적절성	0.139	가구유형별 소득상한기준의 적절성	0.547
		재산상한기준의 적절성	0.453
대상자 포괄성	0.129	수급가구 비율	0.184
		소득분위별 수급가구 비율	0.248
		가구유형별 수급가구 비율	0.195
		가구주 연령별 수급가구 비율	0.191
		가구주 종사상지위별 수급가구 비율	0.181
급여 적시성	0.131	급여지급주기 다양성 여부	0.372
		급여지급주기 적용 대상 제한 여부	0.307
		반기 지급 이용률	0.321
급여 수준 충분성	0.146	가구소득 대비 최대지급액 비율	0.173
		가구소득 대비 평균 근로장려금 비율	0.205
		근로장려금 평균 및 중위수 지급액	0.197
		근로장려금 수급 전후 상대빈곤율 변화	0.219
		근로장려금 수급 전후 소득분위 이동 비율	0.207
근로유인 제공	0.178	점증률	0.264
		점감률	0.219
		'점증+평탄' 구간 대비 점감 구간 비율	0.242
		근로장려금 산정구조 인지 여부	0.275
노동 공급 확대	0.163	소득분위별 총가구원수 대비 취업가구원 비율	0.176
		소득분위별 취업가구 분포	0.180
		수급가구 내 취업가구원의 평균 연간 근로개월수	0.198
		수급가구 내 취업가구원의 재정지원일자리사업 참여자 비율	0.145
		생계급여 수급가구 비율	0.150
		가구유형별 '점증+평탄' 구간 수급가구 비율	0.150
행정관리	0.113	신청 접근성	0.180
		신청 가구 대비 지급 가구 비율	0.164
		부정수급 모니터링	0.172
		부정수급액 회수율	0.161
		신청 후 지급까지의 소요 기간	0.161
		정책만족도	0.164

제5장

결론

제1절 주요 연구 결과
제2절 정책적 시사점 및 한계점

제5장 결론

제1절 주요 연구 결과

본 연구에서는 '적정성'의 사전적 의미에서부터 시작하여, 다양한 분야에 사용되고 있는 '적정성' 개념을 협의적, 광의적으로 살펴보았다. 사회보장사업 분야에 한정할 때, 협의적 적정성 개념은 주로 현금성 급여 사업의 '급여 적정성'에 적용되고 있으며, 대표적인 예로 필요한 소득 수준 대비 지급되는 급여 수준을 나타내는 '소득대체율'을 들 수 있다. 광의의 적정성 개념은 연구 내용에 따라 다양하게 적용되고 있는데, 본 연구에서 중점적으로 적용해 보고자 한 사례는 국제사회보장협회(ISSA)에서 제시한 적정성 모형(Adequacy model)이다. ISSA(2015, 2016a, 2016b)에서는 퇴직소득과 실업급여에 대해 사업별 정책 목표를 고려하여 이와 연계한 적정성 모형(적정성 판단 차원 및 지표)을 제시하였다. 실업급여를 사례로 살펴보면, 실업 상태에서의 소득 보장과 재취업 지원이라는 두 가지 주요 목표하에서 실업급여의 적정성을 판단하는 차원으로 포괄성, 급여유형, 급여 수급기간, 급여 수준, 자격조건, 취업 지원 서비스, 실업률, 행정 등의 8가지를 제시하였으며, 각 차원에 포함된 측정 지표를 함께 제시하였다. ISSA의 적정성 모형에서 '적정성'은 포괄성, 효과성, 정합성, 효율성 등 여러 평가 기준을 아우르는 개념으로, 다차원적으로 정의된 개념으로 나타난다. 이를 참고하여, 본 연구에서는 '적정성 분석'의 개념을 '개별 사업이 정책 목표를 달성할 수 있도록 구성되어 운영되고 있는가?'를 검토하는 것으로 정의하였으며, 정책 수행단계를 기준으로 볼 때, 정책의 결과가 발현되기 전 단계(설계-과정-산출물 단계)들이 정책 목표 달성에 기여할 수 있는 방향으로 이루어져 있는가를 살펴보는 데 중점을 두고, 적정성 판단 차원과 지표를 발굴하고자 하였다.

　이처럼 적정성 분석의 개념을 정의한 후, 근로장려세제를 대상으로 정책 목표와 연계한 적정성 판단 차원과 지표를 발굴하고자, 정책 연구보고서를 중심으로 근로장려세제 도입 이후 최근까지 주로 논의된 사항들을 검토하였다. 본 연구에서 근로장려세제를 적정성 분석 적용의 대상 사업으로 선정한 것은 동 제도가 어느 정도 상충적일 수 있는 두 가지의 정책 목표(근로 장려와 소득 지원)를 모두 추구하고 있으며, 최초 도입 이후 최근까지 여러 차례 제도 개편이 이루어지면서 예산 규모가 크게 확대되었으나, 정책 방향에 대한 종합적인 논의는 부족한 측면이 있다고 판단하였기 때문이다. 특히, 노동 공급에 대한 효과에 있어, 여러 심층 연구가 수행되었으나, 제도의 지속적 변화에 따른 방법론, 자료원 등의 한계로 그 결과가 다소 혼재되어 나타나고 있는 상황에서, 동 제도가 근로 장려와 소득 지원 정책 목표 중 어떤 부문에 더 중요성을 두어야 하는가에 대한 논의는 충분히 이루어지지 못하고 있는 실정이다.

　근로장려금의 두 가지 정책 목표와 이를 통해 달성하고자 하는 궁극적인 사회적 성과, 그동안 논의된 쟁점 사항에 기반하여, 본 연구에서는 일차적으로 보장 범위, 보장 수준, 유인제공, 근로유형, 행정 측면 등 5가지 차원과 각 차원별 지표 초안을 구성하였으며, 이들 지표는 정책 수행단계 중 설계, 과정, 산출물 단계에 중점을 두고 구성되었다. 이후 전문가 그룹을 대상으로 개별 차원 및 지표 초안에 대한 의견을 수집한 후, 수정안을 도출하였으며, 수정된 적정성 판단 차원 및 지표에 대해 AHP 조사를 실시하였다. 최초 5가지 차원과 26개의 지표는 7개의 차원과 31개의 지표로 수정하였는데, 지표의 명칭과 측정 방안이 좀 더 명확히 연계될 수 있도록 지표를 세분화하고, 이에 따라 여러 지표를 포괄하는 적정성 판단 차원도 추가로 구성하여 하위 구성 항목인 지표들을 포괄적으로 반영할 수 있도록 수정하였다. 개별 지표 중 설계 단계 지표의 경우, 기술통계량 수준에서 지표로써의 역할을 할 수 있는 범위 내로만 포함하는 방향으로 전환하였으며, 산출물 단계 지표의 경우에는 최대한 수급 가구를 대상으로 산출할 수 있도록 구성하였다. 다만, 노동시장과 관련한 변수들의 경우, 근로장려금 수급 가구의 선택 편의를 고려하여, 미수급 가구를 포함하여 산출하는 좀 더 일반적인 지표로 수정하였다. 이러한 과정을 거쳐 도출된 수정안은 〈표 5-1〉에 제시되어 있으며, 개별 차원과 해당 차원으로 파악하고자 하는 요소, 각 차원에 포함될 지표와 측정 방식을 정리하여 나타내었다. 적정성 판단 차원은 대상자 자격요건의 적절성, 대상자 포괄성, 급여 적시성, 급여 수준 충분성, 근로유인 제공, 노동 공급 확대, 행정관리 등의 7개로 구성하였으며, AHP 조사 결과 근로유인 제공, 노동 공급 확대 차원에 대한 가중치가 다른 차원보다 높게 나타났다.

〈표 5-1〉 적정성 판단 차원, 지표 및 측정 방안 수정안 요약표

평가 차원	평가 항목 (평가요소)	지표	측정
대상자 자격요건의 적절성	저소득자에 대한 소득 및 재산 기준이 적절한가	가구유형별 소득상한기준의 적절성	가구유형별(단독,홑벌이,맞벌이) 중위수 시장소득 대비 소득상한기준 비율
		재산상한기준의 적절성	저소득가구의 자산 중위수 대비 재산상한기준 비율
대상자 괄성	제도 수급 대상자 규모	수급가구 비율	전체 가구 대비 수급가구 비율
		소득분위별 수급가구 비율	소득분위별(P10~P50) 가구수 대비 수급가구 비율
		가구유형별 수급가구 비율	가구유형별(단독, 홑벌이, 맞벌이) 가구 대비 수급가구 비율
		가구주 연령별 수급가구 비율	가구주 연령별(~34세, 35~54세, 55~64세, 65세 이상) 가구 대비 수급가구 비율

평가 차원	평가 항목 (평가요소)	지표	측정
급여적시성	단기적 소득변동 대응 가능성	가구주 종사상지위별 수급가구 비율	가구주 종사상지위별(상용, 임시/일용, 자영업자) 가구 대비 수급가구 비율
		급여지급주기 다양성	연 단위보다 짧은 지급주기를 선택할 수 있도록 제도가 설계되어 있는지 여부
		급여지급주기 적용 대상 제한 여부	지급주기 선택에 있어 제한요건의 존재 여부
		반기 지급 이용률	정기 지급가구 대비 반기 지급가구 비율
급여수준 충분성	급여수준의 충분성 파악	가구소득 대비 최대지급액 비율	가구유형별(단독, 홑벌이, 맞벌이) 평균 근로+사업소득 대비 최대지급액 비율
		가구소득 대비 평균 근로장려금 비율	수급가구 전체 및 가구유형별(단독, 홑벌이, 맞벌이) 평균 근로+사업소득 대비 평균 근로장려금 비율
		근로장려금 평균 및 중위수 지급액	수급가구 전체 및 가구유형별 근로장려금 평균 및 중위수 지급액
		근로장려금 수급 전후 상대빈곤율 변화	수급가구의 근로장려금 수급 전후의 상대빈곤율 변화
		근로장려금 수급 전후 소득분위 이동 비율	수급가구의 근로장려금 수급 전후 소득분위 이동 변화
근로유인 제공	노동공급 유인을 제공하고 있는가	점증률	가구유형별(단독, 홑벌이, 맞벌이) 점증구간의 점증률
		점감률	가구유형별(단독, 홑벌이, 맞벌이) 점감구간의 점감률
		'점증+평탄' 구간 대비 점감 구간 비율	가구유형별(단독, 홑벌이, 맞벌이) '점증+평탄' 구간 대비 '점감' 구간 비율
		근로장려금 산정구조 인지 여부	근로장려금 수급가구의 근로장려금 산정구조(점증, 평탄, 점감) 인지 여부
노동공급 확대	저소득가구의 노동공급이 확대되고 있는가	소득분위별 총가구원수 대비 취업가구원 비율	소득분위별 가구의 총 가구원수 대비 근로+사업소득 보유 가구원수 비율 평균
		소득분위별 취업가구 분포	소득분위별 가구수 대비 취업가구(가구주 또는 배우자가 근로+사업소득 보유한 가구) 비율

평가 차원	평가 항목 (평가요소)	지표	측정
		수급가구 내 취업가구원의 평균 연간 근로개월수	수급가구 내 취업가구원(가구주 또는 배우자)의 평균 연간 근로개월수
		수급가구 내 취업가구원의 재정지원일자리사업 참여자 비율	수급가구 대상 근로+사업소득 보유 가구주 및 배우자 인원 대비 재정지원일자리 사업 참여 가구주 및 배우자 인원 비율
		생계급여 수급가구 비율	근로장려금 수급가구 중 생계급여 수급가구 비율
		가구유형별 '점증+평탄' 구간 수급가구 비율	가구유형별(단독, 홑벌이, 맞벌이) 수급가구 대비 '점증+평탄' 구간 수급가구 비율 분포
행정관리	정책의 성과 달성 지원을 위해 행정 전반이 효율적으로 운영되고 있는가	신청 접근성	신청자의 특성을 고려한 다양한 신청채널(온라인, ARS 등) 운영 여부
		신청 가구 대비 지급 가구 비율	근로장려금 신청 가구 대비 지급 가구 비율
		부정수급 모니터링	사후관리 제도 등의 운영 여부
		부정수급액 회수율	환수결정액 대비 회수금액 비율
		신청 후 지급까지의 소요 기간	정기, 반기 신청별 신청 후 지급까지의 소요시간
		정책만족도	수급가구의 정책 만족도

제2절 정책적 시사점 및 한계점

본 연구에서는 근로장려금 제도를 대상으로 다차원적 적정성 분석을 위해 필요한 차원과 각 차원별 지표를 도출하여 제안하였다. 몇 년 단위로 이루어지는 심층 평가와 달리, 본 연구는 적정성 판단 차원별로 제시한 개별 지표를 시계열적으로 산출하여 추적할 수 있도록 하여, 다각적으로 제도 운영 현황을 파악하고자 하는 데 그 목적을 두고 있다. 사회보장사업 평가 측면에서 적정성 모형, 즉 적정성 판단 차원과 지표를 구성한 내용을 보면, 개괄적 수준에서의 가이드라인은 가능할지라도, 세부 항목, 특히, 측정 지표의 세부 내용은 대상 정책의 내용에 따라 달라질 수밖에 없음을 확인할 수 있었다. 또한, 다차원적으로 적정성 개념을 적용함에 따라, 개별 차원과 각 차원내 지표에 대한 상대적 중요도 파악은 필수적 단계임을 제시하였다. 근로장려금의 정책 목표 달성 측면에서 각 차원별 상대적 중요도와 차원내 지표간의 상대적 중요도에 대해 AHP 조사를 통해 살펴본 결과, 응답자 구성 등 조사 자체가 지닌 한계점이 있기는 하나, 대체로 두 가지 정책 목표 중 '근로 장려'에 좀 더 가중치를 부여하고 있음을 확인할 수 있었다. 본 연구에는 담지 못하였으나, 추후 실질적으로 각 차원내 지표별로 기준점을 설정하여 점수를 부여하는 후속 연구가 진행된다면, 여기서 산출된 가중치를 적용하여 근로장려금 제도의 전반적 적정성 분석과 정책 방향에 대한 논의에 활용할 수 있을 것으로 생각된다. 물론, 본 연구에서 제시한 적정성 모형과 가중치를 통해 산출되는 값이 현 제도의 가치 자체에 절대적인 판단을 부여하는 것은 아니며, 수치에 대한 해석은 지표 및 차원이 갖는 의미와 어우러져 정책의 방향성에 대한 논의로 이루어져야 할 것이다.

　적정성 모형의 구성 차원 및 지표를 발굴하는 데 있어, 가장 큰 어려움은 본 연구의 적정성 개념, 대상 정책이 갖는 특성, 가용한 자료원을 모두 고려하여, 신뢰할 수 있고 측정할 수 있도록 구성하여야 한다는 점이다. 본 연구에서는 현시점 기준 가용한 자료원을 고려하여 최대한 현실적으로 산출이 가능한 항목으로 지표를 구성하고자 시도하였음에도, 일부 지표들은 공표된 자료원이 없는 등 여전히 실질적인 산출은 어려운 측면이 존재한다. 또한, 가용한 자료원이 있다고 할지라도, 지표별로 정의한 값을 명확히 산출하기 어려운 점도 한계로 남아있다. 예를 들어, 가계금융복지조사의 경우, 가구 및 가구원 단위의 정보와 함께 근로장려금에 대한 정보가 가용하지만, 근로장려금과 자녀장려금 수급액이 합산되어 제공됨에 따라, 근로장려금 수급액만 파악해야 하는 경우, 이를 추산해서 활용해야 하는 한계가 있다. 대표적 패널자료인 한국복지패널 및 재정패널 자료는 근로장려금과 자녀장려금 수급 가구에 대한 정보를 별도로 담고 있으나 상대적으로 표본 규모가 작은 한계가 있다. 이외에도, 국세청에서 근로장려금 수급 가구에 대한 마이크로데이터를 제공하고 있으나, 과세 자료에서의 '가구'와 일반적인 조사자료에서 정의하는 '생계를 같이 하는 가구'는 동일한 개념으로 활용될 수 없다는 한계가 있다.

정리하면, 개별 사업을 대상으로 적정성 모형을 구성하는 과정은 해당 사업이 달성하고자 하는 정책 목표를 고려하여 이를 파악하기 위한 자료원의 구축 및 관리가 중요함을 다시 한번 시사한다. 정책평가 측면에서의 적정성 판단은 정책의 여러 세부 요소를 반영할 수 있는 자료가 가용하여야 더욱 객관적으로 파악할 수 있으며, 여러 차원별 측정 지표의 발굴 또한 결과적으로 가용한 자료에 의해 영향을 받을 수밖에 없기 때문이다. 본 연구에서는 근로장려금 제도를 대상으로 적정성 모형을 구성하면서, 여전히 자료원의 한계가 다소 존재함을 제시하였다. 특히, 노동 공급의 질적 측면에 대한 고려의 경우, 이 자체를 불필요하다고 보는 의견이 있을 수 있으나, 실제로 패널자료 이외에 지표의 성격으로 이를 파악할 수 있는 자료원은 한계가 있어 보인다.

산출 상의 한계가 여전히 존재하기는 하지만, 본 연구에서 제시한 다양한 지표들은 정책평가에서 산출물 단위의 성과지표로 다양하게 활용될 수 있을 것으로 생각된다. 다만, 구성된 '적정성' 평가 차원과 그 하위 지표를 기준으로, 정책이 적정하게 운영되고 있다는 것을 최종적으로 판단하기 위해서는 각 차원 및 지표가 달성해야 하는 기준(reference point)이 필요하다. 하지만, 이러한 기준을 설정할 수 있는 정보가 정책과 관련한 법령 등에 명시되어 있지 않는 한, 이는 사회적 합의가 필요한 부분이며, 이는 본 연구의 범주를 벗어난다고 판단된다. 다만, 향후 관련 지표를 지속적으로 산출하여 관리함으로써, 기준점 판단을 위한 근거자료로 활용할 수 있다고 생각된다. 한편으로는 제도의 개편 등이 확연히 이루어진 시점을 전후로 하여 본 연구에서 도출한 적정성 평가 차원 및 지표를 산출하여 비교함으로써, 최소한 정책 목표 달성에 있어 어떠한 방향으로 사업이 변화하였는지는 판단해 볼 수 있을 것으로 생각된다.

이외에도 본 연구에서는 다차원적 적정성 차원 및 지표로 여러 가지를 제시하였는데, 해당 차원과 지표가 꼭 확정적으로 고려될 필요는 없다고 생각한다. 여기서는 적정성 판단 지표로써 정량적으로 산출될 수 있는 변수를 우선순위에 놓음에 따라, 제도와 관련한 정성적인 지표는 상대적으로 많이 고려되지 못한 측면이 있다. 예를 들어, 재산요건의 경우, 현재 재산합계액 산출시 포함되는 가구원의 범위를 보면, 거주자 기준 1세대 가구원(직계존비속)이 포함되기에 (따로 사는) 배우자, 같이 사는 부모 및 자녀의 주택과 재산은 재산합계액 산출에 포함된다.[20] 그러나 부모와 같이 살지 않더라도 거주하고 있는 주택의 소유자가 직계존비속인 경우, 해당 주택 기준시가의 100%의 간주전세금을 재산합계액에 포함하고 있어, 재산에 대한 실질적 소유권이 없는데 재산으로 간주하는 것이 다소 불합리하다는 의견이 있으며, 부채를 차감하지 않는 방식에 대해서도 부정적 의견이 존재함을 고려할 때, 재산요건과 관련하여 재산합계액의 상한기준뿐만 아니라 적용 방식, 범주 등과 같은 정성적 지표도 고려해 볼 수 있다.

---

20) 배우자의 경우, 해당 소득세 과세기간 종료일(2023년 12월 31일) 현재의 가족계등록부에 따르므로, 배우자와 같은 주소에 살지 않더라도 가족관계등록부상 배우자로 등록되어 있다면 동일 세대의 가구원으로 보아 배우자의 재산도 합산함

참고문헌

조세특례제한법, 법률 제8146호. (2006).
조세특례제한법, 법률 제8827호. (2007).
조세특례제한법, 법률 제9272호. (2008).
조세특례제한법, 법률 제9921호. (2010).
조세특례제한법, 법률 제11133호. (2011).
조세특례제한법, 법률 제11614호. (2013).
조세특례제한법, 법률 제12031호. (2013).
조세특례제한법, 법률 제12173호. (2014).
조세특례제한법, 법률 제12853호. (2014).
조세특례제한법, 법률 제13560호. (2015).
조세특례제한법, 법률 제14390호. (2016).
조세특례제한법, 법률 제14760호 . (2017).
조세특례제한법, 법률 제15227호. (2017).
조세특례제한법, 법률 제16009호. (2018).
조세특례제한법, 법률 제16835호. (2019).
조세특례제한법, 법률 제17759호. (2020).
조세특례제한법, 법률 제18634호. (2021).
조세특례제한법, 법률 제19199호. (2022).
조세특례제한법, 법률 제19936호. (2023).
강성호, 홍성우. (2009). **장애연금 급여수준 적정성 분석**. 국민연금연구원.
강신욱, 노대명, 이현주, 임완섭, 김현경, 권문일, 이병희, 우선희, 박형존. (2015). **주요 소득보장정책의 효과성 평가 연구**. 한국보건사회연구원.
강혜규, 강신욱, 박세경, 정경희, 권소일, 김용득, 유태균, 주무현, 최영준, 함영진. (2015). **사회보장사업 실태조사 및 유사·중복사업의 조정방안 연구**. 보건복지부, 한국보건사회연구원.

국립국어원. (n.d.). 적정성. 표준국어대사전.
https://stdict.korean.go.kr/main/main.do

국세청. (2024). 국세통계 14-1-1. 근로·자녀장려금별 신청·지급현황(주소지) [데이터 세트]. 국세통계포털. https://tasis.nts.go.kr/websquare/websquare.html?w2xPath=/ui/ep/e/a/UTWEPEAA02.xml&sttPblYr=2024&sttsMtaInfrId=20240103N01202440219

국세청. (2024). 국세통계 14-3-32. 가구유형별 근로장려금 [데이터 세트]. 국세통계포털. https://tasis.nts.go.kr/websquare/websquare.html?w2xPath=/ui/ep/e/a/UTWEPEAA02.xml&sttPblYr=2024&sttsMtaInfrId=20240103N01202440294

국세청. (n.d.), **근로장려금 소개**.
https://www.nts.go.kr/nts/cm/cntnts/cntntsView.do?mi=2450&cntntsId=7781

국세청. (n.d.), **근로·자녀장려금 신청자격**.
https://www.nts.go.kr/nts/cm/cntnts/cntntsView.do?mi=2452&cntntsId=7783

권성오, 홍우형. (2021). **근로장려세제 확대의 경제적 효과 - 노동공급과 납세행태에 미친 영향**. 한국조세재정연구원.

기획재정부. (2013.9.9.). **금년도 근로장려금 지급과 관련하여 내년 이후 달라지는 근로장려세제 설명**[보도자료]. https://www.moef.go.kr/nw/nes/detailNesDtaView.do?searchBbsId1=MOSFBBS_000000000028&searchNttId1=OLD_4018259&menuNo=4010100

김광옥, 박성식. (2018). ARIMA-개입모델을 이용한 항공기상정보 사용료 징수액 추정 및 적정성 연구. **한국항공운항학회지, 26(3)**, 9-22.

김대욱, 김광인, 최우진. (2015). 우리나라 산업용 전기요금의 적정성에 대한 연구. **규제연구, 24(2)**, 29-55.

김문정, 김빛마로. (2020). **2019년 확대개편된 근로장려세제의 노동공급 효과 분석**. 한국조세재정연구원.

김민정. (2011). 은퇴자가계의 소득수준과 소비지출수준 변화에 따른 소득적정성. Financial Planning Review, 4(2), 83-109.

김세진, 김혜수, 이윤경. (2021). **노인요양시설의 지역별 수요-공급 적정성 분석**. 한국보건사회연구원.

김세진, 김혜수. (2021). 노인의료복지시설의 지역별 수요 대비 공급의 적정성 분석: 시·군·구를 중심으로. **GRI 연구논총, 23(4)**, 77-104.

김은정, 김동원, 김지훈, 강정은. (2016). Huff 모형을 활용한 도시공원의 공급 적정성 평가: 서울특별시 마포구를 대상으로. **국토연구**, 71-83.

김은정, 유재언. (2013). **보육서비스 공급 적정성 분석 및 개선방안 연구**. 한국보건사회연구원.

김재진. (2014). **자녀장려세제(CTC) 도입의 정책적 함의와 기대효과**. 한국조세재정연구원.

김재진. (2019). **근로장려세(EITC) 저소득가구 근로자 근로유인제고방안**. 한국조세재정연구원.

김재진, 송은주, 이정미. (2012). **주요국의 자영업자에 대한 근로장려세제 적용기준 연구**. 한국조세재정연구원.

김지하. (2016). 교육급여제도 평가: 선정기준, 급여 수준과 전달체계. **보건복지포럼, 241**, 64-77. 한국보건사회연구원,

김태완. (2021). 국민기초생활보장제도 생계급여 급여적정성 평가와 과제. **보건복지포럼, 292**, 18-26. 한국보건사회연구원,

김태화, 양승룡. (2021). 소농직불금 지급기준의 적정성 및 소득분배 효과 분석. **농업경제연구, 62(3)**, 79-101.

김한성, 신현웅, 차재영. (2015). 활동기준 원가분석을 통한 건강보험수가의 적정성 분석. **한국병원경영학회지, 20(3)**, 36-44.

김현경, 이원진, 정은희, 정해식, 김예슬. (2020). **주요 소득보장제도 효과 평가 연구**. 소득주도성장특별위원회, 한국보건사회연구원.

김흥순, 남재형. (2014). 서울시 보육시설의 공급적정성에 관한 연구: 이용권 분석을 중심으로: 이용권 분석을 중심으로. **대한건축학회 논문집-계획계,**

30(3), 203-213.

김흥주, 김용운, 강인호. (2019). 지방자치단체 세외수입의 요율 적정성 분석: 세종시 사용료 원가분석을 중심으로. **한국공공관리학보, 33(3)**, 107-133.

남재량, 안태현, 안종범, 전영준. (2009). **근로빈곤 대책연구 I : 최저임금제도와 근로장려세제를 중심으로**. 노동부, 한국노동연구원.

노대명, 강신욱, 김재진, 황덕순, 전지현. (2016). **근로빈곤층 근로연계 소득보장제도 개선방향**. 한국보건사회연구원.

류민정. (2023). 지역사랑상품권의 효율적 운영을 위한 적정성 분석. 한국지방재정논집, **28(2)**, 123-154.

박상옥, 원유호, 이주형. (2013). 지역산업 육성정책의 적정성 평가지표 개발에 관한 연구. **한국산학기술학회 논문지, 14(10)**, 5260-5267.

박소현, 김규식, 고병옥. (2014). 어린이공원 수급적정성 평가에 관한 연구. **서울도시연구, 15(3)**, 79-93.

박지혜, 이정민. (2018). 근로장려세제가 노동시장 참여에 미치는 효과. Korean Journal of Labor Economics, 41(3).

신상화, 김문정. (2019). **근로장려세제가 가구소득 분포에 미치는 영향-최저임금제도와의 비교를 중심으로**. 한국조세재정연구원

신상화, 김문정. (2023). 2019년 근로장려세제 개편이 노동 공급에 미친 영향. **예산정책연구, 12(2)**, 67-90

안종석, 송현재, 홍우형. (2017). **[2016 조세특례 임의심층평가] 근로·자녀장려금제도 성과분석 및 운용방안 연구**. 기획재정부, 한국조세재정연구원.

여윤경, 이남희. (2012). 개인연금자산의 수요와 적정성에 관한 분석. **보험금융연구, 68**, 63-93.

유경준. (2013). 최저임금의 쟁점 논의와 정책방향. KDI FOCUS, 32, KDI.

윤희숙, 이영욱, 김도형, 권정현, 김지운, 정유경. (2016). **노동시장친화형 확대안전망 연구**. 고용노동부, 한국개발연구원.

이경주, 이상민, 손종혁. (2022). 이용 혼잡도를 고려한 도시공원 공급 적정성 평가지수 구축에 관한 연구. **도시행정학보, 35(3)**, 111-127.

이영욱. (2016). **세제를 통한 사회정책적 목표 추구 시의 책무성 개선: 소득세 조세지출을 중심으로**. In 윤희숙 (Ed.), 재정책무성 강화를 통한 재정건전성 제고방안 (pp. 15-62). 한국개발연구원.

이영욱. (2018). **근로능력빈곤층에 대한 소득지원정책 개선방안 연구**. 한국개발연구원.

이준섭. (2012). **사회적 취약계층에 대한 권리보호 및 지원체계 구축을 위한 법제 정비 연구**. 법제처, 아주대학교 산학협력단.

이호영, 한진석, 고승영. (2016). 친환경차 보조금 적정성 분석 연구. **환경정책, 24(4)**, 89-102.

전병목, 신상화. (2018). **일하는 복지의 기본틀로서 eitc 역할 재정립을 위한 개편방안 연구**. 기획재정부, 한국조세재정연구원.

조동희, 윤여준, 문성만. (2019). **주요 선진국 근로장려금 제도의 영향평가 및 시사점**. 대외경제정책연구원.

조선주, 김영옥, 정진욱, 임병인, 이선행. (2008). **근로장려세제(EITC)와 여성의 노동공급**. 한국여성정책연구원.

진성진, 전영준, 박지혜, 정해웅. (2022). **근로장려세제(EITC)의 고용효과**. 한국노동연구원.

최덕재. (2022.9.16.). **'잘못 집행' 근로·자녀장려금 환수 결정액 5년간 270억**. 연합뉴스. https://www.yna.co.kr/view/AKR20220915132900001

최영준. (2014). 한국 복지국가 적정성과 부담가능성의 조화: 노후소득보장체제를 중심으로: 노후소득보장체제를 중심으로. **비판사회정책, (44)**, 202-245.

최현수, 오미애, 장동익, 양미선, 천미경. (2016). **공간정보 연계를 통한 보육서비스 인프라 적정성 분석**. 한국보건사회연구원.

최현수, 이서현. (2010). **근로장려세제 확대 개편방안의 효과성 분석 및 소득보장체계 연계방안 연구**. 한국보건사회연구원.

Ansaloni, V., Ruelens, A., Nicaise, I., & Goubin, S. (2021). *Accessibility and adequacy of Belgian social protection from a social investment perspective* (Re-InVEST.be paper 1.1.2). HIVA - KU Leuven.

Brimblecombe, S. (2013). A multivariable definition of adequacy: Challenges and opportunities. *International Social Security Review, 66(3-4)*, 171-191.

International Labour Office[ILO]. (2011). *Social security for social justice and a fair globalization: Recurrent discussion on social protection (social security) under the ILO Declaration on Social Justice for a Fair Globalization,* 2011. International Labour Conference, 100th session. Geneva: International Labour Office.

International Social Security Association[ISSA]. (2015). *Retirement benefit provision - Measuring multivariable adequacy and the implications for social security institutions.* Geneva: International Social Security Association.

International Social Security Association[ISSA]. (2016a). *Unemployment benefit provision: Measuring multivariable adequacy and the implications for social security institutions.* Geneva: International Social Security Association.

International Social Security Association. (2016b). *ISSA unemployment benefits adequacy model user manual.* Geneva: International Social Security Association.

Pelletier, J. (2024, August 19). Advance payment of the EITC: Lessons from an international perspective. NISSKANEN CENTER.

Merriam-Webster's Collegiate® Dictionary. (n.d.). Adequacy. https://www.merriam-webster.com/dictionary/adequacy

Merriam-Webster's Collegiate® Dictionary. (n.d.). Adequate. https://www.merriam-webster.com/dictionary/adequate

Organization for Economic Co-operation and Development[OECD]. (2020). OECD Pensions Outlook 2020. Paris: OECD Publishing https://doi.org/10.1787/67ede41b-en

부록

[부록 1] 근로장려금 사업의 적정성 분석 차원 및 지표 발굴을 위한 델파이 조사표(안)

근로장려금 사업의 적정성 분석 차원 및 지표 발굴을 위한 델파이 조사표(안)

본 조사는 2008년부터 시행되고 있는 근로장려세제(Earned Income Tax Credit, EITC)의 적정성 분석을 위해 적정성 판단 차원 및 지표를 발굴하고자 하는 목적으로 진행하는 것으로, 동 제도에 관한 연구 및 정책평가 관련 연구 수행 경험이 있는 전문가를 그 대상으로 하고 있습니다.

사전적으로 '적정성(Adequacy)'은 '어떤 필요나 목적에 있어 충분한 상태 혹은 최소한 허용할 수 있는 상태'라는 의미를 갖습니다. '적정성'에 대한 사전적 의미, 그리고 정책의 도입·운영이 사회적 필요(≈수요)에 기반하여 이루어짐을 고려할 때, 정책에 대한 '적정성 분석'은 사회적 필요가 투영된 정책 목표의 달성에 있어, 해당 정책이 충분한 혹은 최소한 허용할 수 있는 수준으로 공급되고 있는지를 검토하는 것으로 이해될 수 있습니다. 이에 본 조사에서 **'적정성 분석'은 '개별 사업이 정책 목표를 달성할 수 있도록 구성되어 운영되고 있는가?'를 검토하는 것으로** 정의하였습니다. 사후적으로 시행되고 있는 정책성과평가제도와 비교할 때, 본 조사의 '적정성 분석' 개념은 결과 중심적으로 정책의 성과를 파악하는 데 중점을 두기보다는 **정책의 결과가 발현되기 전 단계들이 정책 목표 달성에 기여할 수 있는 방향으로 이루어져 있는가를 살펴보는 데 중점을 두고 있다는 점**에서 차이가 있습니다.

이에 본 조사의 적정성 분석에서 가장 중요한 부분은 **적정성 검토 차원과 지표가 정책의 목표와 직접적으로 연계되어 발굴·구성되어야 한다는 것**이며, 이러한 차원과 지표는 정책 수행단계를 기준으로 볼 때 **정책 설계(design)-과정(process)-산출물(outputs) 단계에 중점**을 두어야 한다는 점입니다. 이를 통해 사후관리적 측면에서 검토 및 피드백을 제공할 수 있도록 하여 정책의 목표 달성도를 높이고자 하는 것이 본 조사에서 정의한 '적정성 분석'의 궁극적 목표라 할 수 있습니다.

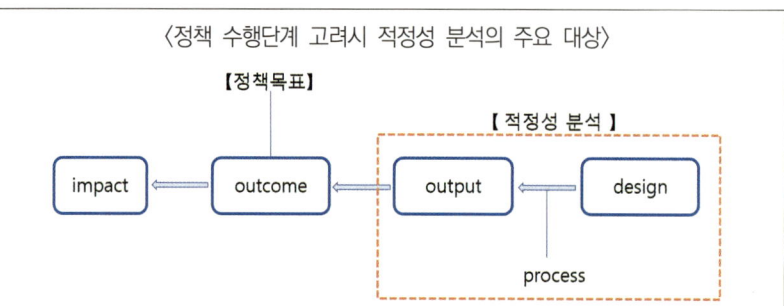

'적정성 분석'을 위와 같이 정의할 때, 이를 판단하기 위해서는 어떤 정책이 누구에게, 무엇을, 얼마나, 어떻게 제공(공급)하고 있는지 등 다양한 차원에서 살펴볼 필요가 있습니다. 예를 들어, 해당 정책이 사회적 요구가 있는 대상 또는 정책 목표에 기반한 대상을 포괄하고 있는지, 혹은 잘 표적화하고 있는지, 관련 대상자들의 요구 정도 또는 정책 목표 달성 대비 적절한 급여나 서비스가 제공되고 있는지, 관련 대상자들에게 정책이 의도한 결과가 실질적으로 나타나고 있는지, 유기적으로 연계되는 다른 정책들과 시너지를 내고 있는지, 정책 집행의 효율성이 있는지 등이 이에 해당할 수 있습니다.

지금까지 제시한 '적정성 분석'에 관한 조작적 정의에 기반하여, 본 조사에서는 '근로장려세제' 정책이 정책 목표 달성 측면에서 적정하게 구성·운영되고 있는지를 판단하기 위하여 어떠한 차원에서, 어떤 지표를 통해 검토할 수 있을지 전문가 그룹의 의견을 수렴하고자 합니다. 본 조사의 적정성 판단 차원 및 지표 발굴의 유사한 사례로, 2016년 국제사회보장협회(ISSA) 보고서의 일부 발췌한 내용을 아래와 같이 제공하오니, 설문 응답 전에 참고하여 주십시오.

〈참고〉 ISSA에서 제시한 실업보험(unemployment benefit) 적정성평가 차원 및 지표

차원(Parameter)	관련 지표(Indicators used)
1. 포괄성 (Coverage level)	1.1. 법적 포괄범위
	1.2. 실업급여 수급 조건(예: 일정기간 이상 고용보험 가입 등)
	1.3. 특정 대상 포괄여부: (생애)최초구직자, 자영업자, 공무원, 이주근로자 등)
	1.4. 실질적 포괄범위(Effective coverage of the unemployed)
2. 급여유형 (Types of benefits)	2.1. 일시적 근로조정에 따른 급여 여부(일시적 경기악화, 기상문제 등으로 부분적으로 고용관계가 중지되었을 때 지급되는 급여 등)
	2.2. 실업상태에서 파트타임 일자리 구직시 급여지급 여부
	2.3. 노령 실업자에 대한 특별 급여 존재 여부

차원(Parameter)	관련 지표(Indicators used)
3. 급여수급 자격기간 (Period of entitlement to unemployment benefits)	3.1. 고용보험에서 지급되는 급여 수급 기간
	3.2. 고용보험 이외 실업보조지원금 지급 기간
4. 실업급여 수준 (Unemployment benefits level)	4.1. 실업기간 시작시점에서의 소득대체율(가구유형별, 소득수준별 산출)
	4.2. 60개월 실업기간동안의 중위소득대체율
	4.3. 60개월 이후 실업기간동안의 소득대체율
	4.4. 1년 이하 실업상태인 자를 대상으로 중위급여 대비 총실업급여 중위값의 비율
	4.5. 60개월 실업상태인 자를 대상으로, 중위급여 대비 총실업급여 및 실업보조금 지원 중위값 비율
	4.6. 실업자 중 빈곤 위험이 있는 비율
5. 자격조건 (Eligibility conditions)	5.1. 자발적 실업자 포함 여부
	5.2. 일자리 거절, 직업훈련 프로그램 미참여 등에 대한 제재 조항 존재 여부 및 제재 강도
	5.3. 구직활동의 입증 빈도
	5.4. 실제 실업급여 수급자 중 제재를 받는 비율
	5.5. 제재에 대한 항고(appeal) 가능성
6. 고용지원 및 적극적노동시장 정책 프로그램 (Employment services and active labour market programmes)	6.1. 전체 빈일자리수 대비 공공고용지원서비스를 통해 전달된 일자리수 비율
	6.2. 전체 실업자수 대비 공공고용지원서비스를 통해 전달된 일자리수 비율
	6.3. 전체 구직자 중 12개월 이내 실업상태를 벗어난 구직자 비율
	6.4. 12개월 이상 실업상태에 있던 사람 중 12개월 이내에 직장을 구한 구직자 비율
	6.5. 공공고용지원서비스 이용 후 4개월 내 시점에서 만족하는 일자리 오퍼의 비율
	6.6. 전체 구직자중 공공고용지원서비를 받은 구직자 비율
	6.7. 공공고용지원서비스를 통해 직업훈련에 참여중인 구직자 비율
	6.8. 적극적노동시장프로그램에 참여중인 장기 구직자(최소 1년 이상) 비율

차원(Parameter)	관련 지표(Indicators used)
7. 실업률 (Unemployment rate)	7.1. 전체 실업률
	7.2. 청년 실업률
	7.3. 장기실업률(1년 이상 실업상태)
	7.4. 장애급여를 받는 사람 비율
8. 행정 (Administration)	8.1. 실업급여 첫 신청 후 수급까지 소요기간
	8.2. 규칙적 급여지급
	8.3. 행정절차의 간편성
	8.4. 부정수급 모니터링, 방지할 수 있는 시스템 여부
	8.5. 이용자 만족도

자료: ISSA(2016), p. 25 Table 2의 내용을 번역한 것임

〈 응답자 확인 질문 〉

A1. 귀하는 근로장려세제 관련 연구 경험이 있으십니까?

① 예

② 아니오

A2. 귀하의 주된 연구 분야는 다음 중 어디에 해당하십니까?

① 사회보장제도 전문가(연구자)

② 정책평가 전문가(연구자)

③ 기타(_____)

2024년(소득귀속연도 기준 2023년) 근로장려세제 기본 정보

■ 근로장려금 신청자격요건

요건	내용
총소득 요건	■ 2023년(소득귀속연도 기준) 부부합산 연간 총소득이 가구원 구성에 따라 정한 아래 총소득기준금액 미만일 것 - 단독가구 2,200만 원, 홑벌이가구 3,200만 원, 맞벌이가구 3,800만 원 ※ 총소득이란?: 근로소득(총급여액), 사업소득(총수입금액 × 업종별 조정률), 종교인소득(총수입금액), 기타소득(총수입금액 - 필요경비), 이자·배당·연금소득(총수입금액)을 합한 금액
재산 요건	■ 2023년 6월 1일 현재, 가구원1) 모두가 소유하고 있는 주택·토지·건물·예금 등 재산 합계액이 2.4억 원2) 미만 ■ 주택·토지·건축물(시가표준액), 승용자동차(시가표준액, 영업용제외), 전세금3), 금융자산·유가증권, 회원권, 부동산을 취득할 수 있는 권리 1) 1세대(가구)의 범위 - 2023.12.31. 현재 거주자와 다음의 ①, ②, ③에 해당하는 자가 구성하는 세대 ① 배우자 ② 거주자 또는 그 배우자와 동일한 주소 또는 거소에 거주하는 직계존비속 ③ 부양자녀 2) 재산가액에서 부채는 차감하지 않음 3) 주택은 간주전세금(기준시가×55%)과 실제 전세금 중 작은 금액, 상가는 실제 전세금으로만 평가. 신청자와 그 배우자의 직계존비속(그 배우자 포함)으로부터 임차한 주택은 실제 전세금과의 비교없이 간주전세금(주택가액의 100%)으로만 평가

■ 근로장려금 지급 가능액(2023년 소득귀속연도 기준)

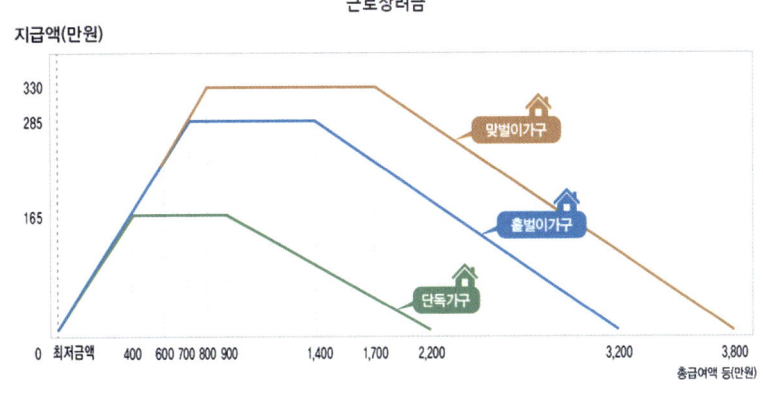

Q1. 근로장려세제는 관련 법 조항에서 '저소득자의 근로를 장려하고 소득을 지원하기 위해' 시행하고 있음을 명기하고 있습니다. 저소득자에 대한 근로장려 및 소득지원을 통해 동 사업이 궁극적으로 달성하고자 하는 사회적 성과는 무엇이라고 생각하십니까?

앞서 응답해주신 근로장려세제의 궁극적 성과 목표와 법에서 명시하고 있는 정책 목표를 고려할 때, 이러한 목표가 잘 달성될 수 있도록 정책이 설계, 운영되고 있는지 어떤 차원과 지표로 판단할 수 있다고 생각하시는지, 아래 제시된 안에 대해 이후 이어지는 질문에 의견을 작성하여 주십시오.

【근로장려세제 적정성 판단 차원 및 지표(안)】

정책 목표	차원		지표	측정방안
소득지원	보장 범위	①	적절한 소득기준이 설정되어 있는가	가구유형별 소득상한기준과 통계자료에 기반한 가구유형별 차상위가구 평균 시장소득 비교
		②	적절한 재산기준이 설정되어 있는가	재산요건 기준과 통계자료에 기반한 차상위가구의 평균 재산수준 비교
		③	저소득층 포괄 수준	가구유형별 차상위가구수 대비 수급가구 비율
		④	취약계층 포괄 여부	특정 취약계층(청년, 노인, 유자녀가구) 수급 비율
		⑤	제도 설계의 소득지원 중점 여부(소득구간길이)	점증구간 대비 (평탄+점감) 구간 비율
		⑥	소득지원 중점 구간의 수급자 분포	가구유형별 (평탄+점감) 구간 수급가구 비중
	보장 수준	⑦	최대 지급액 수준	가구유형별 1인당 GNI 대비 최대지급액 수준 범위
		⑧	평균 지급액 수준	수급가구 전체 및 가구유형별 평균지급액
		⑨	부양자녀수에 따른 지급액 형평성	홑벌이 가구의 부양자녀수별 빈곤선 대비 최대지급액 수준(자녀장려금 최대지급액 함께 고려)
		⑩	빈곤가구 지급 수준	근로장려금 총 지급액 대비 빈곤선 기준 이하 가구에만 지급된 금액 비중

정책목표	차원		지표	측정방안
근로장려	유인제공	①	실질적 근로유인을 제공하는가	근로장려금 수급가구와 미수급가구의 가처분소득 수준 비교
		②	제도 설계의 근로장려 중점 여부	점증구간의 점증률
				(평탄+점감) 구간 대비 점증 구간 비율
		③	근로장려 중점 구간의 수급자 분포	가구유형별 점증 구간 수급가구 비중
		④	이차 소득자 근로 가구 비중	수급가구 중 맞벌이가구 비중
		⑤	생계급여 수급 고려시 근로 유인을 제공하는가	생계급여 소득기준과 근로장려금 점감구간 시작 소득 수준의 비교
				생계급여 수급 가구 중 근로장려금 수급가구와 미수급가구의 가처분소득 비교
		⑥	최저임금 수준 고려시 맞벌이 유인을 제공하는가	근로장려금 수급 가구 중 외벌이 최저임금 가구의 가처분소득과 맞벌이 최저임금의 가처분소득 비교
	근로유형	⑦	공공부문일자리 비중	수급가구 내 취업자 중 공공일자리 종사 비중
		⑧	단시간일자리 비중	수급가구 내 취업자 중 단시간 근로 비중
		⑨	간헐적일자리 비중	수급가구 내 취업자 중 연간 근로개월수 6개월 이하 비중
소득지원 및 근로장려	행정적 측면	①	소득 파악력	신청안내 가구 중 수급가구 비중
				부정수급 모니터링 및 파악 여부(정도)
		②	정책 체감도	반기 지급 이용 가구 비중
				신청후 지급까지 평균 소요 기간
				이용자 만족도(신청절차, 진행과정 등)

【'소득 지원' 정책 목표 측면에서의 적정성 판단 차원 및 지표(안)】

정책목표	차원	지표		측정방안
소득 지원	보장 범위	①	적절한 소득기준이 설정되어 있는가	가구유형별 소득상한기준과 통계자료에 기반한 가구유형별 차상위가구 평균 시장소득 비교
		②	적절한 재산기준이 설정되어 있는가	재산요건 기준과 통계자료에 기반한 차상위가구의 평균 재산수준 비교
		③	저소득층 포괄 수준	가구유형별 차상위가구수 대비 수급가구 비율
		④	취약계층 포괄 여부	특정 취약계층(청년, 노인, 유자녀가구) 수급 비율
		⑤	제도 설계의 소득지원 중점 여부 (소득구간길이)	점증구간 대비 (평탄+점감) 구간 비율
		⑥	소득지원 중점 구간의 수급자 분포	가구유형별 (평탄+점감) 구간 수급가구 비중
	보장 수준	⑦	최대 지급액 수준	가구유형별 1인당 GNI 대비 최대지급액 수준 범위
		⑧	평균 지급액 수준	수급가구 전체 및 가구유형별 평균지급액
		⑨	부양자녀수에 따른 지급액 형평성	홑벌이 가구의 부양자녀수별 빈곤선 대비 최대지급액 수준(자녀장려금 최대지급액 함께 고려)
		⑩	빈곤가구 지급 수준	근로장려금 총 지급액 대비 빈곤선 기준 이하 가구에만 지급된 금액 비중

Q2. 위의 표는 '소득지원'이라는 정책 목표와 연계하여 고려할 수 있는 적정성 판단 차원과 지표안을 제시하고 있습니다. 각 항목에 대한 의견을 작성하여 주십시오.

Q2-1. ①번 지표에 대한 의견

	지표		측정방안	
①	적절한 소득기준이 설정되어 있는가	☐ 적절 ☐ 부적절	가구유형별 소득상한기준과 통계자료에 기반한 가구유형별 차상위가구 평균 시장소득 비교	☐ 적절 ☐ 부적절

Q2-1-1. <u>지표가 부적절하다고 응답하신 경우</u>, 대안적으로 활용할 수 있는 지표에 대한 의견을 작성하여 주십시오. <u>적절하다고 응답하신 경우</u>에는 그 이유를 작성해 주십시오.

Q2-1-2. <u>해당 지표에 대한 측정 방안이 부적절하다고 응답하신 경우</u>, 대안적으로 활용할 수 있는 측정 방안에 대한 의견을 작성하여 주십시오. <u>적절하다고 응답하신 경우</u>에는 그 이유를 작성해 주십시오.

Q2-2. ②번 지표에 대한 의견

지표			측정방안	
②	적절한 재산기준이 설정되어 있는가	☐ 적절 ☐ 부적절	재산요건 기준과 통계자료에 기반한 차상위가구의 평균 재산수준 비교	☐ 적절 ☐ 부적절

Q2-2-1. <u>지표가 부적절하다고 응답하신 경우</u>, 대안적으로 활용할 수 있는 지표에 대한 의견을 작성하여 주십시오. <u>적절하다고 응답하신 경우</u>에는 그 이유를 작성해 주십시오.

Q2-2-2. 해당 지표에 대한 측정 방안이 부적절하다고 응답하신 경우, 대안적으로 활용할 수 있는 측정 방안에 대한 의견을 작성하여 주십시오. <u>적절하다고 응답하신 경우</u>에는 그 이유를 작성해 주십시오.

Q2-3. ③번 지표에 대한 의견

지표			측정방안	
③	저소득층 포괄 수준	☐ 적절 ☐ 부적절	가구유형별 차상위가구수 대비 수급가구 비율	☐ 적절 ☐ 부적절

Q2-3-1. 지표가 부적절하다고 응답하신 경우, 대안적으로 활용할 수 있는 지표에 대한 의견을 작성하여 주십시오. 적절하다고 응답하신 경우에는 그 이유를 작성해 주십시오.

| |
| |

Q2-3-2. 해당 지표에 대한 측정 방안이 부적절하다고 응답하신 경우, 대안적으로 활용할 수 있는 측정 방안에 대한 의견을 작성하여 주십시오. 적절하다고 응답하신 경우에는 그 이유를 작성해 주십시오.

| |
| |

Q2-4. ④번 지표에 대한 의견

지표		측정방안	
④	취약계층 포괄 여부 □ 적절 □ 부적절	특정 취약계층(청년, 노인, 유자녀가구) 수급 비율	□ 적절 □ 부적절

Q2-4-1. 지표가 부적절하다고 응답하신 경우, 대안적으로 활용할 수 있는 지표에 대한 의견을 작성하여 주십시오. 적절하다고 응답하신 경우에는 그 이유를 작성해 주십시오.

| |
| |

Q2-4-2. **해당 지표에 대한 측정 방안이 부적절하다고 응답하신 경우**, 대안적으로 활용할 수 있는 측정 방안에 대한 의견을 작성하여 주십시오. **적절하다고 응답하신 경우에는 그 이유를 작성해 주십시오.**

Q2-5. ⑤번 지표에 대한 의견

	지표		측정방안	
⑤	제도 설계의 소득지원 중점 여부 (소득구간길이)	☐ 적절 ☐ 부적절	점증구간 대비 (평탄+점감) 구간 비율	☐ 적절 ☐ 부적절

Q2-5-1. **지표가 부적절하다고 응답하신 경우**, 대안적으로 활용할 수 있는 지표에 대한 의견을 작성하여 주십시오. **적절하다고 응답하신 경우에는 그 이유를 작성해 주십시오.**

Q2-5-2. **해당 지표에 대한 측정 방안이 부적절하다고 응답하신 경우**, 대안적으로 활용할 수 있는 측정 방안에 대한 의견을 작성하여 주십시오. **적절하다고 응답하신 경우에는 그 이유를 작성해 주십시오.**

Q2-6. ⑥번 지표에 대한 의견

	지표		측정방안	
⑥	소득지원 중점 구간의 수급자 분포	☐ 적절 ☐ 부적절	가구유형별 (명탄+점감) 구간 수급가구 비중	☐ 적절 ☐ 부적절

Q2-6-1. <u>지표가 부적절하다고 응답하신 경우</u>, 대안적으로 활용할 수 있는 지표에 대한 의견을 작성하여 주십시오. <u>적절하다고 응답하신 경우</u>에는 그 이유를 작성해 주십시오.

Q2-6-2. <u>해당 지표에 대한 측정 방안이 부적절하다고 응답하신 경우</u>, 대안적으로 활용할 수 있는 측정 방안에 대한 의견을 작성하여 주십시오. <u>적절하다고 응답하신 경우</u>에는 그 이유를 작성해 주십시오.

Q2-7. ⑦번 지표에 대한 의견

	지표		측정방안	
⑦	최대 지급액 수준	☐ 적절 ☐ 부적절	가구유형별 1인당 GNI 대비 최대지급액 수준 범위	☐ 적절 ☐ 부적절

Q2-7-1. <u>지표가 부적절하다고 응답하신 경우</u>, 대안적으로 활용할 수 있는 지표에 대한 의견을 작성하여 주십시오. <u>적절하다고 응답하신 경우</u>에는 그 이유를 작성해 주십시오.

Q2-7-2. <u>해당 지표에 대한 측정 방안이 부적절하다고 응답하신 경우</u>, 대안적으로 활용할 수 있는 측정 방안에 대한 의견을 작성하여 주십시오. <u>적절하다고 응답하신 경우</u>에는 그 이유를 작성해 주십시오.

Q2-8. ⑧번 지표에 대한 의견

	지표		측정방안	
⑧	평균 지급액 수준	☐ 적절 ☐ 부적절	수급가구 전체 및 가구유형별 평균지급액	☐ 적절 ☐ 부적절

Q2-8-1. <u>지표가 부적절하다고 응답하신 경우</u>, 대안적으로 활용할 수 있는 지표에 대한 의견을 작성하여 주십시오. <u>적절하다고 응답하신 경우</u>에는 그 이유를 작성해 주십시오.

Q2-8-2. 해당 지표에 대한 측정 방안이 부적절하다고 응답하신 경우, 대안적으로 활용할 수 있는 측정 방안에 대한 의견을 작성하여 주십시오. 적절하다고 응답하신 경우에는 그 이유를 작성해 주십시오.

Q2-9. ⑨번 지표에 대한 의견

	지표		측정방안	
⑨	부양자녀수에 따른 지급액 형평성	□ 적절 □ 부적절	홑벌이 가구의 부양자녀수별 빈곤선 대비 최대지급액 수준(자녀장려금 최대지급액 함께 고려)	□ 적절 □ 부적절

Q2-9-1. 지표가 부적절하다고 응답하신 경우, 대안적으로 활용할 수 있는 지표에 대한 의견을 작성하여 주십시오. 적절하다고 응답하신 경우에는 그 이유를 작성해 주십시오.

Q2-9-2. 해당 지표에 대한 측정 방안이 부적절하다고 응답하신 경우, 대안적으로 활용할 수 있는 측정 방안에 대한 의견을 작성하여 주십시오. 적절하다고 응답하신 경우에는 그 이유를 작성해 주십시오.

Q2-10. ⑩번 지표에 대한 의견

지표			측정방안	
⑩	빈곤가구 지급 수준	☐ 적절 ☐ 부적절	근로장려금 총 지급액 대비 빈곤선 기준 이하 가구에만 지급된 금액 비중	☐ 적절 ☐ 부적절

Q2-10-1. <u>지표가 부적절하다고 응답하신 경우</u>, 대안적으로 활용할 수 있는 지표에 대한 의견을 작성하여 주십시오. <u>적절하다고 응답하신 경우</u>에는 그 이유를 작성해 주십시오.

Q2-10-2. <u>해당 지표에 대한 측정 방안이 부적절하다고 응답하신 경우</u>, 대안적으로 활용할 수 있는 측정 방안에 대한 의견을 작성하여 주십시오. <u>적절하다고 응답하신 경우</u>에는 그 이유를 작성해 주십시오.

Q2-11. 위에서 제시된 2가지 차원(보장범위, 보장수준)과 10가지 지표(측정방안) 이외에 추가적으로 '소득지원' 정책 목표 측면에서 고려해야 할 차원, 지표(측정방안)에 대한 의견이 있으시다면 자유롭게 작성하여 주십시오.

※ 본 조사에 따른 의견 취합 후, 각 차원 및 지표에 대한 중요도 조사를 추가적으로 진행할 예정이오니, 현재 제시된 안에서 필요없는 항목에 대한 의견보다는 추가적으로 고려될 수 있는 부분에 대한 의견을 주시길 부탁드립니다.

【'근로 장려' 정책 목표 측면에서의 적정성 판단 차원 및 지표(안)】

정책목표	차원		지표	측정방안
근로 장려	유인 제공	①	실질적 근로유인을 제공하는가	근로장려금 수급가구와 미수급가구의 가처분소득 수준 비교
		②	제도 설계의 근로장려 중점 여부	점증구간의 점증률
				(평탄+점감) 구간 대비 점증 구간 비율
		③	근로장려 중점 구간의 수급자 분포	가구유형별 점증 구간 수급가구 비중
		④	이차 소득자 근로 가구 비중	수급가구 중 맞벌이가구 비중
		⑤	생계급여 수급 고려시 근로 유인을 제공하는가	생계급여 소득기준과 근로장려금 점감구간 시작 소득 수준의 비교
				생계급여 수급 가구 중 근로장려금 수급가구와 미수급가구의 가처분소득 비교
		⑥	최저임금 수준 고려시 맞벌이 유인을 제공하는가	근로장려금 수급 가구 중 외벌이 최저임금 가구의 가처분소득과 맞벌이 최저임금의 가처분소득 비교
	근로 유형	⑦	공공부문일자리 비중	수급가구 내 취업자 중 공공일자리 종사 비중
		⑧	단시간일자리 비중	수급가구 내 취업자 중 단시간 근로 비중
		⑨	간헐적일자리 비중	수급가구 내 취업자 중 연간 근로개월수 6개월 이하 비중

Q3. 위의 표는 '근로장려'라는 정책 목표와 연계하여 고려할 수 있는 적정성 판단 차원과 지표안을 제시하고 있습니다. 각 항목에 대한 의견을 작성하여 주십시오.

Q3-1. ①번 지표에 대한 의견

	지표		측정방안	
①	실질적 근로유인을 제공하는가	☐ 적절 ☐ 부적절	근로장려금 수급가구와 미수급가구의 가처분소득 수준 비교	☐ 적절 ☐ 부적절

Q3-1-1. <u>지표가 부적절하다고 응답하신 경우</u>, 대안적으로 활용할 수 있는 지표에 대한 의견을 작성하여 주십시오. <u>적절하다고 응답하신 경우</u>에는 그 이유를 작성해 주십시오.

| |
| |

Q3-1-2. <u>해당 지표에 대한 측정 방안이 부적절하다고 응답하신 경우</u>, 대안적으로 활용할 수 있는 측정 방안에 대한 의견을 작성하여 주십시오. <u>적절하다고 응답하신 경우</u>에는 그 이유를 작성해 주십시오.

| |
| |

Q3-2. ②번 지표에 대한 의견

	지표		측정방안	
②	제도 설계의 근로장려 중점 여부	☐ 적절 ☐ 부적절	점증구간의 점증률	☐ 적절 ☐ 부적절
			(평탄+점감) 구간 대비 점증 구간 비율	☐ 적절 ☐ 부적절

Q3-2-1. <u>지표가 부적절하다고 응답하신 경우</u>, 대안적으로 활용할 수 있는 지표에 대한 의견을 작성하여 주십시오. <u>적절하다고 응답하신 경우</u>에는 그 이유를 작성해 주십시오.

| |
| |

Q3-2-2. <u>해당 지표에 대한 측정 방안(점증구간의 점증률)이 부적절하다고 응답하신 경우, 대안적으로 활용할 수 있는 측정 방안에 대한 의견을 작성하여 주십시오. 적절하다고 응답하신 경우에는 그 이유를 작성해 주십시오.</u>

Q3-2-3. <u>해당 지표에 대한 측정 방안((평탄+점감) 구간 대비 점증 구간 비율)이 부적절하다고 응답하신 경우, 대안적으로 활용할 수 있는 측정 방안에 대한 의견을 작성하여 주십시오. 적절하다고 응답하신 경우에는 그 이유를 작성해 주십시오.</u>

Q3-3. ③번 지표에 대한 의견

	지표		측정방안	
③	근로장려 중점 구간의 수급자 분포	□ 적절 □ 부적절	가구유형별 점증 구간 수급가구 비중	□ 적절 □ 부적절

Q3-3-1. <u>지표가 부적절하다고 응답하신 경우, 대안적으로 활용할 수 있는 지표에 대한 의견을 작성하여 주십시오. 적절하다고 응답하신 경우에는 그 이유를 작성해 주십시오.</u>

Q3-3-2. 해당 지표에 대한 측정 방안이 부적절하다고 응답하신 경우, 대안적으로 활용할 수 있는 측정 방안에 대한 의견을 작성하여 주십시오. <u>적절하다고 응답하신 경우에는 그 이유를 작성해 주십시오.</u>

Q3-4. ④번 지표에 대한 의견

지표			측정방안	
④	이차 소득자 근로 가구 비중	☐ 적절 ☐ 부적절	수급가구 중 맞벌이가구 비중	☐ 적절 ☐ 부적절

Q3-4-1. <u>지표가 부적절하다고 응답하신 경우</u>, 대안적으로 활용할 수 있는 지표에 대한 의견을 작성하여 주십시오. <u>적절하다고 응답하신 경우에는 그 이유를 작성해 주십시오.</u>

Q3-4-2. 해당 지표에 대한 측정 방안이 부적절하다고 응답하신 경우, 대안적으로 활용할 수 있는 측정 방안에 대한 의견을 작성하여 주십시오. <u>적절하다고 응답하신 경우에는 그 이유를 작성해 주십시오.</u>

Q3-5. ⑤번 지표에 대한 의견

지표			측정방안	
⑤	생계급여 수급 고려시 근로 유인을 제공하는가	☐ 적절 ☐ 부적절	생계급여 소득기준과 근로장려금 점감구간 시작 소득 수준의 비교	☐ 적절 ☐ 부적절
			생계급여 수급 가구 중 근로장려금 수급가구와 미수급가구의 가처분소득 비교	☐ 적절 ☐ 부적절

Q3-5-1. <u>지표가 부적절하다고 응답하신 경우</u>, 대안적으로 활용할 수 있는 지표에 대한 의견을 작성하여 주십시오. <u>적절하다고 응답하신 경우</u>에는 그 이유를 작성해 주십시오.

Q3-5-2. <u>해당 지표에 대한 측정 방안(생계급여 소득기준과 근로장려금 점감구간 시작 소득 수준의 비교)이 부적절하다고 응답하신 경우</u>, 대안적으로 활용할 수 있는 측정 방안에 대한 의견을 작성하여 주십시오. <u>적절하다고 응답하신 경우</u>에는 그 이유를 작성해 주십시오.

Q3-5-3. <u>해당 지표에 대한 측정 방안(생계급여 수급 가구 중 근로장려금 수급가구와 미수급가구의 가처분소득 비교)이 부적절하다고 응답하신 경우</u>, 대안적으로 활용할 수 있는 측정 방안에 대한 의견을 작성하여 주십시오. <u>적절하다고 응답하신 경우</u>에는 그 이유를 작성해 주십시오.

Q3-6. ⑥번 지표에 대한 의견

	지표		측정방안	
⑥	최저임금 수준 고려시 맞벌이 유인을 제공하는가	☐ 적절 ☐ 부적절	근로장려금 수급 가구 중 외벌이 최저임금 가구의 가처분소득과 맞벌이 최저임금의 가처분소득 비교	☐ 적절 ☐ 부적절

Q3-6-1. <u>지표가 부적절하다고 응답하신 경우</u>, 대안적으로 활용할 수 있는 지표에 대한 의견을 작성하여 주십시오. <u>적절하다고 응답하신 경우</u>에는 그 이유를 작성해 주십시오.

Q3-6-2. <u>해당 지표에 대한 측정 방안이 부적절하다고 응답하신 경우</u>, 대안적으로 활용할 수 있는 측정 방안에 대한 의견을 작성하여 주십시오. <u>적절하다고 응답하신 경우</u>에는 그 이유를 작성해 주십시오.

Q3-7. ⑦번 지표에 대한 의견

	지표		측정방안	
⑦	공공부문 일자리 비중	☐ 적절 ☐ 부적절	수급가구 내 취업자 중 공공일자리 종사 비중	☐ 적절 ☐ 부적절

Q3-7-1. <u>지표가 부적절하다고 응답하신 경우</u>, 대안적으로 활용할 수 있는 지표에 대한 의견을 작성하여 주십시오. <u>적절하다고 응답하신 경우</u>에는 그 이유를 작성해 주십시오.

Q3-7-2. 해당 지표에 대한 측정 방안이 부적절하다고 응답하신 경우, 대안적으로 활용할 수 있는 측정 방안에 대한 의견을 작성하여 주십시오. <u>적절하다고 응답하신 경우에는 그 이유를 작성해 주십시오.</u>

Q3-8. ⑧번 지표에 대한 의견

지표			측정방안	
⑧	단시간 일자리 비중	☐ 적절 ☐ 부적절	수급가구 내 취업자 중 단시간 근로 비중	☐ 적절 ☐ 부적절

Q3-8-1. <u>지표가 부적절하다고 응답하신 경우</u>, 대안적으로 활용할 수 있는 지표에 대한 의견을 작성하여 주십시오. <u>적절하다고 응답하신 경우에는 그 이유를 작성해 주십시오.</u>

Q38-2. 해당 지표에 대한 측정 방안이 부적절하다고 응답하신 경우, 대안적으로 활용할 수 있는 측정 방안에 대한 의견을 작성하여 주십시오. <u>적절하다고 응답하신 경우에는 그 이유를 작성해 주십시오.</u>

Q3-9. ⑨번 지표에 대한 의견

지표			측정방안	
⑨	간헐적일자리 비중	☐ 적절 ☐ 부적절	수급가구 내 취업자 중 연간 근로개월수 6개월 이하 비중	☐ 적절 ☐ 부적절

Q3-9-1. <u>지표가 부적절하다고 응답하신 경우</u>, 대안적으로 활용할 수 있는 지표에 대한 의견을 작성하여 주십시오. <u>적절하다고 응답하신 경우</u>에는 그 이유를 작성해 주십시오.

Q3-9-2. <u>해당 지표에 대한 측정 방안이 부적절하다고 응답하신 경우</u>, 대안적으로 활용할 수 있는 측정 방안에 대한 의견을 작성하여 주십시오. <u>적절하다고 응답하신 경우</u>에는 그 이유를 작성해 주십시오.

Q3-10. 위에서 제시된 2가지 차원(유인제공, 근로유형)과 9가지 지표(측정방안) 이외에 추가적으로 '소득지원' 정책 목표 측면에서 고려해야 할 차원, 지표(측정방안)에 대한 의견이 있으시다면 자유롭게 작성하여 주십시오.

※ 본 조사에 따른 의견 취합 후, 각 차원 및 지표에 대한 중요도 조사를 추가적으로 진행할 예정이오니, 현재 제시된 안에서 필요없는 항목에 대한 의견보다는 추가적으로 고려될 수 있는 부분에 대한 의견을 주시길 부탁드립니다.

【모든 정책 목표 고려시 행정적 측면에서의 적정성 판단 차원 및 지표(안)】

정책 목표	차원	지표		측정방안
소득지원 근로장려	행정적 측면	①	소득 파악력	신청안내 가구 중 수급가구 비중
				부정수급 모니터링 및 파악 여부(정도)
		②	정책 체감도	반기 지급 이용 가구 비중
				신청후 지급까지 평균 소요 기간
				이용자 만족도(신청절차, 진행과정 등)

Q4. 위의 표는 '소득지원' 및 '근로장려' 정책 목표 모두 고려시, 제도 운영의 행정적 측면에서 고려해야 할 적정성 판단 차원 및 지표안을 제시하고 있습니다. 각 항목에 대한 의견을 작성하여 주십시오.

Q4-1. ①번 지표에 대한 의견

	지표		측정방안	
①	소득 파악력	☐ 적절 ☐ 부적절	신청안내 가구 중 수급가구 비중	☐ 적절 ☐ 부적절
			부정수급 모니터링 및 파악 여부(정도)	☐ 적절 ☐ 부적절

Q4-1-1. <u>지표가 부적절하다고 응답하신 경우</u>, 대안적으로 활용할 수 있는 지표에 대한 의견을 작성하여 주십시오. <u>적절하다고 응답하신 경우</u>에는 그 이유를 작성해 주십시오.

Q4-1-2. **해당 지표에 대한 측정 방안(신청안내 가구 중 수급가구 비중)이 부적절하다고 응답하신 경우**, 대안적으로 활용할 수 있는 측정 방안에 대한 의견을 작성하여 주십시오. 적절하다고 응답하신 경우에는 그 이유를 작성해 주십시오.

Q4-1-3. **해당 지표에 대한 측정 방안(부정수급 모니터링 및 파악 여부(정도))이 부적절하다고 응답하신 경우**, 대안적으로 활용할 수 있는 측정 방안에 대한 의견을 작성하여 주십시오. 적절하다고 응답하신 경우에는 그 이유를 작성해 주십시오.

Q4-2. ②번 지표에 대한 의견

지표			측정방안	
②	정책 체감도	☐ 적절 ☐ 부적절	반기 지급 이용 가구 비중	☐ 적절 ☐ 부적절
			신청후 지급까지 평균 소요 기간	☐ 적절 ☐ 부적절
			이용자 만족도(신청절차, 진행과정 등)	☐ 적절 ☐ 부적절

Q4-2-1. **지표가 부적절하다고 응답하신 경우**, 대안적으로 활용할 수 있는 지표에 대한 의견을 작성하여 주십시오. 적절하다고 응답하신 경우에는 그 이유를 작성해 주십시오.

Q4-2-2. **해당 지표에 대한 측정 방안(반기 지급 이용 가구 비중)이 부적절하다고 응답하신 경우**, 대안적으로 활용할 수 있는 측정 방안에 대한 의견을 작성하여 주십시오. 적절하다고 응답하신 경우에는 그 이유를 작성해 주십시오.

Q4-2-3. **해당 지표에 대한 측정 방안(신청후 지급까지 평균 소요 기간)이 부적절하다고 응답하신 경우**, 대안적으로 활용할 수 있는 측정 방안에 대한 의견을 작성하여 주십시오. 적절하다고 응답하신 경우에는 그 이유를 작성해 주십시오.

Q4-2-4. **해당 지표에 대한 측정 방안(이용자 만족도(신청절차, 진행과정 등))이 부적절하다고 응답하신 경우**, 대안적으로 활용할 수 있는 측정 방안에 대한 의견을 작성하여 주십시오. 적절하다고 응답하신 경우에는 그 이유를 작성해 주십시오.

Q4-3. 위에서 제시된 1가지 차원(행정적 측면)과 5가지 지표(측정방안) 이외에 추가적으로 고려해야 할 차원, 지표(측정방안)에 대한 의견이 있으시다면 자유롭게 작성하여 주십시오.

※ 본 조사에 따른 의견 취합 후, 각 차원 및 지표에 대한 중요도 조사를 추가적으로 진행할 예정이오니, 현재 제시된 안에서 필요없는 항목에 대한 의견보다는 추가적으로 고려될 수 있는 부분에 대한 의견을 주시길 부탁드립니다.

[부록 2] 근로장려금 사업 적정성 분석 차원 및 지표를 위한 AHP 전문가 조사

근로장려금 사업 적정성 분석 차원 및 지표를 위한 AHP 전문가 조사

본 조사는 2008년부터 시행되고 있는 근로장려세제(Earned Income Tax Credit, EITC)의 적정성 분석을 위해 적정성 판단 차원 및 지표를 발굴하고자 하는 목적으로 진행하는 것으로, 동 제도에 관한 연구 및 정책평가 관련 연구 수행 경험이 있는 전문가를 그 대상으로 하고 있습니다.

본 연구에서 '적정성(Adequacy)' 분석은 **'개별 사업이 정책 목표를 달성할 수 있도록 구성되어 운영되고 있는가?'를 검토하는 것**으로 정의하였으며, 이에 적정성 판단 차원과 지표를 정책 목표와 연계하여 구성하였습니다. **각 차원과 지표는 정책 수행단계를 기준으로 볼 때 정책 설계(design)-과정(process)-산출물(outputs) 단계에 중점**을 두고 구성되었으며, 이를 통해 사후관리적 측면에서 검토 및 피드백을 제공할 수 있도록 하여 정책의 목표 달성도를 높이고자 하는 것이 본 조사에서 정의한 '적정성 분석'의 궁극적 목표입니다.

본 조사에서는 1차로 실시된 델파이 조사를 기반으로 하여 적정성 판단 차원과 지표를 재구성하여 제시하였고, **제시된 차원과 지표가 근로장려금 사업의 적정성 분석에서 갖는 상대적 중요도를 파악하고자 AHP 조사를 실시하고자 합니다.** 현재 제시한 차원별 지표는 최대한 정량화가 가능한 방식으로 구성하였으나, 일부 지표는 그 특성상 정성적 판단이 필요하거나 가용 자료원의 부재로 산출이 어려운 경우도 포함되어 있습니다. **본 설문에서는 실무적인 산출 측면보다는 적정성 분석에서 각 차원 및 지표가 갖는 의미에 좀 더 중점을 두고 응답하여주시길** 부탁드립니다.

〈 응답자 확인 질문 〉

DQ1. 귀하는 근로장려세제 관련 연구 경험이 있으십니까?
① 예
② 아니오

DQ2. 귀하의 주된 연구 분야는 다음 중 어디에 해당하십니까?
① 사회보장제도 전문가(연구자)
② 정책평가 전문가(연구자)
③ 기타(_____)

■ 본 설문은 1차 델파이 조사를 통해 도출된 의견을 바탕으로, 근로장려금(EITC) 제도의 적정성 평가 차원 및 지표의 상대적 중요도를 측정하기 위한 전문가 조사입니다.

■ 상대적 중요성에 대한 척도

척도	정의	설명
1단계	동등	• 두 개의 지표가 차상위 목표의 기준에서 볼 때 똑같이 중요(1배)
3단계	약간 중요	• 한 지표가 다른 지표보다 3배 가량 중요
5단계	중요	• 한 지표가 다른 지표보다 5배 가량 중요
7단계	매우 중요	• 한 지표가 다른 지표보다 7배 가량 중요하거나 가치가 있음
9단계	절대 중요	• 다른 지표에 비하여 비교할 수 없을 정도로 절대적으로 중요(9배)

■ 지표 비교의 예시

다음 두 항목 중 어떤 항목이 근로장려금 제도의 적정성 평가에 있어 더 중요하다고 판단하시는지 중요도의 정도에 따라 체크해 주시기 바랍니다.

	절대 중요		중요				동등				중요			절대 중요	
	9	8	7	6	5	4	3	2	1	2	3	4	5	6	7	8	9
A 지표	●																	B 지표

→ A지표가 B지표보다 절대적으로 중요한 지표임

| A 지표 | | | | | | | ● | | | | | | | | | | C 지표 |

→ A지표가 C지표보다 약간 더 중요한 지표임

■ 설문을 위한 비교요소 항목

다음은 근로장려금 제도의 적정성 평가 차원 및 지표의 구성 체계입니다.

다음 요소를 토대로 설문에 대한 답변 부탁드립니다.

■ 평가 요소 체계

평가 차원	평가 항목 (평가요소)	지표	측정
대상자 자격 요건의 적절성	저소득자에 대한 소득 및 재산 기준이 적절한가	가구유형별 소득상한기준의 적절성	가구유형별(단독, 홑벌이, 맞벌이) 중위수 시장소득 대비 소득상한기준 비율
		재산상한기준의 적절성	저소득가구(중위소득 50~80%이하)의 자산 중위수 대비 재산상한기준 비율
대상자 포괄성	제도 수급 대상자 규모	수급가구 비율	전체 가구 대비 수급가구 비율
		소득분위별 수급가구 비율	소득분위별(P10~P50) 가구수 대비 수급가구 비율
		가구유형별 수급가구 비율	가구유형별(단독,홑벌이,맞벌이) 가구 대비 수급가구 비율
		가구주 연령별 수급가구 비율	가구주 연령별(~34세, 35~54세, 55~64세, 65세 이상) 가구 대비 수급가구 비율
		가구주 종사상지위별 수급가구 비율	가구주 종사상지위별(상용, 임시/일용, 자영업자) 가구 대비 수급가구 비율
급여 적시성	단기적 소득변동 대응 가능성	급여지급주기 다양성	연 단위보다 짧은 지급주기를 선택할수 있도록 제도가 설계되어 있는지 여부
		급여지급주기 적용 대상 제한 여부	지급주기 선택에 있어 제한요건의 존재 여부
		반기 지급 이용률	정기 지급가구 대비 반기 지급가구 비율
급여수준 충분성	급여수준의 충분성 파악	가구소득 대비 최대지급액 비율	가구유형별(단독, 홑벌이, 맞벌이) 평균 '근로+사업소득' 대비 최대지급액 비율
		가구소득 대비 평균 근로장려금 비율	수급가구 전체 및 가구유형별(단독, 홑벌이, 맞벌이) 평균 '근로+사업소득' 대비 평균 근로장려금 비율
		근로장려금 평균 및 중위수 지급액	수급가구 전체 및 가구유형별(단독, 홑벌이, 맞벌이) 근로장려금 평균 및 중위수 지급액
		근로장려금 수급 전후 상대빈곤율 변화	수급가구의 근로장려금 수급 전후의 상대빈곤율 변화
		근로장려금 수급 전후 소득분위 이동 비율	수급가구의 근로장려금 수급 전후 소득분위 이동 변화

평가 차원	평가 항목 (평가요소)	지표	측정
근로유인 제공	노동공급 유인을 제공하고 있는가	점증률	가구유형별(단독, 홑벌이, 맞벌이) 점증 구간의 점증률
		점감률	가구유형별(단독, 홑벌이, 맞벌이) 점감 구간의 점감률
		'점증+평탄'구간 대비 점 감 구간 비율	가구유형별(단독, 홑벌이, 맞벌이) '점증 +평탄'구간 대비 '점감' 구간 비율
		근로장려금 산정구조 인지 여부	근로장려금 수급가구의 근로장려금 산 정구조(점증, 평탄, 점감) 인지 여부
노동공급 확대	저소득 가구의 노동공급이 확대되고 있는가	소득분위별 총가구원수 대 비 취업가구원 비율	소득분위별(P10~P50) 가구의 총 가구 원수 대비 근로+사업소득 보유 가구원 수 비율 평균
		소득분위별 취업가구 분포	소득분위별(P10~P50) 가구수 대비 취 업가구(가구주 또는 배우자가 근로+사 업소득 보유한 가구) 비율
		수급가구 내 취업가구원 의 평균 연간 근로개월수	수급가구 내 취업가구원(가구주 또는 배우자)의 평균 연간 근로개월수
		수급가구 내 취업가구원의 재정지원일자리사업 참여 자 비율	수급가구 대상 '근로+사업소득' 보유 가구주 및 배우자 인원수 대비 재정지 원일자리 사업 참여 가구주 및 배우자 인원수 비율
		생계급여 수급가구 비율	근로장려금 수급가구 중 생계급여 수급 가구 비율
		가구유형별 '점증+평탄' 구 간 수급가구 비율	가구유형별(단독,홑벌이,맞벌이) 수급 가구 대비 '점증+평탄'구간 수급가구 비율 분포
행정관리	정책의 성과 달성 지원을 위해 행정 전반이 잘 운영되고 있는가	신청 접근성	신청자의 특성을 고려한 다양한 신청 채널(온라인, ARS 등) 운영 여부
		신청 가구 대비 지급 가구 비율	근로장려금 신청 가구 대비 지급 가구 비율
		부정수급 모니터링	사후관리 제도 등의 운영 여부
		부정수급액 회수율	환수결정액 대비 회수금액 비율
		신청 후 지급까지의 소요 기간	정기, 반기 신청별 신청 후 지급까지의 소요시간
		정책만족도	수급가구의 정책 만족도

문1. 근로장려금 제도는 관련 법 조항에서 '저소득자의 근로를 장려하고 소득을 지원하기 위해' 시행하고 있음을 명기하고 있습니다. 동 제도를 통해 궁극적으로 달성하고자 하는 사회적 성과(노동시장 참여에 기반한 근로소득 증대 및 이를 통한 복지정책 의존 상황으로부터의 경제적 자립)를 고려할 때, 제도의 설계운영과정에서 다음 중 어떤 정책 목표가 더 중요하다고 생각하십니까?

	절대 중요			중요			동등			중요			절대 중요	
	9	8	7	6	5	4	3	2	1	2	3	4	5	6	7	8	9
근로장려																	|소득지원

평가 차원	평가 항목 (평가요소)	지표	측정
대상자 자격요건의 적정성	저소득자에 대한 소득 및 재산 기준 적정한가	가구유형별 소득상한기준의 적정성	가구유형별(단독, 홑벌이, 맞벌이) 중위수 시장소득 대비 소득상한기준 비율
		재산상한기준의 적정성	저소득가구(중위소득 50~80%이하)의 자산 중위수 대비 재산상한기준 비율
대상자 포괄성	제도 수급 대상자 규모	수급가구 비율	전체 가구 대비 수급가구 비율
		소득분위별 수급가구 비율	소득분위별(P10~P50) 가구수 대비 수급가구 비율
		가구유형별 수급가구 비율	가구유형별(단독, 홑벌이, 맞벌이) 가구 대비 수급가구 비율
		가구주 연령별 수급가구 비율	가구주 연령별(~34세, 35~54세, 55~64세, 65세 이상) 가구 대비 수급가구 수
		가구주 종사상지위별 수급가구 비율	가구주 종사상지위별(상용, 임시/일용, 자영업자) 가구 대비 수급가구 비율
급여적시성	단기적 소득변동 대응 가능성	급여지급주기 다양성	연 단위보다 짧은 지급주기를 선택할수 있도록 제도가 설계되어 있는지 여부
		급여지급주기 적용 대상 제한 여부	지급주기 선택에 있어 제한요건의 존재 여부
		반기 지급 이용률	정기 지급가구 대비 반기 지급가구 비율
급여수준 충분성	급여수준의 충분성 파악	가구소득 대비 최대지급액 비율	가구유형별(단독, 홑벌이, 맞벌이) 평균 '근로+사업소득' 대비 최대지급액 비율
		가구소득 대비 평균 근로장려금 비율	수급가구 전체 및 가구유형별(단독, 홑벌이, 맞벌이) 평균 '근로+사업소득' 대비 평균 근로장려금 비율
		근로장려금 평균 및 중위수 지급액	수급가구 전체 및 가구유형별(단독, 홑벌이, 맞벌이) 근로장려금 평균 및 중위수 지급액
		근로장려금 수급 전후 상대빈곤율 변화	수급가구의 근로장려금 수급 전후의 상대빈곤율 변화
		근로장려금 수급 전후 소득분위 이동 비율	수급가구의 근로장려금 수급 전후 소득분위 이동 변화

평가 차원	평가 항목 (평가요소)	지표	측정
근로유인 제공	노동공급 유인을 제공하고 있는가	점증률	가구유형별(단독, 홑벌이, 맞벌이) 점증구간의 점증률
		점감률	가구유형별(단독, 홑벌이, 맞벌이) 점감구간의 점감률
		'점증+평탄' 구간 대비 점감 구간 비율	가구유형별(단독, 홑벌이, 맞벌이) '점증+평탄' 구간 대비 '점감' 구간 비율
		근로장려금 산정구조 인지 여부	근로장려금 수급가구의 근로장려금 산정구조(점증, 평탄, 점감) 인지 여부
노동공급 확대	저소득가구의 노동공급이 확대되고 있는가	소득분위별 중향수 취업가구원 대비 비율	소득분위별(P10~P50) 가구의 가구 중 가구원수 대비 취업원수 비율 평균
		소득분위별 취업가구 분포	소득분위별(P10~P50) 가구 대비 취업가구(가구주 또는 배우자가 근로+사업소득 보유한 가구) 비율
		수급가구 내 취업가구원의 평균 연간 근로개월수	수급가구 내 취업가구원(가구주 또는 배우자)의 평균 연간 근로개월수
		수급가구 내 취업가구원의 재정지원일자리 사업 참여자 비율	수급가구 대상 '근로+사업소득 보유 가구주 및 배우자 인원수 대비 재정지원일자리 사업 참여 가구주 및 배우자 인원수' 비율
		생계급여 수급가구 비율	근로장려금 수급가구 중 생계급여 수급가구 비율
		가구유형별 '점증+평탄' 구간 수급가구 비율	가구유형별(단독, 홑벌이, 맞벌이) '점증+평탄' 구간 대비 수급 가구 비율 분포
행정관리	정책의 성과 달성의 지원을 위해 행정 전반이 잘 운영되고 있는가	신청 접근성	신청자의 특성을 고려한 다양한 신청 채널(온라인, ARS 등) 운영 여부
		신청 가구 대비 지급 가구 비율	근로장려금 신청 가구 대비 지급 가구 비율
		부정수급 모니터링	사후관리 제도 등의 운영 여부
		부정수급 회수율	환수결정액 대비 회수금액 비율
		신청 후 지급까지의 소요 기간	정기, 반기 신청별 신청 후 지급까지의 소요시간
		정책만족도	수급가구의 정책 만족도

문2. 근로장려금 제도가 여러 정책목표를 달성할 수 있도록 적정하게 구성되어 운영되고 있는가를 판단할 때, 다음 중 어떤 평가 차원이 상대적으로 더 중요하다고 생각하십니까? 더 중요하다고 생각되는 평가 차원을 선택하고, 그 정도를 표시해주시기 바랍니다.

	절대 중요			중요				동등				중요			절대 중요	
	9	8	7	6	5	4	3	2	1	2	3	4	5	6	7	8	9	
대상자 자격요건의 적절성																		대상자 포괄성
대상자 자격요건의 적절성																		급여적시성
대상자 자격요건의 적절성																		급여수준 충분성
대상자 자격요건의 적절성																		근로유인 제공
대상자 자격요건의 적절성																		노동공급 확대
대상자 포괄성																		행정관리
대상자 포괄성																		급여적시성
대상자 포괄성																		급여수준 충분성
대상자 포괄성																		근로유인 제공
대상자 포괄성																		노동공급 확대
대상자 포괄성																		행정관리
급여적시성																		급여수준 충분성

	절대중요		중요				동등				중요			절대중요	
	9	8	7	6	5	4	3	2	1	2	3	4	5	6	7	8	9	
급여적시성																		근로유인 제공
급여적시성																		노동공급 확대
급여적시성																		행정관리
급여수준 충분성																		근로유인 제공
급여수준 충분성																		노동공급 확대
급여수준 충분성																		행정관리
근로유인 제공																		노동공급 확대
근로유인 제공																		행정관리
노동공급 확대																		행정관리

평가 차원	평가 항목 (평가요소)	지표	측정
대상자 자격요건의 적절성	저소득자에 대한 소득 및 재산 기준의 적절한가	가구유형별 소득상한기준의 적절성	가구유형별(단독, 홑벌이, 맞벌이) 중위수 시장소득 대비 소득상한기준 비율
		재산상한기준의 적절성	저소득가구(중위수소득 50~80%이하)의 자산 중위수 대비 재산상한기준 비율

문3-1. 아래는 첫 번째 평가 차원(대상자 자격요건의 적절성)에 포함된 세부 지표 간 상대적 중요도를 평가하는 문항입니다. 근로장려금 제도의 적절성 판단 기준으로, 더 중요하다고 판단되는 지표를 선택하시고, 그 중요도의 정도를 표시해주시기 바랍니다.

	절대 중요		중요		동등		중요		절대 중요	
	9	8	7	6	5	4	3	2	1	2	3	4	5	6	7	8	9	
가구유형별 소득상한기준의 적절성																		재산상한기준의 적절성

부록 219

평가 차원	평가 항목 (평가요소)	지표	측정
대상자 포괄성	제도 수급 대상자 규모	수급가구 비율	전체 가구 대비 수급가구 비율
		소득분위별 수급가구 비율	소득분위별(P10~P50) 가구수 대비 수급가구 비율
		가구유형별 수급가구 비율	가구유형별(단독,홑벌이,맞벌이) 가구 대비 수급가구 비율
		가구주 연령별 수급가구 비율	가구주 연령별(~34세, 35~54세, 55~64세, 65세 이상) 가구 대비 수급가구 비율
		가구주 종사상지위별 수급가구 비율	가구주 종사상지위별(상용, 임시/일용, 자영업자) 가구 대비 수급가구 비율

문3-2. 아래는 두 번째 평가 차원(대상자 포괄성)에 포함된 세부 지표 간 상대적 중요도를 평가하는 문항입니다. 근로장려금 제도의 적정성 판단을 기준으로, 더 중요하다고 판단되는 지표를 선택하시고, 그 중요도의 정도를 표시해주시기 바랍니다.

	절대 중요				중요				동등				중요				절대 중요	
	9	8	7	6	5	4	3	2	1	2	3	4	5	6	7	8	9	
수급가구 비율																		소득분위별 수급가구 비율
수급가구 비율																		가구유형별 수급가구 비율
수급가구 비율																		가구주 연령별 수급가구 비율
수급가구 비율																		가구주 종사상지위별 수급가구 비율

	절대중요		중요			동등					중요			절대중요	
	9	8	7	6	5	4	3	2	1	2	3	4	5	6	7	8	9	
소득분위별 수급가구 비율																	가구유형별 수급가구 비율
소득분위별 수급가구 비율																	가구주 연령별 수급가구 비율
소득분위별 수급가구 비율																	가구주 종사상지위별 수급가구 비율
가구유형별 수급가구 비율																	가구주 연령별 수급가구 비율
가구유형별 수급가구 비율																	가구주 종사상지위별 수급가구 비율
가구주 연령별 수급가구 비율																	가구주 종사상지위별 수급가구 비율

평가 차원	평가 항목 (평가요소)	지표	측정
급여적시성	단기적 소득변동 대응 가능성	급여지급주기 다양성	연 단위보다 짧은 지급주기를 선택할수 있도록 제도가 설계되어 있는지 여부
		급여지급주기 적용 대상 제한 여부	지급주기 선택에 있어 제한요건의 존재 여부
		반기 지급 이용률	연기 지급가구 대비 반기 지급가구 비율

문3-3. 아래는 세 번째 평가 차원(급여적시성)에 포함된 세부 지표 간 상대적 중요도를 평가하는 문항입니다. 근로장려금 제도의 적정성 판단을 기준으로, 더 중요하다고 판단되는 지표를 선택하시고, 그 중요도의 정도를 표시해주시기 바랍니다.

	절대 중요				중요				동등				중요				절대 중요	
	9	8	7	6	5	4	3	2	1	2	3	4	5	6	7	8	9	
급여지급주기 다양성																		급여지급주기 적용 대상 제한 여부
급여지급주기 다양성																		반기 지급 이용률
급여지급주기 적용 대상 제한 여부																		반기 지급 이용률

평가 차원	평가 항목 (평가요소)	지표	측정
급여수준 충분성	급여수준의 파악	가구소득 대비 최대지급액 비율	가구유형별(단독, 홑벌이, 맞벌이) 평균 '근로+사업소득' 대비 최대지급액 비율
		가구소득 대비 평균 근로장려금 비율	수급가구 전체 및 가구유형별(단독, 홑벌이, 맞벌이) 평균 '근로+사업소득' 대비 평균 근로장려금 비율
		근로장려금 평균 및 중위수 지급액	수급가구 전체 및 가구유형별(단독, 홑벌이, 맞벌이) 근로장려금 평균 및 중위수 지급액
		근로장려금 수급 전후 상대빈곤율 변화	수급가구의 근로장려금 수급 전후의 상대빈곤율 변화
		근로장려금 수급 전후 소득분위 이동 비율	수급가구의 근로장려금 수급 전후 소득분위 이동 변화

문3-3. 아래는 네 번째 평가 차원(급여수준 충분성)에 포함된 세부 지표 간 상대적 중요도를 평가하는 문항입니다. 근로장려금 제도의 적정성 판단을 기준으로, 더 중요하다고 판단되는 지표를 선택하시고, 그 중요도의 정도를 표시해주시기 바랍니다.

	절대 중요				중요				동등				중요				절대 중요		
	9	8	7	6	5	4	3	2	1	2	3	4	5	6	7	8	9		
가구소득 대비 최대지급액 비율																			가구소득 대비 평균 근로장려금 비율
가구소득 대비 최대지급액 비율																			근로장려금 평균 및 중위수 지급액
가구소득 대비 최대지급액 비율																			근로장려금 수급 전후 상대빈곤율 변화
가구소득 대비 최대지급액 비율																			근로장려금 수급 전후 소득분위 이동 비율

	절대 중요		중요					동등					중요			절대 중요	
	9	8	7	6	5	4	3	2	1	2	3	4	5	6	7	8	9	
가구소득 대비 평균 근로장려금 비율																		근로장려금 평균 및 중위수 지급액
가구소득 대비 평균 근로장려금 비율																		근로장려금 수급 전후 상대빈곤율 변화
가구소득 대비 평균 근로장려금 비율																		근로장려금 수급 전후 소득분위 이동 비율
근로장려금 평균 및 중위수 지급액																		근로장려금 수급 전후 상대빈곤율 변화
근로장려금 평균 및 중위수 지급액																		근로장려금 수급 전후 소득분위 이동 비율
근로장려금 수급 전후 상대빈곤율 변화																		근로장려금 수급 전후 소득분위 이동 비율

평가 차원	평가 항목 (평가요소)	지표	측정
근로유인 제공	노동공급 유인을 제공하고 있는가	점증률	가구유형별(단독, 홑벌이, 맞벌이) 점증구간의 점증률
		점감률	가구유형별(단독, 홑벌이, 맞벌이) 점감구간의 점감률
		'점증+평탄'구간 대비 점감 구간 비율	가구유형별(단독, 홑벌이, 맞벌이) '점증+평탄'구간 대비 '점감' 구간 비율
		근로장려금 산정구조 인지 여부	근로장려금 수급가구의 근로장려금 산정구조(점증, 평탄, 점감) 인지 여부

문3-5. 아래는 다섯 번째 평가 차원(근로유인 제공)에 포함된 세부 지표 간 상대적 중요도를 평가하는 문항입니다. 근로장려금 제도의 적정성 판단을 기준으로, 더 중요하다고 판단되는 지표를 선택하시고, 그 중요도의 정도를 표시해주시기 바랍니다.

	절대 중요				중요				동등				중요				절대 중요		
	9	8	7	6	5	4	3	2	1	2	3	4	5	6	7	8	9		
점증률																		점감률	
점증률																		'점증+평탄'구간 대비 점감 구간 비율	
점증률																		근로장려금 산정구조 인지 여부	
점감률																		'점증+평탄'구간 대비 점감 구간 비율	
점감률																		근로장려금 산정구조 인지 여부	
'점증+평탄'구간 대비 점감 구간 비율																		근로장려금 산정구조 인지 여부	

평가 차원	평가 항목 (평가요소)	지표	측정
노동공급 확대	저소득가구의 노동공급이 확대되고 있는가	소득분위별 총가구원수 대비 취업가구원 비율	소득분위별(P10~P50) 가구의 총 가구원수 대비 근로+사업소득 보유 가구원수 비율 평균
		소득분위별 취업가구 분포	소득분위별(P10~P50) 가구수 대비 취업가구(가구주 또는 배우자가 근로+사업소득 보유한 가구) 비율
		수급가구 내 취업가구원의 평균 연간 근로개월수	수급가구 내 취업가구원(가구주 또는 배우자)의 평균 연간 근로개월수
		수급가구 내 취업가구원의 재정지원일자리사업 참여자 비율	수급가구 대상 '근로+사업소득' 보유 가구주 및 배우자 인원수 대비 재정지원일자리 사업 참여 가구주 및 배우자 인원수 비율
		생계급여 수급가구 비율	근로장려금 수급가구 중 생계급여 수급가구 비율
		가구유형별 '점증+평탄' 구간 수급가구 비율	가구유형별(단독, 홀벌이, 맞벌이) 수급가구 대비 '점증+평탄' 구간 수급가구 비율 분포

문3-6. 아래는 여섯 번째 평가 차원(노동공급 확대)에 포함된 세부 지표 간 상대적 중요도를 평가하는 문항입니다. 근로장려금 제도의 적정성 판단을 기준으로, 더 중요하다고 판단되는 지표를 선택하시고, 그 중요도의 정도를 표시해주시기 바랍니다.

절대중요		중요				동등				중요				절대중요	
9	8	7	6	5	4	3	2	1	2	3	4	5	6	7	8	9	
소득분위별 증가구원수 대비 취업가구원 비율																	소득분위별 취업가구 분포
소득분위별 증가구원수 대비 취업가구원 비율																	수급가구 내 취업가구원의 평균 연간 근로개월수
소득분위별 증가구원수 대비 취업가구원 비율																	수급가구 내 취업가구원의 재정지원일자리사업 참여자 비율
소득분위별 증가구원수 대비 취업가구원 비율																	생계급여 수급가구 비율
소득분위별 증가구원수 대비 취업가구원 비율																	가구유형별 '점증+평탄' 구간 수급가구 비율
소득분위별 취업가구 분포																	수급가구 내 취업가구원의 평균 연간 근로개월수
소득분위별 취업가구 분포																	수급가구 내 취업가구원의 재정지원일자리사업 참여자 비율
소득분위별 취업가구 분포																	생계급여 수급가구 비율

부록 227

	절대 중요		중요			동등				중요			절대 중요	
	9	8	7	6	5	4	3	2	1	2	3	4	5	6	7	8	9	
소득분위별 취업가구 분포															가구유형별 '점증+평탄' 구간 수급가구 비율
수급가구 내 취업가구원의 평균 연간 근로개월수															수급가구 내 취업지원일자리사업 참여자 비율
수급가구 내 취업가구원의 평균 연간 근로개월수															생계급여 수급가구 비율
수급가구 내 취업가구원의 평균 연간 근로개월수															가구유형별 '점증+평탄' 구간 수급가구 비율
수급가구 내 취업가구원의 재정지원일자리사업 참여자 비율															생계급여 수급가구 비율
수급가구 내 취업가구원의 재정지원일자리사업 참여자 비율															가구유형별 '점증+평탄' 구간 수급가구 비율
생계급여 수급가구 비율															가구유형별 '점증+평탄' 구간 수급가구 비율

평가 차원	평가 항목 (평가요소)	지표	측정
행정관리	정책의 성과 달성 지원을 위해 행정 전반이 잘 운영되고 있는가	신청 접근성	신청자의 특성을 고려한 다양한 신청 채널(온라인, ARS 등) 운영 여부
		신청 가구 대비 지급 가구 비율	근로장려금 신청 가구 대비 지급 가구 비율
		부정수급 모니터링	사후관리 제도 등의 운영 여부
		부정수급에 회수율	환수결정액 대비 회수금액 비율
		신청 후 지급까지의 소요 기간	정기, 반기 신청별 신청 후 지급까지의 소요시간
		정책만족도	수급가구의 정책 만족도

문3-7. 아래는 일곱 번째 평가 차원(행정관리)에 포함된 세부 지표 간 상대적 중요도를 평가하는 문항입니다. 근로장려금 제도의 적정성 판단을 기준으로, 더 중요하다고 판단되는 지표를 선택하시고, 그 중요도의 정도를 표시해주시기 바랍니다.

	절대 중요				중요				동등				중요				절대 중요		
	9	8	7	6	5	4	3	2	1	2	3	4	5	6	7	8	9		
신청 접근성																		신청 가구 대비 지급 가구 비율
신청 접근성																		부정수급 모니터링
신청 접근성																		부정수급에 회수율
신청 접근성																		신청 후 지급까지의 소요 기간
신청 접근성																		정책만족도

	절대 중요		중요				동등				중요			절대 중요		
	9	8	7	6	5	4	3	2	1	2	3	4	5	6	7	8	9	
신청 가구 대비 지급 가구 비율																		부정수급 모니터링
신청 가구 대비 지급 가구 비율																		부정수급액 회수율
신청 가구 대비 지급 가구 비율																		신청 후 지급까지의 소요 기간
신청 가구 대비 지급 가구 비율																		정책만족도
부정수급 모니터링																		부정수급액 회수율
부정수급 모니터링																		신청 후 지급까지의 소요 기간
부정수급 모니터링																		정책체감도
부정수급액 회수율																		신청 후 지급까지의 소요 기간
부정수급액 회수율																		정책만족도
신청 후 지급까지의 소요 기간																		정책만족도

문4. 본 조사에서 근로장려금 적정성 분석을 위해 제시한 차원 및 지표에 대해 추가적인 의견이 있으시다면 자유롭게 작성하여 주십시오.

Abstract

Adequacy Model for Social Security Programs
: Focusing on the Earned Income Tax Credit

Project Head: Park, Soeun

Whether social security programs are being provided adequately is one of the key factors in analyzing their performance. However, there is currently no clear and unified definition of the concept of "adequacy." Previous studies have primarily focused on a single-dimensional concept of adequacy, specifically the adequacy of benefit levels. In this study, we aim to construct a multidimensional adequacy model linked to policy objectives, which is suggested by the International Social Security Association (ISSA). The ISSA's multidimensional concept of the adequacy model encompasses various evaluation criteria, such as comprehensiveness, effectiveness, consistency, and efficiency.

This study focuses on the Earned Income Tax Credit (EITC), which was introduced in 2008 and has been significantly expanded and revised since then, and aims to present dimensions and indicators for assessing the adequacy of the EITC. The EITC pursues two policy objectives—encouraging employment and providing income support—which may be somewhat conflicting, yet there has been insufficient discussion about its ultimate social outcomes.

Co-Researchers: Lee, Ayoung·Ahn, Young·Cheon, Mikyung

We initially drafted five dimensions—coverage scope, coverage level, incentive provision, type of employment, and administrative aspects—and indicators for each dimension. Following a consultation process with experts, we revised the indicators and conducted an AHP survey. As a result, the initial five dimensions and 26 indicators were revised to seven dimensions and 31 indicators, with the overall direction shifting toward clearer roles for the indicators. The revised framework consists of seven dimensions: appropriateness of eligibility criteria, comprehensiveness of coverage, timeliness of payments, sufficiency of payment levels, provision of work incentives, expansion of labor supply, and administrative management. The AHP survey results suggest that the dimensions of "provision of work incentives" and "expansion of labor supply" were assigned greater weight by experts than other dimensions, indicating that the work-related policy objective is considered more important.

Our study reveals the importance of data availability and management, both of which are crucial for policy evaluation. It should be noted that the final adequacy judgment, based on dimensions and indicators, requires reference points for each dimension and indicator to be met. However, as this is not explicitly stipulated in the relevant laws and regulations, social consensus and further research are required. Nevertheless, the indicators proposed in this study can be calculated continuously and accumulated over time to provide a basis for establishing reference points for determining adequacy. While this study does not detail the process of computing the indicators, the various indicators presented here are expected to be useful as output-level performance indicators for policy evaluation.

Key words: Multidimensional adequacy model, dimensions and indicators of adequacy, earned income tax credit